LISA MOOS

Das erste Mal und immer wieder

Buch

Mit 16 Jahren verkaufte sie zum ersten Mal ihren Körper. In einem kleinen Bordell in ihrer Heimatstadt empfing sie ihren ersten Freier. Viele weitere folgten. Zwanzig Jahre später hat sie alle Höhen und Tiefen des Hurenlebens kennen gelernt: Sie hat ihren Körper für ein paar Euro auf dem Straßenstrich angeboten, in schäbigen Bordellen »angeschafft«, aber auch als Edel-Hure in Luxus-Etablissements. Sie berichtet von der »schnellen Nummer« im Hinterhof, von Sexorgien, Sadomaso-Partys und den Obsessionen und Wünschen ihrer zahlreichen Stammkunden und Freier, von angenehmen und erschreckenden Erfahrungen aus dem Rotlichtmilieu und der Welt der käuflichen Liebe. Lisa Moos hat alle Spielarten der Leidenschaft erfahren, Perversion, Erniedrigung, aber auch Freundschaft, Hoffnung und Liebe in einer Welt, die ihren eigenen Regeln und Gesetzen folgt. In ihrer Autobiografie beschreibt sie schonungslos und offen den Liebes- und Leidensweg einer Prostituierten.

Autorin

Lisa Moos wurde 1968 in Göttingen geboren. Sie arbeitete 20 Jahre lang als Prostituierte. Seit zehn Jahren lebt sie mit ihrem Sohn Christopher auf Mallorca, wo sie auch ihre Autobiografie geschrieben hat.

Lisa Moos

Das erste Mal und immer wieder

Autobiografische Schilderung einer Prostituierten

GOLDMANN

FSC
Mix
Produktgruppe aus vorbildlich
bewirtschafteten Wäldern und
anderen kontrollierten Herkünften

Zert.-Nr. SGS-COC-1940
www.fsc.org
© 1996 Forest Stewardship Council

Verlagsgruppe Random House FSC-DEU-0100
Das für dieses Buch verwendete FSC-zertifizierte Papier
Holmen Book Cream liefert Holmen Paper, Hallstavik, Schweden.

3. Auflage
Taschenbuchausgabe Januar 2007
Wilhelm Goldmann Verlag, München,
in der Verlagsgruppe Random House GmbH

Umschlaggestaltung: Design Team München
Umschlagfoto: Corbis/Fonlupt (DWF15-188987)
KF · Herstellung: Str.
Druck und Bindung: GGP Media GmbH, Pößneck
Printed in Germany
ISBN: 978-3-442-15422-7

www.goldmann-verlag.de

VORWORT

Viele Jahre bin ich rastlos, manchmal auch ratlos herumgewandert. Auf dieser scheinbar endlos langen Straße fühlte ich mich oft wie ausgesetzt. Im Freien, bei Regen und auch bei Sturm. Doch sah ich auch Sonne und Wärme, und ich fand euch:

Alle meine Freunde und Feinde habe ich da getroffen und zolle ihnen hiermit gleichsam größten Respekt. Dem einen für seine Liebe und seinen unerschütterlichen Glauben an die Freundschaft, an die Treue, an die Liebe und vor allem an mich. Dem anderen jedoch für seine Beharrlichkeit, seinen Mut, seinen Hass. Schmerzen, die mir und anderen mit beneidenswerter Leichtigkeit und Oberflächlichkeit zugefügt werden konnten.

Dieses Buch handelt von Gewalt und Sex. Von Ehe und Einsamkeit. Von Prostitution und Muttergefühlen. Ich lebte es aus ganzem Herzen, unglaublich intensiv. Und genauso schrieb ich es auch. Es handelt von Sex, ist aber kein Leitfaden. Es geht um Prostitution und ist keine Reportage. Es geht um das Leben, darf dennoch keine Anleitung sein. Es geht um mich, aber das ist nicht das Wichtigste. Es geht um mehr, manchmal sogar auch um alles oder nichts. Es geht um Menschlichkeit und Toleranz. Es geht um Glauben und Verzeihen. Um Hoffen und Beten. Um Bitten und Danken. Es ist sicher kein Buch für Kinder geworden. Und doch möchte ich es meinen beiden Söhnen widmen. Ich hab euch beide sehr lieb.

Und ich widme es dir, weil du mir so viel Kraft gabst. Aus Dankbarkeit für Josch.

Lisa Moos

CHAMPAGNERKELCH

Der weiche, glänzende Stoff meines langen Kleides raschelte bei jeder Treppenstufe angenehm an meinen Beinen. Er begehrte mich, ich wusste es, schritt vor ihm den Gang entlang, tänzelte leicht dabei und fühlte seine Blicke bohrend auf meinem Arsch. Seine rechte Hand immer an meiner Hüfte drängelnd, denn der Gang war für zwei nebeneinander zu schmal. Mein Zimmer lag nach vorn zur Straße. Dichte, schwere Brokatvorhänge, die mich an das Wohnzimmer meiner Eltern erinnerten, verhängten die stets sauber geputzten Fenster. Der »Champagnerkelch«, das Hexenhäuschen, wie es von uns, den ausschließlich weiblichen Bewohnerinnen, liebevoll genannt wurde, der Edelclub zwischen Braunschweig und Hannover mit seiner absolut stilechten Einrichtung, lag direkt in der Mitte der Stadt.

Ich betrat vor ihm das Zimmer. Meine hohen Absätze versanken im dicken weichen Teppich. Sofort nutzte er die Gelegenheit, um mich wild zu umarmen. Seine Hände waren überall, er griff nach meinen Titten, presste seinen steif angeschwollenen Schwanz durch die Stoffe gegen meinen Bauch. Er war größer als ich. Sein Alkoholatem kroch mir von oben in die Nase. Doch das störte mich weniger, vielmehr waren es die sabbernden, feuchten Spuren, die er durch Lecken an meinem Hals hinterließ. Ich drückte ihn weg, lächelte sexy und zog ihm sein Jackett so über die Arme, dass er bewegungsunfähig war.

»Duschen?« Es war eine Frage, gleichzeitig jedoch ein absolutes Muss. In unserem Hexenhäuschen war jedes Zimmer mit einer sehr modernen Dusche bestückt, die direkt ohne Extrawände in einer Ecke des Raumes eingebaut war. »Natürlich«, er nickte heftig und machte sich, nachdem ich ihn vollends aus dem schwarzen Jackett befreit hatte, als Erstes an dem Reißverschluss seiner Hose zu schaffen, holte seinen steifen Schwanz hervor und rieb die ersten feuchten Spuren direkt in mein Kleid. Um nicht umzufallen, fasste ich ihn um die Hüften an seinen Hintern und lächelte zu ihm hinauf.

Er war hübsch, dunkelhaarig, gepflegt und nüchtern, sehr manierlich, ein echter Gentleman. Das Wichtigste, er war sehr großzügig, einer meiner Lieblingsgäste, wie ich sie im Stillen nannte. Die finanzielle Entlohnung meiner Dienste war immer mehr als verlangt, und der Sex konnte, je nach seinem Alkoholpegel, ziemlich heiß werden. Wir küssten uns, unsere Zungen trafen sich im wilden Tanz. Er sabberte. Er sabberte dabei immer aus Erregung. Aus Gier, wie er sagte, und es störte ihn kein bisschen, dass er dabei haufenweise mein Make-up verschluckte. Er leckte mit Vorliebe an mir herum, insbesondere an meinem Kinn, über meine Lippen an meiner Nase entlang. Manchmal, »danach«, fühlte ich mich wie ein kleines Kätzchen, das im Korb von der Mutter gesäubert wird.

Ich mochte ihn, er war ein erfolgreicher Immobilienhändler aus gutem Hause, immer perfekt gekleidet, perfekte Manieren, perfekt verheiratet, mit zwei perfekten Kindern. Leider hatte er zu Hause keinen perfekten Sex. Seine Frau verabscheute Körperflüssigkeiten jeder Art, und so kam es, dass er eines Abends stinkbesoffen bei der ersten von vier Flaschen Champagner neben mir an der Bar saß. Er redete und redete, den ganzen Abend, die ganze Nacht, bis in den Morgen hinein. Wir nannten es »ins Zimmer gehen«. Doch dazu hatte er an diesem Abend keine Lust, er wollte sich betrinken, stilvoll betrinken mit mir, und schilderte mir in dieser Nacht sein perfektes Leben in allen Einzelheiten. Er ließ nicht das kleinste Detail seines sexuellen Defizits aus. Nach dieser Nacht nahm ich fast zweitausend Mark mit nach Hause. Ja, ich mochte ihn wirklich.

Aus der Dusche heraus direkt ins Bett, ohne mich abzutrocknen, so mochte er es am liebsten. Er stand in der Dusche, seifte sich überall ein und starrte mich dabei an. Für zwei Personen war die Dusche zu klein. Wir reinigten uns immer nacheinander. Mein primärer Grund ist die Vermeidung eines seifig schmierigen Fingers direkt in meiner Möse. Momente, in denen mich der glitschige Körper eines Mannes in einer engen Dusche in die Ecke presste und von vorne und hinten mit eingeseiften Fingern in mir herumbohrte, hatte ich zu oft mit Pilzbefall, Rötungen und Juckreiz bezahlt.

Er kam nass, mit steifem Schwanz aus der Dusche, legte sich sofort auf mich und rieb an mir herum. Sein ganzer Körper lag schwer auf mir, ich stöhnte unter seinem Gewicht, was ihn noch mehr anheizte, und er fing sofort an, mein Gesicht und meinen Hals zu »belecken«.

Da aus Joachim vor lauter Geilheit bereits sämige Nässe tropfte, zog ich das deponierte Kondom unter dem Kopfkissen hervor. Alle Betten waren unifarben bezogen, mit zwei weichen Kissen und einer Plastikunterlage bestückt. Bei jeder Bewegung raschelte es leicht. Spüren konnte man es nicht, aber hören konnte ich es immer, und eigenartigerweise habe ich dieses Geräusch nie vergessen. Obwohl Joachim keine Probleme bei Kondomen machte, war es für mich dennoch nie leicht, ihm den Gummischutz überzustreifen. Er wand sich auf meinem Körper, und es war jedes Mal eine Riesenanstrengung für mich, »ihn« in einer günstigen Position zu erwischen.

Danach gab es für ihn kein Halten mehr. Er drückte und leckte an mir herum, presste seinen langen und dicken Riemen in seiner ganzen Härte gegen meinen Schoß und umschloss meinen Oberkörper ganz fest mit seinen Armen. Ich umfasste ihn dabei mit meinen Beinen, verhakte meine Füße fest auf seinem Rücken, um den nötigen Halt zu haben, wenn er anfing, wie wild in mich hineinzustoßen.

Joachim gehörte nicht zu den anstrengenden, perversen oder undurchsichtigen Kunden. Niemals tat er etwas anderes. Er fesselte mich mit seinem Körpergewicht, mit seinen Armen. Ich umklammerte ihn wie ein Affenbaby seine Mutter beim Baumsprung, und er fickte mich leidenschaftlich, hart und lange.

Seine Zunge sabberte an allen Körperstellen, die er in dieser Position erreichen konnte, meine Möse hat er jedoch nie geleckt. Das war ihm nicht wichtig, auch ich sollte seinen Schwanz nie lutschen. Joachim stöhnte laut und sinnlich, tief schob er mir, in immer kürzer werdenden Stößen, seinen Schwanz in den Leib. Unsere Körper in der engen Umarmung waren schweißgebadet. Alles war rutschig und nass. Das Laken klebte an meinem Rücken, und mein Mund suchte seine Lippen. Unser Speichel floss von einem Mund zum anderen.

Das war der Moment, der mich immer so geil machte, wenn ich mit ihm »aufs Zimmer ging«. Ich presste meinen Unterleib gegen seinen Schwanz und wollte ihn tiefer und tiefer spüren, wohl wissend, dass er gleich von mir ablassen würde. Das tat er auch. Ich versuchte ihn in mir zu halten, wollte mehr und wollte es härter, aber Joachim löste sich wie immer aus unserer extremen Umarmung. Er rutschte seitlich von mir runter, kniete sich neben mich aufs Bett und fingerte sich das Kondom herunter. Dann fing er an wie wild sein Glied zu wichsen. Mit der anderen Hand kratzte er an meinem Bauch herum, wischte durch die vorhandene Schweißlache und saugte am liebsten den angesammelten, manchmal bereits erkalteten Schweiß aus meinem Bauchnabel. Er wichste und saugte und kratzte, ich lag auf dem Rücken, die Beine angewinkelt, mich selber wild reibend, die Augen fest geschlossen. Immer dann, wenn durch die feuchte Reibung meiner Finger fast schon ein schneidendes Brennen auf den empfindlichsten Stellen meines Körpers zu spüren war, kam ich unter lautem Stöhnen, und mit krampfartigen Bewegungen ergoss ich mich. Ich kam immer bei Joachim und flehte ihn unter größter Anstrengung an, mich wieder zu ficken. Aber ich hatte niemals Erfolg damit. Joachims Hand hörte im gleichen Augenblick auf zu wichsen, in dem sich mein Orgasmus lautstark ankündigte.

Sein Kopf sackte erschöpft auf meinen Bauch, regungslos verharrte er, bis sämtliche meiner Muskeln wieder still und ruhig waren. So lag er dann da, der perfekte Gentleman, in sich gesunken, mit einer Hand am erschlafften Glied, die andere an meinem Bauch. An diesem Punkt öffnete ich immer die Augen, verschwitzt und erschöpft lag ich da und sah zu ihm auf. Meine Hand umfasste seine Hoden und presste sie ganz leicht. Dann war es Joachim, der die Augen schloss, ich knetete seine Eier in aller Ruhe mit festem Griff, jedoch niemals brutal oder grob. Sein Glied wurde stets fast zeitgleich wieder härter, und dann kam es. In hohem Bogen pinkelte er mich an. Er pisste mir quer über den Bauch, die Beine, nah dem Gesicht, den Hals hinauf. Die warme, geruchlose Flüssigkeit prasselte auf mich nieder, meine Hand zurückgezogen lag ich still da und schaute ihm zu, wie er voller Verzückung seinen Strahl auf mir verteilte.

Abgespritzt hat Joachim niemals, ich glaube, das tat er nur bei seiner Frau. Danach war Joachim immer sehr höflich, bedankte sich und schaute mir nicht mehr in die Augen. Fast schamhaft erledigte er in großer Eile seine Dusche, zog sich an, kämmte sich die Haare perfekt und ging nach einer angedeuteten Verbeugung aus dem Zimmer, die Treppe hinunter und verließ das Gebäude, ohne die Bar noch einmal zu betreten.

Manchmal habe ich ihm nachgeschaut, schob die schweren Vorhänge ein klitzekleines Stück zur Seite und schaute Joachim hinterher, wie er in der nächsten Querstraße zu Fuß verschwand. Die Vorhänge zu öffnen oder zur Seite zu schieben war strengstens verboten! Hätte jemand von gegenüber auch nur einmal hineinsehen können, eine nackte Frau auch nur im Vorbeihuschen erkennen können, hätte die Sitte mit Freude unser kleines, moralisch bedenkliches Häuschen versiegelt. Nachdem Joachim die Bar verlassen hatte, ging auch ich hinunter. Außer mir waren noch sechs Mädchen da, alle zwischen 19 und 24 Jahren. Ich mochte die Mädchen allesamt. Besonders mochte ich Marion, die Freundin vom Chef und gleichzeitig Barfrau. »Barfrau«, so nannten wir die Frau, die hinter der Theke die Gäste bediente. Der »Chef« saß gelassen und entspannt im Barraum auf der hintersten Sofabank. Der ganze Raum war nicht größer als vielleicht 40 m^2. Den meisten Platz nahm die große runde Theke ein. Hier setzten wir uns immer hin, wenn ein Gast die Bar betrat. Eigentlich schon vorher, sobald es klingelte.

Die Außentür war immer verschlossen, Männer, die hereinwollten, mussten klingeln. Die Barfrau ging dann zur Tür, sah durch den Spion und ließ die Männer herein. Die meisten waren lange bekannt und wurden immer herzlich und sehr höflich begrüßt.

Der Club befand sich schon mehr als 20 Jahre in diesem Haus. Obwohl die Schrift an der Front des Hauses verwittert und fast unleserlich geworden war, wussten doch alle, welchem Geschäft hier gefrönt wurde. Gern gesehen wurde es in unserem eigentlich eher kleinen Ort offiziell natürlich nicht. Aber die Bar war ruhig und unscheinbar, niemals gab es Streit oder gar Polizei im Haus, und wir wurden allgemein geduldet. Alle Mädchen lebten, genau wie ich, mehr oder weniger dort. Natürlich wohnten wir alle irgendwo anders, aber oft schliefen wir vom Champagner benebelt nach 12 bis 14 Stunden »Arbeit« einfach in unseren Zimmern.

Von der Theke kam man über einen kleinen Treppenabsatz in die Kuschelecke. Rechts und links waren jeweils Tische mit kleinen, gemütlichen Sofas. Es erinnerte etwas an einen noblen, altmodischen Zug. Die Tische waren allesamt mit Kupfer beschlagen, auf ihnen befanden sich immer kleine, frische Blümchensträuße. Am unteren Ende des Raumes stand ein langes Sofa. Dort saß links der Chef, und rechts, durch einen Vorhang abgeteilt, waren Separees. Dorthin zogen wir uns mit den Gästen zurück, wenn diese zwar genügend spendierten, um zu kuscheln, jedoch nicht »richtig« aufs Zimmer wollten.

Natürlich fiel es uns nicht schwer, Gäste, die im Separee saßen, letztendlich auch »aufs Zimmer« zu bekommen. Allerdings war dies einer der wenigen Clubs, in denen ich gearbeitet habe, wo es durchaus üblich war, einfach mit den Gästen zu trinken und sie zu unterhalten. Oft saßen wir auch in einer großen Runde, es wurde getrunken und getanzt.

Unsere Haushälterin, unsere Mrs. Elli, wie wir sie spaßeshalber nannten, wurde von den Mädchen je nach Verdienst am Abend bezahlt. Dafür konnten wir nach unseren Besuchen im Zimmer alles stehen und liegen lassen. Elsa ging direkt »danach« nach oben und brachte alles in Ordnung, bezog die Betten, legte saubere Handtücher und Bademäntel bereit und räumte und wischte die kleinen Tische auf den Zimmern ab. Sie brachte uns auch die Champagnerflaschen im Kübel hinterher, wenn wir vom Zimmer Nachschub bestellten. Sie war eine liebe, nette ältere Frau, und ich weiß noch, dass ich sie sehr gern hatte. Sie nannte uns »ihre Mädchen« und hatte überhaupt keine Probleme damit, dass auch sie im Ort schräg angesehen wurde. Auch für unser leibliches Wohl sorgte sie, machte zwischendurch immer wieder belegte Platten und hatte stets Kopfschmerzmittel und etwas gegen Sodbrennen in der Tasche. Sie tröstete auch, wenn was danebenging, und spornte uns an, wenn wir müde wurden. Ich denke, alle hatten sie gern.

Leider ist sie mittlerweile verstorben. Irgendeine fiese »Darmkrankheit« riss sie einige Jahre später aus dem Leben. Wenn es ruhig war am Nachmittag, saßen wir oft nur mit zwei oder drei Mädchen bei ihr in der Küche. Sie brachte dann »selbst gebackenen Kuchen« mit, und wir tratschten und tauschten die neuesten News untereinander aus. Wurde ich manchmal erst gegen Mittag wach, servierte sie mir Frühstück und frisch gebrühten Kaffee. Sie war eine echte Seele, und es war ein großer Verlust für uns alle, als sie eines Tages nicht mehr kam. Danach teilten sich zwei chinesische Brüder den Dienst. Auch sie waren nett und sehr höflich. Aber es war eben nicht dasselbe.

Ich schritt durch den Raum und ließ mich neben dem Chef an der Bar nieder. Er legte den Arm um mich. »Na, Lieschen, alles klar?«, fragte er mich. Und ich erzählte von Joachim und etwas von meinen Sorgen zu Hause. Er bestellte mir einen Kaffee, und so begannen wir uns zu unterhalten. Gearbeitet habe ich in dieser Nacht nicht mehr. Ich saß da und beobachtete die anderen Mädchen. Später würde sicher noch jemand für mich kommen. Ab und zu kam Marion zu uns und setzte sich dazu. Wir waren wie eine große Familie.

DAS ERSTE MAL

Mein persönlicher Weg in die Sackgasse der käuflichen Liebe begann vielleicht schon im Jahre 1979.

Ein paar Monate vorher waren meine Mutter, mein Bruder und ich in das Haus des zweiten Mannes meiner Mutter umgezogen. Wir blieben in unserem alten Dorf, sogar in derselben Straße. Sein Häuschen befand sich nur über den Berg, deshalb auch der Name: Berggasse. Es war eine Sackgasse, vorne ging sie rauf, über den Berg wieder runter und endete in einem großen Wendekreisel. Umgezogen sind wir im Winter. Ich erinnere mich, dass ich als Elfjährige meine Puppen mit dem Schlitten über den Hügel zog, um sie in meinem ersten eigenen Zimmer einzusortieren.

Meine Mutter sah diesem neuen Leben geradezu euphorisch entgegen. Hatte sie meinen Vater vorher abgöttisch geliebt, so war er doch ein dreißig Jahre älterer Mann gewesen, der die letzten Jahre vor seinem Tod meiner Mutter die gesamte Verantwortung in jedem Bereich überlassen musste. Meine lebenslustige Mutter, gesellig und begierig nach einem sorgenfreien Leben, verliebte sich drei Jahre nach seinem Tod in den gleichaltrigen Handwerker aus der Berggasse. Selbst Vater von zwei Kindern und geschieden, bewohnte er die Erdgeschosswohnung des Hauses. Oben gab es eine weitere Wohnung für seine Mutter Rita und ihren Lebenspartner Hans.

Alles hätte wirklich schön werden können. Ja, wenn ich nicht in diesen Tagen hätte lernen müssen, dass die Prinzessinnenkrone, die mein Vater mir früher immer aufgesetzt hatte, in Wirklichkeit nur ausgedacht war und nach seinem Tod niemand mehr wirklich für mich da war.

Lieber Papa: Danke für alles! Du warst mir ein guter Vater und Beschützer. († 1974)

*

»Bitte vergiss nicht, die Kartoffeln zu holen, Püppchen. Mach's gut, bis nachher«, ich legte den Hörer auf die Gabel. Das obligatorische Telefonat mit meiner Mutter war beendet. Jeden Nachmittag rief sie mich aus dem Büro zu Hause an. Ich war oft alleine im Haus. Mein Bruder war am Nachmittag meist unterwegs, meine Mutter arbeitete ganztags in einer forstlichen Versuchsanstalt, in der auch mein Stiefvater als Handwerker arbeitete. Beide kamen nie vor 18 Uhr nach Hause und mein Bruder oft erst einige Stunden später. Er war älter als ich. Hatte mein Vater mir, seinem kleinen Mädchen, früher immer die schönsten Stunden beschert, so war mein Bruder der erklärte Liebling meiner Mutter.

Ich öffnete die Wohnungstür, um ins Treppenhaus zu treten. Vorsichtig lauschte ich. Keine Geräusche außer dem dumpfen, tiefen Dröhnen des Heizungskessels und dem leisen Rattern der Nähmaschine von Opa Hans. Leise stieg ich die Steinstufen im Bogen zum Keller hinab. Ein paar Schritte weiter war der Vorratsraum, in dem außer unseren Kartoffeln in einer riesigen Holzvorrichtung nichts von uns eingelagert werden durfte. Ich öffnete die knarrende alte Holztür, die mittels eines Riegels verschlossen war und an eine Stalltür erinnerte. Es roch muffig. Es roch immer muffig dort, und die kleinen, mit Spinnenweben fast völlig verdeckten Lüftungsfenster taten nur schlecht ihren Dienst.

Die Tüte raschelte in meinen Händen, und mein Herz klopfte plötzlich bis zum Hals. Ich kam mir wie ein Dieb vor, wenn ich mich dort unten bewegte, und ich hatte Angst. Wovor, das hätte ich nicht sagen können, es blieb undefiniert, aber es war unglaublich stark. Schnell stopfte ich die gewünschte Anzahl Kartoffeln in meine Plastiktüte und verließ erleichtert den mit Eingemachtem voll gestopften, finsteren Raum. Ich zog an der schweren

Holztür, die Augen aber schon wieder auf die Treppe nach oben gerichtet.

Plötzlich war er hinter mir, seine nach altem Nikotin stinkende, raue Hand auf meinem Mund, die andere zwischen meinen Beinen. Ich war starr vor Schreck, er drehte mich zu sich, und ungläubig und entsetzt schaute ich direkt in das verwitterte Gesicht von »Opa Hans«. Sein übler Atem drehte mir fast den Magen um. Bier- und Zigarettengemisch. Die Tüte fiel mir aus der Hand, er zerrte mich in sein Nähzimmer, sein Allerheiligstes, wo er täglich viele Stunden saß und nähte. Dicke, kalte Rauchschwaden hingen in dem Raum, und ich wurde fast ohnmächtig vor Angst und Beklemmung. Ich war sicher, er wollte mich umbringen, konnte mir anderes gar nicht vorstellen und begriff nicht, wieso er wild an meinem Kleidchen und meinem Schlüpfer zerrte. »Opa Hans. Opa Hans.« Dumpf und undeutlich drangen die Worte aus meinem Mund, den er mit seiner riesigen Hand verschlossen hielt.

Er zog mich auf sein Sofabett, und ich schloss die Augen. Gewehrt, gestrampelt, gekämpft habe ich nicht. Starr vor Schreck und mit fest zugekniffenen Augen lag ich da und wusste nicht, was ich denken sollte. Es war für ihn kein Problem, 37 Kilo herumzudrehen, er legte mich auf den Rücken und setzte sich neben mich.

»Opa Hans ist doch hier bei dir«, sagte er und lächelte mich an. Er war unrasiert und sah verwittert aus, und er kam mir mit meinen elf Jahren uralt vor. Die eine Hand ließ er auf meinem Mund ruhen, nahm nur etwas Druck weg, die andere bohrte er zwischen meine Beine. Irgendwann kam er unter meinen Schlüpfer und schob alles bis zu den Knien herunter.

Wo und wann wir geboren werden, als Kind welcher Eltern, in welchem Land und unter welchen Bedingungen, nichts davon liegt in unserer Macht. Mit dem Tod ist es ähnlich, der Zeitpunkt, die Ursache, auch der Ort: Hier werden wir nicht gefragt. Dazwischen stapeln sich die Jahre, reiht sich eins an das andere. Wenn schon nicht der Anfang und das Ende, so bleibt uns doch die Mitte des Lebens, welche darauf wartet, von uns gefüllt, gelebt und bestimmt zu werden.

Ein Leben, welches in unseren Händen liegen sollte.

Ich dachte an Jennifer, meine Negerpuppe, die richtig pinkeln konnte, wenn man sie mit dem Wasserfläschchen fütterte, und fragte mich, was er dort unten anfassen wollte. Es tat mir sehr weh, wie er dort drückte und bohrte an einer Stelle, die ich eigentlich gar nicht richtig kannte. Als er sich schließlich auf mich legte, drückte sein Gewicht schwer auf mich, ich hatte Mühe weiterzuatmen. Ich fing an zu weinen, hatte Todesangst, ekelte mich vor dem Geruch, der aus seiner alten braunen Cordweste und aus seinen Poren strömte. Die irrwitzigsten Gedanken schossen mir durch den Kopf: Was, wenn die Kartoffeln nicht rechtzeitig oben sind? Ob jemand nach mir schauen würde? Ob meine Mutter vielleicht in den Keller kam? Ich brauchte vielleicht nur auszuhalten und auf Erlösung zu warten.

Und ich hielt aus, hielt aus und weinte und schluchzte vor mich hin, während »Opa Hans« da unten was Dickes in mich hineinstopfte, schwer atmete und mit seinem Mund Küsse über mein Gesicht verteilte: »Sieh mal, ich gebe dir Bussis.« – »Ein liebes Mädchen, ein liebes Mädchen«, flüsterte er immer wieder in mein Ohr. »Das gefällt doch dem lieben Mädchen auch, nicht wahr?«, stammelte er unter höchster Erregung in mein Ohr. Plötzlich zog er das »dicke Ding« aus mir raus und presste es ins Sofa. Ich dachte, nun hat er Schmerzen, und starrte ihn aus verweinten Augen an.

Seine Hand war weg von meinem Mund, ich hätte schreien können, aber ich tat es nicht. Instinktiv wusste ich, dass mir nun nichts mehr passieren würde. Er würde mich gehen lassen, Mama wäre da, und alles wäre wieder gut.

Ich sah ihm zu, wie er zuckte und zitterte und seinen Pimmel in den muffigen, weichen Stoff drückte. Verstört und doch verwundert fragte ich mich, was da jetzt eigentlich passiert war, während sein Sperma in die verklebten Kissen sickerte.

»Komm schon her, du kleines Luder!« – »Opa Hans« zog an meinen Armen und stellte mich vor sich auf. Er brummelte etwas vor sich hin, ich konnte nicht alles verstehen. Ich war wie betäubt, meine Wahrnehmungen beschränkten sich auf den brutal stechenden Schmerz in meinem Unterleib. »Kämm dir die Haare«, sagte er barsch. Ich nahm mechanisch die alte Bürste von ihm entgegen und sortierte meine weit über die Schultern fallenden rötlichen Haare. Er beleckte seine Daumen und fuhr mir mit der rissigen Haut unter den Augen lang, gerade so, als wollte er mich waschen. Dann packte er mich erneut an beiden Oberarmen und schüttelte mich, leicht wie eine Feder. »Opa Hans« war eher von gedrungener Gestalt, klein, dabei sehr stämmig und massig. An den Füßen trug er immer altmodische Hauspantoffeln, kariert und zum Hineinschlüpfen. Beim Gehen schlurfte er mit den Füßen, so dass man ihn schon an diesem Geräusch erkennen konnte. Er ging stets sehr langsam und bedächtig, und manchmal redete er dabei leise vor sich hin. »Das ist nur passiert, weil du so unanständig herumgelaufen bist.« Ich sah auf den Boden und begriff kein einziges Wort. Hörte ihn reden, aber viel lauter erschien mir das Ticken seiner alten Armbanduhr, die viel zu eng um seinen rechten Arm gebunden war. »Aber ich werde es keinem verraten, wie böse du wirklich bist, Lisa!« Er schüttelte mich wieder: »Denn wenn ich das tue, wird Klaus deine Mutter, dich und deinen Bruder wegschicken, und dann habt ihr keine Wohnung mehr. Deine Mutter wird dann furchtbar wütend auf dich werden. Das alles hat sie dann dir zu verdanken.«

Ich sagte noch immer nichts, stand da, durch seinen festen Griff an beiden Armen umklammert, und sah nach unten auf meine Schuhspitzen. »Hör mir zu, Lisa!« Er spie mir die Worte ins Gesicht, wobei seine Stimme nach oben verrutschte wie die eines kleinen Kindes und ganz piepsig und hektisch wurde. Er fasste in die Schublade seines Nachttischchens, wühlte und drückte mir ein Fünfmarkstück in die Hand. »Hier, das kannst du behalten, dir Eis kaufen oder Comicbücher, du böses Mädchen hast es ja eigentlich gar nicht verdient ... ich hoffe, du schämst dich!« Beide Arme jetzt wieder an meinen Oberarmen, zischte er: »Schämst du dich? Hast du verstanden, wie böse du warst?« Seine Stimme wurde lauter, drohender. Ich hatte nichts verstanden, gar nichts und kam mir dadurch noch hilfloser vor. »Ja, ich verstehe, verstehe schon«, ich flüsterte nur, konnte keine Kraft in meine Stimme bringen.

Meine Hand mit dem Geldstück begann zu schwitzen, und ich stand da, schaute immer noch nach unten, jetzt jedoch nicht mehr die Schuhspitzen betrachtend, sondern das Teppichmuster. Wie viele Striche waren es, gleich viele wie Quadrate? »Gut«, er strich mir fast zärtlich über den Kopf und lächelte in mein Gesicht. »Geh jetzt«, sagte er, »und erzähl da oben bloß keine Lügenmärchen, nur weil du so böse und unverschämt zu mir warst.« Dann ließ er mich abrupt los, fast wäre ich nach hintenüber gefallen. Rückwärts, den Blick auf den Boden gerichtet, ging ich langsam, ganz langsam zur Tür. Der Boden der alten Holzdielen unter dem Teppich knarrte unter meinen Schuhen. Angekommen, stand ich da und sah ihn doch an. Ich konnte mich keinen Meter mehr bewegen, meine Knie waren butterweich, der stechende Schmerz war in mir, ich stand da und schaute zu dem alten Mann in dem verräucherten Zimmer. Plötzlich kam er auf mich zu, drohend die Hand erhoben, und da erst sauste ich los Richtung Treppe. Die Kartoffeln, dachte ich, schnappte mir die Tüte und rannte drei Stufen auf einmal nehmend die Treppe hinauf und schmiss die Tür zur Kellertreppe mit lautem Knall zu.

Auf dem kalten Fliesenboden, vor der verschlossenen Tür meiner ganz privaten Hölle, sank ich zusammen, verharrte reglos und fragte mich, was ich da getan hatte. Wie schlecht, wie böse ich gewesen sein musste, und verstand trotzdem nicht, was eigentlich mein Vergehen war.

Dann sah ich den Schlüssel, er steckte von außen in der Haustür, mit seinem schwarzen Lederetui. Sie waren da, meine Mutter war zu Hause, und zu Hause waren wir hier.

Mama und Klaus saßen in der Küche. »Hallo, Püppchen, bist du es?« – »Ja, ich bin es, weißt du was, Mama?«, ich trat in die Küche, nach Worten suchend, um zu erzählen, was mir passiert war. Aber was war eigentlich passiert? Würde Klaus uns wirklich hinauswerfen? Dann hätte Mama keinen Mann mehr.

»Lieselchen«, sagte sie zärtlich, »setz dich zu uns. Denk dir mal, wir fahren alle vier in den Urlaub, Klaus hat uns eingeladen.« Ich setzte mich auf die Eckbank in der Küche. »Schön«, es kam wohl leise und dünn. Meine Mutter aber war in absoluter Hochstimmung. Nichts ahnend ergriff sie über den Tisch hinweg meine Hand und redete munter und aufgekratzt von der bevorstehenden Reise. Sie liebte die Natur, das Wandern, Klettern, Picknicks unter freiem Himmel.

Ich habe an diesem Tag geschwiegen, nicht um des Urlaubs willen oder um Aufregung zu vermeiden. Ich hatte einfach keine Worte dafür und konnte weder erklären, was passiert war, noch abschätzen, was ich Böses getan hatte.

In dieser Nacht holte ich mir den Kosmetikspiegel meiner Mutter heimlich in mein Zimmer. Ich zog mich aus und schaute mir im Spiegel meine »Pipispalte« an. Es tat sehr weh, und noch immer fühlte ich mich irgendwie vollgestopft. Suchte irgendetwas, was Opa Hans dort wohl hineingetan haben könnte. Gefunden habe ich nichts, und hässlich fand ich es auch. Mein Zimmer lag genau über dem Nähzimmer, und ab dieser Nacht schlief ich dort nie mehr sorglos oder tief. Ich konnte Opa Hans oft hören, wie er unten herumschlurfte, konnte das Knarren der Dielen hören oder das leise Rattern der Nähmaschine.

Ich ging nie mehr allein in den Keller, entwickelte eine Phobie gegen alle Keller dieser Welt.

Angefasst hat er mich nie mehr, und irgendwann fing ich an zu vergessen, warum ich nachts nicht schlafen konnte, vergaß, wieso mir so viele Geräusche Angst machten. Meine Mutter, besorgt über mein blässliches, ständig übermüdetes Aussehen, schleppte mich von einem Arzt zum anderen. Aber nie hatte ich Antworten auf die Fragen, wieso ich oft auf dem Boden schlief, im Kreise all meiner Puppen. Wieso ich eigentlich erst bei Morgengrauen zur Ruhe kam.

Als ich 13 wurde, waren sich alle einig, dass ich ein schwieriges, frühpubertierendes, unzugängliches Kind war, welches auf Grund des frühen Todes vom Vater unter stärksten Verlustängsten litt. Dabei lebte ich die ganze Zeit wie in der Umklammerung von Opa Hans, bewegungsunfähig, seine Hände an meinen Oberarmen. Nur sehen konnte es keiner mehr, und ich selber hatte es verdrängt und später auch vergessen.

Opa Hans: Ich wünschte, ich könnte dich noch an den Eiern packen und dir säuberlich alles abschnüren und abtrennen! († 1992)

DER ALTE HEINZ

Ab meinem 14. Lebensjahr war meine Teenagerzeit geprägt von zwei Dingen: zum einen von der Krebserkrankung meiner Mutter, der sie auch die Hälfte ihres rechten Beines opfern musste. Zum anderen von schier unendlich vielen Schulwechseln. Vom Gymnasium zur Hauptschule und weiter über alle Realschulen oder Ganztagsschulen, welche die nächstgelegene Stadt so hergab. Obwohl ich eigentlich eine gute Schülerin war, so war es doch diese unerklärliche Unruhe in mir, die mich hinderte, die nötige Ruhe und Konzentration zu finden. Ständig kämpfte ich mit Übermüdung und war unkonzentriert und fahrig. Ich schwänzte die Schule. Die meiste Zeit verbrachte ich aber nicht auf der Straße, wie bei Schulschwänzern so üblich, sondern bald auch bei dem alten Heinz.

Heinz Kohlke, Starkstrom-Alkoholiker aus Leidenschaft, Vater von neun Kindern und früh verwitwet, lebte in seinem kleinen Häuschen, das mehr an einen umgebauten Stall als an ein gemütliches Heim erinnerte. Von außen blätterte an allen Ecken und Kanten die ehemals weiße Farbe herunter, dicke, große, nasse Flächen an den Außenwänden zeugten von Schimmel in jedem Raum. Das Dach war in den Jahren undicht geworden, zudem war das Haus im Laufe der Zeit abgesackt und stand nach vorn gebeugt wie ein schräg gestellter Karton, genauso breit wie lang und hoch. Es war das einzige Haus am Entenweg, der aus der Mitte unseres Dorfes eine Abkürzung auf die Hauptstraße bot. Doch nur die Wenigsten nutzten diese Möglichkeit der Zeitersparnis. Heinz Kohlke war ein öffentlich Verschmähter, ein ausgestoßener alter Mann, der die letzten zehn Jahre seines Lebens sein Haus nicht mehr verlassen hatte. Ich glaube, nur wenige Dorfbewohner hatten ihn je gesehen. Die Jahre, in denen er anerkannt mit seiner Familie dort gelebt haben muss, waren lange vorbei und niemand erinnerte sich daran.

Aber gehört haben ihn wohl alle. Seine keifende, grelle Stimme tönte Tag und Nacht erschreckend laut aus dem windschiefen Haus. Opfer seiner verbalen Attacken waren meist seine Töchter, die Söhne hatten schon früh die Flucht vor ihm ergriffen. Die Mädchen aber schmissen sich jedem Mann an den Hals, um der häuslichen Situation möglichst bald durch Heirat zu entkommen.

Heinz war klein, von schmächtiger Statur, und sah genauso aus, wie er roch: völlig verwahrlost, ungewaschen, ungepflegt. In seinem Gesicht prangte eine riesige Hakennase, und seine Haut war verwittert und sah aus wie gegerbtes Leder. Früher soll er mal ein stattlicher Mann in der französischen Fremdenlegion gewesen sein. Aber davon war nichts mehr geblieben. Einzig seine kleinen grauen Augen, stets rot durchzogen vom billigen Fusel, erinnerten daran, wenn sie kämpferisch aufblitzten. Das taten sie oft, genauer gesagt vor jeder seiner Wutattacken. Laufen konnte er kaum noch, eher schleppend bewegte er sich träge und auf einen uralten Gehstock gestützt, wobei er schwankte und vor sich hin schimpfte. So schleppte er sich tagein, tagaus vom Schlafzimmer im ersten Stock hinunter in seine Wohnstube, den einzig beheizbaren Raum in dem ganzen Haus. Gefeuert wurde in einem alten, kleinen Ofen, dem ein dickes verrußtes Rohr Abzug gewährte. Holzscheite, die im angrenzenden alten Stall lagerten, waren das Brennmaterial, und war es mal aus, riss er einfach ein paar Latten von der einstigen Schafsunterkunft ab.

Das fast 150 Jahre alte Häuschen roch feucht und schimmelig, die wenigen Möbel, die die Ecken und Räume zierten, waren allesamt durch die feuchte Luft unbrauchbar geworden. Ein paar gestickte Decken, zerrissene Vorhänge oder auch Einzelteile guten

Geschirrs zeugten davon, dass hier mal eine tüchtige Frau bemüht gewesen war, ein gemütliches Zuhause für sich und ihre Familie zu schaffen. Aber nach ihrem Tod verkam alles, die Buben verließen schnell das Haus, und die Töchter begannen, ihr abgelegenes und verkommenes Dasein zu hassen. Sie waren weg, noch bevor sie 18 wurden.

Ich kann mich erinnern, dass bei starkem Regen das Wasser vom Berg hinunter, durch den Stall und die angrenzende Küche, den Flur entlangrann, um vorne beim Eingang unter der Tür durch wieder abzulaufen. Viele Male habe ich mit einer alten Schneeschippe, die ich im Stallgebäude fand, literweise Wasser aus dem Haus geschaufelt. Teppiche gab es keine, nirgends einen Bodenbelag, nur Küche und Badezimmer waren irgendwann einmal gefliest worden. Wasser und Strom gab es selten bis nie, und so wurde über Putzen oder Ähnliches auch niemals wirklich nachgedacht. Heinz selbst legte keinen Wert auf seine Umgebung, und Besuch gab es, außer vom Sozialhelfer, niemals. Wenn doch mal jemand klopfte, denn eine Klingel gab es nicht, so wurde er unter lautem, unflätigem Schimpfen und Keifen von der Tür vertrieben. Es gab weder einen Fernseher noch ein Radio im Haus. Der alte Heinz saß immer nur so da, meist allein.

Selbst die Anwesenheit der jüngsten, ihm verbliebenen Tochter Marianne, die meist außerhalb des Hauses vom Sozialnetz des Ortes mehr oder weniger versorgt wurde, schätzte er nicht. Er fühlte sich verraten und verkauft vom Leben und betrauerte und beklagte ununterbrochen den frühen Tod seiner Frau, die ihn in diesem »Schweinestall mit den missratenen, verkommenen Gören zurückgelassen hatte«.

So saß er da in der Ecke des Zimmers, unbeweglich auf dem durchgesessenen, verschlissenen, uralten Federsofa, beide Hände vor sich auf den Stock gestützt oder zurückgelehnt, ins Nichts starrend.

Schon immer hatte dieses verbotene Haus für uns Dorfkinder etwas magisch Anziehendes, und nicht nur einmal wurden wir von Heinzens lautstarkem Keifen vertrieben, wenn er uns dabei ertappte, wie wir versuchten, in eines der verschmutzten Fenster zu schauen. Stets ergriffen wir sofort laut johlend die Flucht vor seinem ordinären Gebrüll.

Ich war ein auffallend hübsches, schlankes, groß gewachsenes Mädchen mit Minibrust geworden und wäre sicher Blickfang der heranwachsenden Jungen im Ort gewesen, wenn ich nicht jede Gelegenheit genutzt hätte, mich zu verunstalten. Ich hasste die Welt, und die Welt hasste mich.

Um dies zu demonstrieren, legte ich stets schwarzen Lippenstift auf, färbte meine Haare quittebunt durcheinander und steckte mir riesige Sicherheitsnadeln durch meine Ohrläppchen. Immer auffällig, eng und ganz in Schwarz gekleidet, stöckelte ich auf riesigen Absätzen durchs Leben und durch den Ort. Ich befand mich auf einer Reise, einer Reise mit dem erklärten Ziel, mich selbst zu finden. Wo ich war, wollte ich nicht bleiben, Liebe, die ich fand, konnte ich nicht sehen, und Schmerz, den ich spürte, konnte ich nicht erklären.

Niemals kann man sicher sein, den richtigen Weg zu gehen, der zu dem führt, was man sucht: dem großen, persönlichen Glück. Fragt man die, denen es gelungen ist, so hört man oft lange Geschichten. Sie beginnen oftmals mit den Worten: »Also, das war damals ein riesiger Zufall.« Aber denke ich über meine eigene Geschichte nach, so kann ich solche Worte nicht wirklich finden.

Die Schule besuchte ich nur selten, Schulbücher hatte ich nie vollständig, und Hausaufgaben waren mir ein Gräuel. Ich schlief oft lange und hatte große Mühe, mich zu Hause auch nur ansatzweise einzugliedern. In dieser Zeit wurde auch meine Mutter krank, und bald hatte sie keine Kraft und Lust mehr, sich mit mir auseinanderzusetzen. Mein Stiefpapa Klaus unternahm einige für mich schmerzhafte Versuche, mir mit dem Kabel meines Kassettenrekorders Vernunft und Anstand einzubläuen. Vergebens. Ich lachte ihm ins Gesicht, sagte ihm, dass er nicht mein richtiger Vater sei, und verschanzte mich hinter Desinteresse. Alle Versuche, mich irgendwie einzugliedern, schlugen fehl. So blieb meiner Mutter nichts weiter übrig, als mich hin und wieder unter größten Schwierigkeiten erneut umzuschulen, und für Klaus, mich in seinem Haus als Fremde zu tolerieren.

Lieber Klaus: Schade, dass die Schatten im Haus nicht zu sehen waren. Ich bin mir sicher, du hättest sie vertrieben.

*

»Hey, Lisa!«, rief sie laut über die Straße. Ich schaute zu ihr hinunter, wie sie langsam den Berg heraufttrottete: Marianne, die Tochter vom alten Heinz Kohlke, vier Jahre älter als ich und ebenso von allen gemieden und ausgestoßen wie ihr Vater. »Mach hin, der Bus kommt doch gleich!«, schrie ich zurück und winkte mit beiden Armen, um sie anzufeuern. Es war kurz vor sieben an diesem Morgen. Meine Mutter hatte eine neue Schule gefunden, die mich aufnehmen wollte, und so stand ich mit ganz neuer Schulmappe, gewaschenen Haaren und zu enger Jeans am frühen Morgen draußen an der Hauptstraße unseres Dorfes. Lust hatte ich keine, ich war völlig übermüdet, da ich mal wieder die ganze Nacht durch undefinierbare Albträume gequält worden war. Ausnahmsweise ließ meine Mutter mich an diesem Tag alleine fahren, obwohl sie mich sonst immer gern am ersten Tag begleitete. Sie hatte mir am Vorabend einen langen Vortrag über Verantwortung, Vertrauen und neue Chancen gehalten und dabei die ganze Zeit einen flehenden Ausdruck in ihren Augen gehabt.

Ich hasste diese Momente, wenn ich spürte, dass ich weich wurde, mich gern an sie geschmiegt und sie um Hilfe gebeten hätte. Auch, da ich nicht wusste, was für eine Hilfe das sein sollte. Es waren diese Minuten, in denen ich nachgab, und so stand ich nun halbwegs motiviert an der Bushaltestelle, bereit, die Schule zu besuchen.

Marianne kam schnaufend und grinsend näher. »Sag bloß, du gehst in die Penne?«, fragte sie mich ungläubig, und ich fühlte mich direkt wieder angegriffen. »Ja, na klar, und du?«, fragte ich fast giftig zurück, obwohl es mich nicht wirklich interessierte.

Langsam fing es wieder an zu nieseln, wie all die Tage vorher schon, und wir suchten Schutz unter dem Plastikdach der Haltestelle. Marianne hatte keine Jacke an, wahrscheinlich besaß sie gar keine. Sie muss an die 17 Jahre alt gewesen sein, sah aber aus wie Anfang 20. Durch ihre dunklen naturkrausen Haare, die sie seitlich mit bunten Haarklemmen in Zaum hielt, die kleinen silberfarbenen Ohrstecker, die sie immer trug, und ihre großen, hellblauen Augen konnte man sie fast hübsch nennen. Im Sommer hatte sie immer Sommersprossen auf ihrer Stupsnase und schminkte sich ihren vollen Mund pinkfarben wie die Fingernägel. Überhaupt malte Marianne mit Vorliebe an sich herum, sie schminkte sich leidenschaftlich gern, und meist schaffte sie es tatsächlich, ihre vorhandenen Vorzüge zu unterstreichen.

Körperlich war sie üppig ausgestattet, mit allem, was eine Frau weiblich macht. Marianne hatte zu dieser Zeit schon eine Menge Erfahrungen mit Männern jenseits der dreißig und zwei Abtreibungen hinter sich. Sie machte wenigstens mir gegenüber kein Geheimnis aus ihren Eroberungen, und im Stillen bewunderte ich sie dafür, dass sie in meinen Augen unabhängig und unter Erwachsenen ihr eigenes Leben leben konnte. Sogar mit eigenem Geld, wenn auch vom Amt: Sie bekam Waisenrente.

Tatsächlich aber war es so, dass kein Mann länger als ein paar Stunden bei ihr blieb, nachdem er sie gevögelt hatte. Marianne war die typische Idiotin, aus asozialen Verhältnissen, die mit großen, grifffesten Brüsten und der bei Männern begehrten, willigen »mit Hilfe von Niveacreme geht er auch direkt in den Arsch«-Einstellung ausgestattet war. Oft trieb sie sich tagelang in der nächsten Stadt herum und schlief mal hier und mal dort. Jedes Mal überzeugt davon, dass es »so eine richtige Liebe« war.

Arme Marianne, mit 25 hatte sie bereits vier Kinder, jeweils von unterschiedlichen Typen, und keines hat das Jugendamt ihr gelassen. Als ich sie Jahre später wiedertraf, war sie starke Alkoholikerin geworden, ein Sozialfall mit Lebensmittelgutscheinen vom Amt. Sie hatte kariesverseuchte Zähne hinter den längst nicht mehr geschminkten Lippen. Ihre Begleiter, stets aus Berlin oder Hamburg, waren allesamt Strafentlassene oder irgendwie »auf Urlaub draußen«, immer auffallend tätowierte Schnapstrinker, die jedes Mal zuschlugen, wenn der Alk zur Neige ging oder »die Alte nicht richtig parierte«.

Arme Marianne, selbst ihr Stupsnäschen, das mit den Sommersprossen, wurde eines Tages platt geschlagen von »so einer richtigen Liebe«. Aber verlassen hat sie ihn deswegen nicht. »Schließlich«, so sagte sie mir später, »hatte er sich dafür entschuldigt« und wollte mit ihr beim Jugendamt dafür kämpfen, ihre Kinder zu bekommen. Arme, dumme Marianne!

»Ich will in die Stadt! Morgen hat mein Alter Geburtstag«, antwortete sie mir und spielte an dem Riemen ihres billigen Plastikhandtäschchens herum. »Kaufst du ein Geschenk?« – »Bist du irre? Aber da gibt es extra Kohle für, und die hol ich jetzt ab«, antwortete sie lachend. Der Bus kam und wir unterhielten uns eine Weile über den Gang hinweg. Als ich ausstieg, hob ich meine Hand in ihre Richtung zum Gruß und lächelte sie an, wir hatten uns für morgen Abend vor ihrem Haus verabredet. Wir wollten gemeinsam in die Stadt zu fahren, denn am nächsten Tag war der 21., und es würde auch mein Geburtstag sein.

Als ich erwachte, war es schon nach elf Uhr. Ich lag mit verquollenen Augen im Bett, hielt sie nur mühsam offen und musste sie immer wieder zusammenkneifen, um die Uhrzeit auf meinem Digitalwecker richtig ablesen zu können. Wieso war ich noch im Bett, wieso hatte mich niemand geweckt, wahrscheinlich hatten alle verschlafen? Ich fing an zu rufen, aber niemand antwortete. Ich wand mich unter der Decke hervor, raus aus dem Bett und öffnete meine Zimmertür.

Kein einziges Geräusch war zu hören: »Mama?« Ich schaute um die Ecke, niemand war zu sehen. Ein Blick auf den Küchentisch zeigte mir, dass alle wie gewohnt gefrühstückt hatten, eine Geburtstagstorte war ebenfalls für mich hingestellt worden sowie ein Briefumschlag mit einer Karte ohne Unterschrift und etwas Geld. Sonst nichts.

Verwundert schlich ich ins Wohnzimmer an den alten Schreibtisch. Meine Mutter hing sehr daran. Sie hatte ihn von ihrer Familie zur Geburt ihres ersten Kindes, meinem Bruder Christoph, bekommen, und er war auch für ihn gedacht. Ich schaute nach unten und sah »Großmutter Rita« beim Wäscheaufhängen. Unwillkürlich zuckte ich zurück, das tat ich immer. Warum, das wusste ich nicht. Ich fühlte mich immer schlecht und aufgeregt, wenn ich »Großmutter« oder »Großvater« irgendwo auf dem Grundstück sah oder ihnen im Treppenhaus begegnete.

Tatsächlich hatte ich im Laufe der letzten Jahre wieder damit begonnen, sie zu siezen, was mir eine gewisse Distanz verschaffte. Einzig meine Tante, die Richterin geworden war und mittlerweile in der schönen Stadt Hamburg ihren Dienst tat, hatte einige meiner Verhaltensweisen richtig interpretiert. Sie sprach Verdächtigungen in Bezug auf Missbrauch aus, wie sie mir viel später einmal erzählte. Für meine Mutter schien das jedoch unvorstellbar, was wohl daran lag, dass meine Tante auf Klaus getippt und gar nicht an »Opa Hans« gedacht hatte. So beließ sie es dabei und mischte sich nicht weiter ein.

»Ja, Lisa?« Die Stimme meiner Mutter klang unwirsch durchs Telefon. »Herzlichen Glückwunsch zum Geburtstag!« Ich schluckte und konnte es mir doch denken. »Wieso hat mich denn keiner geweckt? Ich habe doch Schule«, sagte ich leicht vorwurfsvoll. Angriff soll ja die beste Verteidigung sein. »Lisa, hör bitte auf, mich zu verarschen. Die Rektorin hat mich noch gestern angerufen, um mir mitzuteilen, dass du nach der ersten großen Pause nicht mehr zum Unterricht zurückgekehrt bist, also wo warst du? Wir werden keine andere Schule mehr finden, und die Rektorin verzichtet darauf, dich wieder aufzunehmen. Also würde ich vorschlagen, du machst jetzt einfach, was du willst.«

Damit legte sie den Hörer auf die Gabel, und ich stand ganz erschrocken im Schlafanzug am Schreibtisch, an diesem 21. Februar, meinem Geburtstag. Vor Schreck ließ ich mich auf den Schreibtischsessel plumpsen. Ich saß da und überlegte, meine Mutter erneut anzurufen, ließ es dann aber sein. Ich wusste auch nicht, was ich hätte sagen können, und so saß ich da und meine Augen wanderten im Zimmer umher.

Ich sah auf das Bild über dem Schreibtisch; es zeugte vom einzigen Familienurlaub, den wir mit meinem leiblichen Vater unternommen hatten. Die Reise ging zur Hallig Hooge. Das Bild zeigte ein Aquarell mit einem Schiffswrack darauf. Dieses Schiffswrack existierte und war in diesem Urlaub meines Bruders und mein liebster Spielplatz gewesen. Bei einem Abendessen in einer kleinen Gaststube hatte mein Vater das Bild bei dem Wirt entdeckt und es ihm sogleich abgekauft. Unser Urlaub war damit beendet, die Urlaubskasse war leer, aber trotzdem waren wir alle fröhlich und heiter und freuten uns darüber, am meisten meine Mutter.

Und nun hing das Bild hier, an einem Ort, an dem ich gar nicht sein wollte, und ich versuchte, mich daran zurückzuerinnern, aber ich kam nicht weit. Meine Erinnerung hörte auf, an einem Tag, an dem ich schon hier lebte, in diesem Haus, weiter kam ich nie zurück. An das Gesicht meines Vaters konnte ich mich noch gut erinnern, seine Stimme konnte ich hören, aber es war kein einziger Tag in meinem Kopf, den ich wirklich rekonstruieren konnte. Was war bloß los mit mir? Wie immer fand ich keine Antworten, wusste keinen Weg zurück in den Kreis der Familie. Ich sah mich in der Zukunft ganz auf mich allein gestellt und bemitleidete mich, fühlte mich als Opfer und konnte doch keinen Feind klar erkennen. Ich hasste mich an diesem Morgen eigentlich nur selber.

Vielleicht war es dieser Tag, an dem ich zum ersten Mal beschlossen hatte, mich zu wehren. Mich zu verändern. Auf der Reise, der Suche, endlich ein Ziel zu finden. Ich wollte mich mitteilen, musste jemanden finden, mit dem ich über alles sprechen konnte. Ich ging im Geiste alle Personen durch. Aber fündig wurde ich nicht.

Bevor mich jemand antreffen konnte, verließ ich das Haus. Ich schminkte mich großzügig und provokant mit schwarzer Farbe und stöckelte mit meinem in Plastik verpackten Geburtstagskuchen Richtung Entenweg. Zwar war es noch nicht 18.00 Uhr, aber ich hoffte, mich vor dem Haus von Heinz Kohlke unbemerkt bemerkbar machen zu können, um Marianne rauszulocken.

Auf dem Weg dorthin schlenderte ich auffällig und laut durch die Neubausiedlung, wo alle Häuser von Familien bewohnt wurden, die so steif wie die Arme meines Teddybären waren. Ganz sicher bot ich hier keinen gewöhnlichen Anblick, in dieser Gegend legten alle ganz besonderen Wert auf Anstand und Ordnung und bemitleideten meine Familie, mit »so etwas wie mir bestraft worden zu sein«. Die Mädchen wurden vor mir gewarnt, den Jungen wurde der Umgang mit mir verboten, und obgleich ich mich dabei nicht unbedingt wohl fühlte, so war es mir doch ziemlich egal, was alle dachten. Den meisten erschien es nur logisch, dass ich ganz sicher mit Drogen vollgepumpt oder mit Alkoholreserven in der Tasche mein kleines Leben fristete. Aber an solche Dinge dachte ich nicht einmal.

Meine eigene verstörte Persönlichkeit reichte in diesen Tagen vollkommen aus, mich in Hochstimmungen oder tiefste Depressionen zu versetzen. Provokation war meine einzige Leidenschaft zu dieser Zeit. Den Entenweg hinuntersteigend, verlangsamte ich meine Schritte, was zum einen an dem starken Gefälle der Straße lag, zum anderen bekam ich Herzklopfen über den Mut meiner nächsten Absichten.

Wie konnte ich mich bemerkbar machen, ohne dass der Alte loskeifte? So schlich ich von oben an die Schafsstallbaracke heran, von der aus man durch zwei Türen in die Küche gelangen konnte. Ich hatte Glück, denn Marianne wurschtelte draußen herum und sah mich sogleich. »Hallo«, rief sie laut, »was machst du schon hier?« Erleichtert sie zu sehen, entspannte ich mich sogleich und antwortete ihr: »Durfte heute zu Hause bleiben. Ich dachte, du hast Lust auf ein Stück selbst gebackenen Geburtstagskuchen«, und hielt ihr statt weiteren Erklärungen die Büchse mit der Apfeltorte hin. Ich grinste sie an und fühlte mich weniger allein an diesem Morgen. Ihr zu sagen, warum ich wirklich schon da war, ersparte ich mir, denn der Gedanke, mit ihr »irgendwie gleich« zu sein, stieß mich völlig ab. »Hm«, sie kaute bedächtig an ihren rosa Nägeln. »Ich kann aber auf keinen Fall jetzt schon weg, komm doch einfach mit hinein. Aber sei bloß leise, mein Alter pennt und soll nicht wach werden.«

Ich folgte ihr, so leise es mir möglich war, ins Haus. Fasziniert und erschrocken schaute ich mich in den heruntergekommenen Räumen um. Die Tapete, soweit sie überhaupt vorhanden war, hing eingerollt vor Nässe oder Schmutz an den Wänden herunter. Die Möbel der Küche waren in erschreckend schlechtem Zustand, sogar die Luft roch verfault.

Ich ließ die Tür hinter mir offen und war dankbar für jeden kleinen Luftzug, der ins Haus hineinblies. »Setz dich«, sagte sie munter. Ihre Umgebung schien ihr gar nichts auszumachen, und schnell hatte sie frisch gebrühten Kaffee gezaubert. Sie stellte ihn zusammen mit zwei Kaffeebechern auf den Tisch. In diesem Moment bewunderte ich sie, bewunderte sie für ihre Gleichgültigkeit, in solch einem Schweinestall zu leben und dabei so ruhig und ausgeglichen, richtig fröhlich zu sein. Sie plapperte vor sich hin, erzählte mir von »ihrem Alten«, der ihr tierisch auf den Sack ging, und dass sie die Tage zähle, um endlich abzuhauen.

Sie erwähnte einen neuen Typen, den sie am Vortag in der Bahnhofsgaststätte kennen gelernt hatte. Dann zeigte sie mir eine neue Bluse, die wohl das Dankeschön für irgendeinen Fick war.

»Hast du Kippen?« Sie schaute erwartungsvoll in meine Richtung. »Nö«, antwortete ich, nun selbst etwas erstaunt darüber, heute keine gekauft zu haben. »Aber ich habe Geld!«, verkündete ich und kramte den Schein von der Geburtstagskarte aus meiner Hosentasche. »Ich hol eben welche«, sprach sie, schnappte sich den Schein, und weg war sie. Auf halbem Weg zur Tür drehte sie sich noch einmal um und lächelte. Ihr Vater würde tief und fest schlafen, und sie wäre sofort wieder da. Steif und unbeweglich saß ich auf dem wackligen Stuhl am Küchentisch vom alten Heinz und wagte kaum zu atmen. Ich ärgerte mich über Mariannes schnellen Abgang und dachte über die unzähligen Male nach, die wir Kinder schon kreischend vorm Gebrüll des alten Heinz davongestoben waren. Es verging nur ein Moment, bevor ein ständiges Klopfen von oben mich aus meinen Gedanken riss.

»Marianne«, brüllte er von oben herunter, und mir brach der Schweiß aus. Der Tonfall seiner Stimme mit den lang gezogenen Selbstlauten erinnerte mich stark an das Jammern der Kuh unseres Nachbarn kurz vor dem Melken. Es war grauenhaft laut, schrill und anhaltend, er brüllte und brüllte und schlug mit irgendetwas auf dem Boden herum. Genau über der Küchendecke.

Ich sprang auf, schaute aus dem Fenster. Außer dem kleinen, nur teilweise erhaltenen Zaun, der rund ums Haus verlief, konnte ich nur ein Stück Straße sehen. Keine Marianne! Ich überlegte, das Haus durch den Hintereingang zu verlassen, aber ich war wie gelähmt. Das Geschrei verstummte nicht, also nahm ich meinen Mut zusammen, ging zum Türrahmen und schaute die Holztreppe hinauf. Auch hier war das Geländer nur teilweise noch intakt, einzelne Streben waren zerbrochen oder fehlten gänzlich. Das Holz musste ehemals farbig lackiert gewesen sein, auf den Stufen fanden sich Splitter von abgeplatztem altem Lack.

»Sie kommt gleich zurück«, rief ich nach oben. »Was? Wer ist da?« Ich räusperte mich und wiederholte diesmal lauter: »Sie kommt gleich zurück, ist eben etwas holen, mein Name ist Lisa, und ich warte hier auf sie.« Er antwortete mir nicht, aber an den Geräuschen konnte ich hören, dass er sich schon auf dem Weg nach unten befand. Mit einer hastigen Bewegung setzte ich mich wieder auf den altmodischen Stuhl. Wo war Marianne bloß? Ich fragte mich, was mich erwartete. Sollte der Alte jetzt in die Küche kommen? Mein Herz klopfte wie Paukenschläge, so viel Angst hatte ich.

Er kam die Treppe herunter, und ich schaute gebannt auf die Tür, auf alles gefasst, aber auch sehr neugierig, denn wirklich gesehen hatte ich den alten Heinz noch nie. Die Stufen knarrten, und ich konnte genau hören, wie er mit Hilfe seines alten Gehstocks Stufe für Stufe herunterkam. Er sagte nichts. Ich konnte seinen schnellen, schweren Atem hören, der in mir ängstliche Gefühle auslöste, die ich jedoch nicht einordnen konnte. Schweißperlen auf seiner Stirn und die Augen weit aufgerissen, so starrte er mich an, als er den Türrahmen erreicht hatte. Ängstlich schaute ich zurück, aber auch trotzig und spielte nervös mit dem Kaffeebecher.

Da stand er, viel kleiner, als die kräftige Stimme vermuten ließ, eine Hand in den Rahmen gestützt, die andere lag schwer auf dem Stock. »Wo ist die Fotze?«, herrschte er mich keuchend an. Seine ergrauten, ungepflegten Haare waren strähnig und licht über den kleinen Kopf verteilt und sahen aus wie angeklebt. Buschige Augenbrauen mit einzelnen, langen Haaren wucherten über den Augen zusammen, und Haarbüschel lugten aus Ohren und Nase. Am auffälligsten war der Schmuck, der nur aus einem einzigen Ring bestand, den ein schwarzer Stein zierte. Seine Haut an Hals und Armen war schlaff und sah ausgemergelt und fast vertrocknet aus.

Ich hätte ihn leicht über 90 Jahre geschätzt. Mit seinen dünnen, knöchrigen Fingern erinnerte er mich mehr an die Hexe aus »Hänsel und Gretel«, als an einen alten Mann. »Marianne?« Ich war bis ins Mark erschrocken über seine Ausdrucksweise. »Sie kommt gleich, müsste längst hier sein, sie holt nur was ... und gratulieren wollte ich Ihnen, weil Sie ja Geburtstag haben, genauso wie ich. Ich habe auch Kuchen hier und hoffe, Sie mögen ein Stück, meine Mutter hat ihn selbst gebacken, er ist wirklich sehr lecker.«

Ich redete ohne Punkt und Komma, ohne Luft zu holen, und legte gleichzeitig ein Stück Kuchen aus der Box auf einen herumstehenden Teller. Ich hielt ihm das Ganze entgegen. Langsam und misstrauisch humpelte er in den Raum und ließ sich schwer auf einen Stuhl sinken. »Du hast doch schon oft vor meinem Haus rumgelungert und mich geärgert?« Doch er lächelte mich dabei an, und ich war direkt erstaunt, dass er noch alle Zähne hatte.

»Was willst du denn von der blöden Kuh? Solange sie Geld hat, kommt die nicht. Die treibt sich nur rum«, sagte er. »So, und nun geh, ich will keine Fremden hier im Hause haben«, er stemmte sich hoch und bewegte sich mühsam über den Flur in seine Wohnstube. Den Kuchen hatte er nicht angerührt. Marianne kam noch immer nicht zurück, ich verfluchte sie und überlegte, was ich nun tun könnte. Ich wollte schließlich mein Geld zurück. Mir blieb nichts anderes übrig, als zurück nach Hause zu laufen und dort das Schlimmste über mich ergehen zu lassen. Vorher klopfte ich noch an die Tür, hinter welcher der Alte verschwunden war. »Ich gehe jetzt, aber ich komme Sie wieder besuchen.«

Von diesem Moment an ging ich regelmäßig, fast täglich zum alten Heinz. Ich hatte überhaupt keine Angst mehr vor ihm, schlich mich immer hinten durch den Stall in sein Haus, trotz seiner ewigen Beleidigungen und Aufforderungen, dies zu unterlassen.

Ich fühlte mich auf eigenartige Weise mit ihm verbunden, fühlte mich sicher und ruhig bei ihm. Ich hatte selber keinerlei Erklärung dafür. Seit der ersten »Schreckminute«, in der ich ihm in der Küche begegnet war, hatte er eine magische Anziehungskraft auf mich ausgeübt. Ich ignorierte sein schnoddriges, vulgäres Reden und Benehmen und fand neben ihm sogar die Ruhe, meine Hausaufgaben gewissenhaft zu erledigen. Marianne nutzte diese für sie günstige Wendung, um noch seltener anwesend zu sein, bis sie schließlich eines Tages überhaupt nicht mehr kam. Aber das schien den alten Heinz nicht zu überraschen. Er quittierte es mit diesem abwesenden Blick, irgendwo in die Ewigkeit hinein.

Natürlich rastete meine Mutter völlig aus. Sie versuchte mit allen Mitteln, die Kontrolle über mich zurückzuerlangen, mich daran zu hindern, diesen »Säufer und asozialen Geisteskranken« zu besuchen. Sie war sich sicher, dass ich mir alle möglichen Krankheiten einfangen würde, und zeigte keinerlei Verständnis für meine Aussagen, mich dort wohler als zu Hause zu fühlen. Auch befürchtete sie sexuelle Übergriffe des alten Mannes auf mich und konnte sich, wie auch die anderen, nicht erklären, was ich da stunden-, manchmal tagelang so trieb.

Ich tat eigentlich gar nicht viel. Ich hörte mir Geschichten über die Fremdenlegion an, wie sie nur Heinz erzählen konnte, zeigte ihm im Gegenzug meine Geschichtsbücher und Biologieaufgaben und hörte vieles über die Liebe im Leben, über Hass und über Enttäuschung.

Ich lauschte seinen Bitten, aus meinem Leben etwas zu machen, und empfand so etwas wie Geborgenheit und Ruhe in mir. Zweimal feierten wir unseren Geburtstag zusammen, nur er und ich, in diesem windschiefen Haus, inmitten dieser Unordnung. Beide Male fühlte ich mich glücklich und sicher.

Meine Familie schämte sich wahnsinnig vor ihren Freunden und unseren Nachbarn, denen mein »neues Zuhause« natürlich nicht verborgen geblieben war. Irgendwann machte sich meine Mutter in Begleitung von »Papa Klaus« auf, mich dort abzuholen und den Kontakt ein für allemal zu unterbinden. Der Alte hatte es längst aufgegeben, mich vor die Tür zu setzen, und ließ sich meine Gegenwart mittlerweile gern gefallen, obwohl er wusste, dass meine Familie damit nicht einverstanden war. Irgendwie musste er gespürt haben, wie zerrissen ich war, und genoss die neue Lebensaufgabe, mir etwas zu geben, was sonst niemand von ihm annehmen wollte.

Als meine Eltern wie verrückt gegen die Tür hämmerten und mit der Polizei drohten, schüttete er einen großen Eimer Wasser aus dem oberen Fenster direkt auf die Klopfenden. Beide wurden pudelnass, waren entsetzt und kamen nur wenige Minuten später mit der Polizei zurück. Natürlich musste ich mit. Der alte Heinz wurde verhört. Ein Verfahren wurde eingeleitet, welches ihn am

Ende eines langen Behördenweges direkt in ein staatliches Altersheim führte, in dem ich nie wieder zu ihm gelassen wurde. Dort starb er nur ein Jahr später, ganz allein, Besuch von seinen Kindern hat er niemals bekommen.

Als ich davon erfuhr, habe ich zwei Kerzen in der Kirche angezündet; eine für ihn und eine für seine Frau, in der Hoffnung, dass sie sich wieder vereinen würden, wo und wann auch immer.

Und immer, wenn ich Geburtstag habe, denke ich daran, dass es auch der seine ist.

Lieber Heinz: Jede Minute bei dir habe ich mich gut gefühlt. Oft stand ich später am Fuß des Berges und wünschte mir, du wärst noch da! († 1983)

CHAMPAGNERKELCH II

Herbert war mein erster Freier im »Champagnerkelch«. Als ich an jenem Abend hier ankam, war es schon weit nach 24 Uhr. Erst hatte ich lange das Haus gesucht, dann hatte ich mich über eine Stunde nicht hineingetraut. Aber mein Entschluss stand damals fest. Ich würde dort arbeiten, und ich würde heute damit anfangen. Mit einem kurzen, schwarzen Minirock und einer weißen Bluse bekleidet, stand ich aufgeregt vor der Tür. Meine Hände schwitzten, und ich hatte keine Ahnung, was mich dort erwarten würde. Meine Haare hatte ich blondiert und den roten Fusseln den Garaus gemacht. Zudem hatte ich mich großzügig geschminkt und meine Beine in einer Netzstrumpfhose verpackt. Dazu trug ich die höchsten Pumps, die ich hatte. Ängstlich drückte ich den Klingelknopf.

Schritte hinter der Tür und dann öffnete mir Marion. »Hallo, komm herein, bist du Lisa?«, fragte sie mich und lächelte mich herzlich an. Ich fühlte mich gleich wohl, als ich in ihr hübsches, freundliches Gesicht blickte, und folgte ihr vertrauensvoll in den Gang vor der Bar. Leise, dezente Musik erklang aus den Räumen. »Ja, ich bin Lisa, ich hatte am Nachmittag angerufen. Aber dann habe ich mich nicht vorher getraut«, ich lächelte jetzt etwas verlegen zurück. »Kein Problem, bis jetzt wurde hier noch niemand gebissen«, scherzte sie und nahm mich mit in die Bar. »Am besten, ich zeig dir erst mal alles und erkläre dir, wie es hier so läuft«, stupste sie mich an, und ich folgte ihr. Im Treppenhaus kam man auf die mittlere Etage. Dort waren drei Zimmer sowie ein Badezimmer. Alles in Rottönen und die Stufen mit dickem

Teppich belegt. Durch eine kleine Luke konnte man in die Küche sehen.

»Hier werden auch die Getränke fürs Zimmer ausgegeben«, erklärte mir Marion. »Wenn du sie mal selber holen musst und bist schon im Zimmer, brauchst du nicht nackig in die Bar«, kicherte sie mir zu. Ich hatte sofort ein vertrautes Gefühl ihr gegenüber.

Oben war nachträglich ein Whirlpool eingebaut worden. Alles war dort schwarz, und es gab bequeme, beheizte Liegeflächen um den Pool herum. Marion trug ein langes Kleid und sah sehr elegant aus. »Was zieht man denn hier so an?«, fragte ich sie und war mir nicht sicher, die richtige Garderobe gewählt zu haben. »Schon in Ordnung, so wie du bist, aber etwas peppiger darf es schon sein. Du erinnerst eher an die Erstkommunion als an eine Lustdame.«
... Lustdame ... ich?

Dann standen wir in der Bar. Es war kein Mädchen zu sehen. »Die anderen lümmeln sich in der Küche rum«, erklärte sie mir. Wir setzten uns erst mal, und Marion spendierte mir einen Piccolo, eine kleine Flasche Sekt. Die konnte ich brauchen, nervös trank ich in hastigen Zügen. Ich hatte am Nachmittag das erste Mal hier angerufen und schon erklärt, dass ich keinerlei Vorkenntnisse hätte. »Wenn du mal nicht fahren kannst, schläfst du einfach hier«, erklärte sie mir und teilte mir das Zimmer Nummer drei zu.

Die Bar wurde um 16.00 Uhr am Nachmittag geöffnet und um 5.00 Uhr morgens geschlossen. Oft war aber auch dann noch ein Gast da, dann blieben nur Marion und das betreffende Mädchen, die anderen konnten natürlich Feierabend machen. Es gab zwei Schichten, die eine musste um 16.00 Uhr da sein und konnte gegen 23.30 Uhr gehen, wenn sie das wollten. Die anderen sollten bis spätestens 21.00 Uhr da sein und mussten dann bis zum Morgen bleiben. Wer wann kam, sprach man in der Regel lasch untereinander ab, es waren jedenfalls immer Mädchen da. Allerdings niemals über 15, da die Bar nicht allzu groß war und, wie mir Marion erklärte, auch eine Auswahl getroffen wurde. Wahllos nahm man hier keine Mädchen, und fast war ich froh, dass ich privilegiert schien.

Die Musik ging aus, und es gab Gemecker aus der Küche. Marion wechselte die CD und erklärte mir, dass sie die Barfrau sei und welche Funktionen sie hier hätte. Früher hatte sie selber mal »vor« der Theke gesessen, war aber später eine Beziehung mit dem Barbesitzer eingegangen und arbeitete seitdem ausschließlich hinter dem Tresen.

Meine Nervosität ließ langsam nach. Das nette Geplauder von Marion und der Piccolo taten seine Wirkung. Wir kamen zum geschäftlichen Teil. Wenn es klingelte, war es üblich, dass sich die Mädels um die Theke setzten. Der Gast wurde in der Regel nur von der Barfrau angesprochen. Auch konnte er ihr sagen, mit welchem Mädchen er sich unterhalten wollte. Insbesondere, wenn er zum ersten Mal hier war. Natürlich konnte er auch ein Gespräch mit einem Mädchen beginnen, wir jedoch durften vorher niemals animieren. So konnte der Gast sich in Ruhe umschauen und fühlte sich weder bedrängt noch sonst irgendwie unter Druck gesetzt, erklärte sie mir weiter. Selbstverständlich wurde er spätestens beim zweiten Drink darauf hingewiesen, in welchem Etablissement er sich hier befand. Die Bar sollte niemals, auch nicht spätnachts, als »Absacker-Zone« oder Kneipe angesehen werden.

Marion brachte mich in die Küche. Dort saßen vier weitere Mädchen. Hatte ich gedacht, man würde sich gegenseitig mit Misstrauen oder Feindseligkeit begegnen, so wurde ich eines Besseren belehrt. Alle begrüßten mich mit einem fröhlichen Hallo, und bald saß ich beim Essen, und wir alle waren ins Gespräch vertieft. Ich hörte mir so dies und das an und war erstaunt, dass es völlig normal schien, sich zu verkaufen ... *sich zu verkaufen* ...

Alle Mädchen waren sehr hübsch und doch völlig unterschiedlich. Eine hatte Megabrüste und auch sonst rundliche, füllige Formen. Die andere wieder hatte lange, glatte schwarze Haare und ein Kindergesicht, obwohl sie schon 20 war. Ich war zwar niemals wirklich vollbusig geworden, fand auch meine Nase nie hübsch, war aber schlank und groß. Ich hatte lange Beine, und nachdem mir ein Mädchen »richtige Nuttenschuhe« angezogen hatte, sahen sie in den Strümpfen sogar richtig sexy aus. Ich übte am Küchentisch die ersten Schritte auf den 12 cm hohen Absätzen. Unsere Späße wurden unterbrochen, als es klingelte. Alle stürmten an die Theke, und ich wackelte hinterher. Herbert betrat die Bar und wurde von allen mit einem fröhlichen Hallo begrüßt. Er orderte einen Cognac und sah sich um. Sein Blick fiel auf mich und er fragte Marion: »Neu?« – »Ja, Herbert. Lisa ist ein nettes Mädchen und zum ersten Mal hier. Es ist überhaupt ihr erster Tag, und du musst sehr nett zu ihr sein.«

Die anderen Mädchen trollten sich wieder in die Küche, Marion zwinkerte mir zu. »Setz dich doch mal her, Lisa, das hier ist unser Herbert, ein ganz Lieber.« Ich setzte mich mit butterweichen Knien neben Herbert und sah ihn an. »Wie immer?«, fragte sie ihn noch und machte sich schon auf den Weg, meine erste Flasche Champagner zu entkorken.

»Hallo Herbert«, ich lächelte und drehte meine Sektschale zwischen den Fingern. Ich sah ihn an. Er mochte um die 50 sein. Sein Haar war leicht ergraut, und ein Spitzbubenlächeln spielte um den Mund. Er war ziemlich füllig und rundlich und sah auch sonst sehr gemütlich aus. Seine Augen blickten freundlich und wohlwollend, auch irgendwie prüfend an mir rauf und runter. »Hallo Lisa«, sagte er. »Schön, dass wir uns kennen lernen. Wie alt bist du denn?«, er sah mich fragend an. »Ich werde demnächst 21«, antwortete ich gehemmt. Endlich kam Marion mit der Flasche ... O Gott ... Ich würde völlig betrunken sein ...

Herbert musste meinen entsetzten Blick gesehen haben, denn er orderte ein zweites Glas. »Keine Sorge, ich helfe dir etwas«, lachte er mich an, und wir prosteten uns zu. Der schwere Champagner erwärmte meinen Magen und ließ mich schnell sicherer werden. Ich fühlte mich durch Herberts Komplimente hübsch und begehrenswert. Als er mich fragte, ob wir nach oben gehen wollten, sagte ich natürlich ja und strahlte ihn an. Er kannte den

Weg besser als ich, und bald waren wir im Zimmer. Zwei Bademäntel lagen auf dem frisch gemachten Bett, und es war warm und gut gelüftet. Man fühlte sich direkt wohl und entspannt, wenn man das Zimmer betrat. Aber das Schwerste lag noch vor mir, und ich hatte keinen blassen Schimmer, wie ich es anfangen sollte. Herbert war freundlich und locker. Er stellte den vollen Sektkübel auf den Tisch und machte sich sofort daran, sein Hemd aufzuknöpfen. »Willst du dich nicht ausziehen?«, er sah mich an. »Natürlich«, ich versuchte zu lächeln und begann ebenfalls, mich zu entkleiden. Bald standen wir uns nackt gegenüber, und wie zum Schutz hielt ich mir mein Glas vor die Brust. »Ich dusche mich mal eben«, sagte er noch und verschwand dann hinter der Glaswand.

Ich sah das Wasser gegen die Scheibe spritzen und hörte erstaunt seinem Gepfeife zu. Er pfiff beim Duschen! Ich kicherte, das fand ich komisch. Schnell goss ich mir noch einmal nach und trank das Glas leer ... und dann rülpste ich laut. Entsetzt hielt ich mir die Hand vor den Mund. Herbert kam lächelnd aus der Dusche. »Oje, trink nicht so hastig«, feixte er, und galant bot er mir den Zutritt zur Dusche an. Ich verbeugte mich ebenfalls und fing an, das Wasser einzustellen ... *ich habe ja gar keine Kondome ...*

»Herbert, ich weiß nicht, also, ähem, ich habe gar keine Kondome!«, rief ich ihm zu. »Aber ich habe welche, mein Schatz, und nun komm ins Bett, die Zeit läuft!«, rief er zurück. Hastig spülte ich den Schaum ab und ging zum Bett. Da lag er, mein erster Freier, mein erster Gast. Nackt vor mir auf dem Rücken, die Hände hinter dem Kopf verschränkt. Fast so, als wollte er sonnenbaden, ging es mir durch den Kopf. Ein Kondom hatte er neben sich aufs Bett gelegt. Ich kniete mich neben ihn und streichelte über seine Brust. Er nahm meine Hand und drückte sie nach unten. Ich dimmte das Licht etwas runter und befahl mir, mich zusammenzureißen. Und ich riss mich zusammen.

Ich kraulte seine Eier und merkte, wie er hart wurde. Und ich merkte noch etwas. Ich bemerkte, dass er mich weder anstarrte noch sich sonst irgendwie mit mir beschäftigte. Er macht sich gar keinen Kopf, fiel mir auf. Er will nur seinen Spaß, um etwas anderes geht es hier nicht, dachte ich. Es war wertfrei, völlig normal für ihn. Das gab mir Sicherheit. Ich fing zärtlich und ruhig an, sein Glied zu bearbeiten. Ich drückte und massierte ihm den Schaft und knipste vorsichtig mit meinen Fingernägeln an seine Eichel. Sein Glied schwoll an und wurde dick. Ich konnte die Adern darauf erkennen. Es schien ihm zu gefallen. Ich beugte mich über ihn, und während ich seinen Schwanz immer dicker massierte, leckte ich ihm über die Brustwarzen. Er seufzte leicht und machte ein Hohlkreuz ... *Er fährt drauf ab ...*, ging es mir durch den Kopf, und ich wurde mutiger. Nun presste ich seine Hand auf meine Brust und drückte mich dagegen. Er griff zu und streichelte kreisend meine Warzen. Sie wurden steif, und das erregte ihn sehr. »Hey, das sind ja richtige, kleine feste Knöpfe«, freute er sich und drehte mich nun auf den Rücken. Er leckte und küsste über meinen Busen, und ich öffnete in der Zeit die Kondomschachtel. Aber ich konnte das Gummi einfach nicht überstreifen aus dieser Position heraus. »Herbert, warte mal, das Gummi«, er hielt kurz inne, und ich zog das Kondom bis zum Rand hinunter. Gleich darauf wälzte er sich auch schon auf mich und drang in mich ein. Er stocherte ein wenig, ich war kaum feucht. Meine Möse erinnerte mehr an einen zugezogenen Reißverschluss als an eine feuchte Grotte. Aber ihn schien das nicht zu stören, nur mir war es irgendwie peinlich. Er beleckte zwei Finger und schob sie in mich rein. Danach drückte er seinen Schwanz leicht in mich, und nach einem leichten Ziehen war er komplett drin. Ich schloss die Augen und legte meine Hände auf seine Schultern. Er begann sich zu bewegen; erst langsam und vorsichtig, da seine Stärke bei den Anfangsschwierigkeiten etwas gelitten hatte. Aber schnell war er wieder dick und hart und schob sich jetzt schneller werdend zum Höhepunkt. Er zuckte und kam. Meine Augen wieder geöffnet, sah ich ihn an. Das war es also, meine erste Nummer im Puff. »Danke, Schatzi, das war heiß«, bemerkte er und küsste mich flüchtig auf die Stirn. Wir schenkten die Gläser nach, machten uns frisch und gingen nach unten. Er spendierte mir danach noch eine Flasche. Als er ging, war er mir schon richtig vertraut. Nachdem Marion ihn zur Tür gebracht hatte, nahm sie mich zur Seite. »Hier hast du noch Kondome, du kannst sie später bezahlen.« Und ich schaute erschrocken auf den Beutel mit den Gummis. Es waren 150 Stück darin. »Was? Die soll ich alle vervögeln?« – »Ach, Lisa«, lachte sie. »Komm her und erzähl mir, wie es für dich war.«

In meinem Leben habe ich ca. 6000-mal sexuelle Handlungen jeder Art mit Männern vorgenommen. Fünfmal wurde mir Gewalt angetan, davon zweimal in meiner eigenen Familie. Davon abgesehen gibt es einige, die für meinen Körper nichts bezahlen mussten. Diese bestimmten Männer vergesse ich niemals. Ich habe sie sehr genossen, sie mir genommen, wie einen Dildo in mich eingeführt, sie benutzt, mich an ihren schönen Körpern, ihren schönen Augen und ihren warmen, tiefen Stimmen ergötzt und befriedigt ... und einige von ihnen habe ich sehr geliebt.

Ich erinnere mich an jeden Einzelnen, an seine eigene Wärme, seine eigene, individuelle Art mich zu berühren, und die verschiedensten Gefühle, die sie in mir auslösten. Manchmal haben sie mir das Herz gebrochen, und viermal war ich sicher, es nicht zu überleben.

... UND IMMER WIEDER

Durch meine Erfahrungen und Gespräche mit dem alten Heinz ging ich nun regelmäßig zur Schule. Ich selber hatte bei der Rektorin vorgesprochen und ihr mein Ehrenwort gegeben, mehr zu leisten. Auch hatte ich mich mit Hilfe meines Bruders etwas in die »Dorfclique« eingegliedert.

Meine Erfahrungen mit Männern beliefen sich zu der Zeit auf einen Jungen, dessen Penis krumm wie eine Banane war. Ich glaube, deswegen habe ich ihn lange nicht richtig reinbekommen. Obwohl die Verbindung mit ihm daraus bestand, jeden Abend, wenn es dunkel war, in die Feldmark zu verschwinden, um es erneut zu versuchen, schwärmte ich ihn an, wie jedes Mädchen in meinem Alter. Ich war ungeheuer stolz darauf, ganz offiziell mit ihm »zu gehen«, denn Thomas sah sehr gut aus mit seinen kurzen, dunklen Haaren und den tiefbraunen Augen. Immer wenn er lächelte, bildeten sich Grübchen in seinen Wangen, etwas was ich auch heute noch sehr an Männern mag. Es lässt sie lieb und freundlich aussehen, unabhängig davon, ob sie es wirklich sind.

Aber Thomas war es, und obwohl all meine Gefühle für ihn im Nachhinein als oberflächlich zu bewerten sind, so haben diese Begegnungen mit ihm mich zumindest auf eines aufmerksam gemacht: Ich stehe auf den Geruch von Leder, auf das Knistern von Lederjacken, auf das Gefühl, Leder zu berühren. Leder auf der nackten Haut machte mich geil. Ich fühlte mich geborgen, wenn ich unter ihm lag, mit dem nackten Rücken auf seiner Lederjacke, als Schutz vor den wildwachsenden Disteln. Ich rieb meine feuchte Antwort auf den erregenden Geruch in das seidige Futter seiner

Jacke. Diese Momente reichten mir völlig aus, allen zu sagen, wie glücklich ich war und wie froh, einen so gut aussehenden Freund zu haben.

Gespräche gab es wenige, worüber hätten wir auch reden können. Er, der Junge aus der wohlhabenden Familie, verwöhntes Einzelkind, und ich, die provokative Rothaarige aus der Berggasse, aggressiv gegen Gott und die Welt, gelangweilt und angeödet von allem, was sich mir näherte. Aber wir beide wollten uns auch gar nicht unterhalten, wir waren jung. Wir waren neugierig, und wir wollten »es« machen.

Mit genug Anläufen klappte es auch irgendwann, doch konnte ich meine Enttäuschung kaum verbergen. Das war es? Einen schwitzenden, sich windenden Typen, kaum mehr ansprechbar, zuckend und hoppelnd auf meinem Körper rumrutschend, stöhnend, verkrampft, seine Finger festgekrallt in meinen Schultern, die Augen zugekniffen, so lange, bis der Körper aus seiner Starre erschöpft in eine schlaffe, weiche Haltung fiel und schwer auf mir lag. Meist lag ich dann da, die Augen auf den Himmel gerichtet, fing ich an, die Sterne zu zählen, starrte den Mond an und hatte oft das Gefühl, er lachte mich aus mit seinen schwarzen Flecken, die jeder schon mal als Augen und Mund erkannt hat.

»War es für dich auch schön?« – »Natürlich, Thomas, was sonst?« – »Gut, dann lass uns los, wird langsam kalt hier. Hier, ein Tempo.« Er zog ein Taschentuch aus seiner halb heruntergelassenen Jeans, schob es zwischen meine Beine und wischte mir den Schleim fort, sorgfältig darauf bedacht, seine Jacke nicht zu beflecken. Dann zog er mir die Jacke unter dem nackten Hintern weg. Die Heimfahrt war meist schweigsam, ich lag auf dem Mofa wie ein geringelter Wurm, zwischen Lenkrad und Fahrersitz, die Füße um die Stange des Sattels geschlungen. An der Haustür gab es meist einen Kuss und eine neue Verabredung für den nächsten Tag, die nächste stille Ecke im Feld.

Ich hatte beschlossen, mit vielen kleinen glücklichen Zuständen genauso zufrieden zu sein wie mit dem großen Glück. Ich begann zu glauben, dass ich selbst doch was für mich tun konnte, doch die Wahl hatte. Das sollte nicht mein einziger Irrtum bleiben. Ich lebte nun wieder »integriert« in meiner Familie, entspannte mich und lief dem nächsten Angriff schutzlos in die Arme.

Irgendwann konnte ich keine Motivation mehr finden, Thomas zu treffen. Ich bin einfach nicht mehr hingegangen. Er hat mich nie gefragt, wieso. Er hat sich schnell mit einer anderen getröstet, die Mädchen standen Schlange bei ihm. Später hat er die Jugendliebe meines Bruders geheiratet. Das Sprichwort »Des einen Leid ist des anderen Freud« traf jedoch nicht zu. Die Ehe scheiterte, und ich habe keine Ahnung, was aus ihnen geworden ist. Nur das Kinderbettchen ihrer Tochter stand am selben Platz wie einst das meine. Sie hatten das Haus in der Berggasse 5 gekauft, mein früheres Elternhaus.

Außer dem krummen Penis von Thomas hatte ich sonst keine Erfahrungen mit der Liebe oder gar mit Sex. Ich konzentrierte mich nun aufs Reiten, war Dauergast auf dem Reiterhof im Dorf und verbrachte sehr viel Zeit mit der Tochter des Hauses. Heike. Sie war einige Jahre älter als ich, erfahrener und ein richtig toller Kumpel. Im Stillen bewunderte ich ihren Mut und ihre Kraft, die sie täglich aufs Neue bewies. Sie liebte die Pferde und hatte sich ihre eigene heile Immenhofwelt aufgebaut. Sie hätte nirgendwo anders sein wollen. In ihrer Gegenwart verschwanden auch die letzten Schatten in meinem Kopf, immer öfter konnte ich ruhig und tief schlafen. Als dann »Lady« geboren wurde, eine Lipizzanerstute, stolperte sie eines Tages von der Weide in den Stall hinein, geradewegs auf mich zu. Ich fegte gerade die Gänge aus, als sie auf mich zuwankte, unsicher die Nüstern hob und am Besen und an meiner Hand schnupperte. Es war warm und feucht. Ihre Nüstern blähten sich und sie stand da und rieb ihren kleinen Kopf an mir. Dieses feuchte Gefühl habe ich lange nicht vergessen.

»So ist es, manchmal suchen sich die Pferde ihre Pfleger selber aus.« Heike grinste mich an. Von diesem Moment an war Lady alles, was ich noch wollte. Ich bestürmte meine Mutter, mir das

Pferd zu kaufen, wusste ich doch, dass sich täglich ein fremder Käufer finden konnte. Leider waren unsere finanziellen Mittel absolut nicht ausreichend, meine Mutter war schon schwer gezeichnet vom Krebs. So verbrachte ich jede freie Minute bei meiner »neuen Freundin«. Ich pflegte sie, bis sie glänzte, und sie war in meinen Augen das schönste Pferd im Stall. Ihr Fell war kurz und glatt wie Seide, und ihre Mähne war wellig und fein gekämmt.

Sie hatte immer piekfein geteerte Hufe und war schlank und stolz. Ich liebte sie, und wann immer mich noch diese bohrenden Kopfschmerzen befielen, verschwanden sie im Stall von allein. Viele Nächte habe ich bei Lady in ihrer Box gelegen, manchmal geweint vor Angst, sie zu verlieren. Hundertmal habe ich mich verzweifelt in ihr schönes, wunderbar riechendes Fell gekrallt.

Dann wurde Lady doch verkauft, und ich ging nicht mehr zum Stall zurück. An dem Tag, als sie abgeholt wurde, stand sie in einem Anhänger und fuhr direkt an mir vorbei. Ich versteckte mich im Buswartehäuschen. Ich hatte etwas verloren und wurde wieder wütend auf alles um mich herum. Sie wieherte laut, als sie aus dem Dorf gefahren wurde, und obwohl sie mich ganz sicher nicht sehen konnte, so war es für mich persönlich, als verabschiedete sie sich. Ein Abschied auch von den schönen, glücklichen Momenten, die ich bis dahin mühsam gesammelt hatte. Diese waren fürs Erste vorbei.

Ich wollte weiterwandern auf dieser schier endlosen Mitte-Straße, bis zu dem Punkt, an dem ich mein Leben in meine Hände würde nehmen können. Lange konnte das ja nicht mehr dauern. Ungeduldig fügte ich mich in den Rahmen, der mir blieb.

Mein angeheirateter Cousin, etliche Jahre älter als ich, griff sich dann auf einer Silvesterparty das, worauf er schon lange scharf war.

Ich war, wie wir alle, die feierten, völlig betrunken, der Alkohol absolut ungewohnt für mich. Die Musik, die küssenden Pärchen um mich herum ließen mich neidisch und unsicher werden.

Ich wurde sentimental und fragte mich, wieso ich keinerlei Lust auf Nähe verspürte, wieso mir »anfassen« und »nett sein« zu viel war.

Meine Reaktionen auf die verschiedenen Annäherungsversuche, die ich in den Monaten nach Thomas erlebt hatte, waren meist schroff und unfreundlich ausgefallen. Ich sah immer gern sexy aus und kleidete mich am liebsten in Minirock und hochhackige Schuhe. Ich genoss es, ein Blickfang zu sein, und forderte es eigentlich heraus, angesprochen zu werden. Aber es kam mir nie wirklich in den Sinn, einen dieser Dorfdummköpfe an mich heranzulassen. Sie alle waren ein, zwei Jahre älter als ich, und ich fand sie kindisch und einfach doof.

Natürlich hatte Thomas sich mit seinen Erfolgsgeschichten nicht zurückgehalten, und so wurde ich allgemein als willig und leicht zu haben eingestuft. Aber mir war das egal, sollten doch alle denken, was sie wollten!

Obwohl in dieser Nacht ein starkes Gewitter hereingebrochen war, stürmten alle hinaus auf die Straße zum Silvesterfeuerwerk. Sie grölten und johlten, denn es war üblich, an Silvester Feuerwerkskörper in allen Briefkästen der Nachbarschaft zu verteilen und sie mit lautem Knall hochgehen zu lassen. Mir aber machten Gewitter genauso Angst wie diese Knallfrösche, ich konnte diese Art Geräusche nie gut ertragen, und so war ich auch wegen des Unwetters oben geblieben. Zudem war mir schlecht vom ersten Alkoholgenuss meines Lebens, ich befürchtete, mich übergeben zu müssen, und wollte dies auf keinen Fall vor Zeugen tun. In dieser folgenschweren Nacht, als ich allein und wehrlos war, fiel Marco über mich her. Er war groß und stark und nahm sich mühelos, was er wollte. Ich strampelte und kreischte, aber niemand hörte mich. Als die Falle zuschnappte, erkannte ich in seinen Augen sofort, dass Reden oder Flehen keinen Sinn hatte.

Er zog mich an sich, begrabschte mich und kniff in meine Beine, meine Arme und auch in meine Wangen. »Da stehst du drauf, oder?« – »Ich weiß es doch vom kleinen Thomas.« – »Dreh mal nicht durch, Kleine, du willst es doch auch.« So und ähnlich redete er auf mich ein.

»Nein, nein!«, rief ich und dachte die ganze Zeit: »O nein, bitte nicht.« Ich wurde hysterisch und schlug und trat um mich, soweit mir das in meinem alkoholisierten Zustand noch möglich war. Als ich den brennenden Schmerz an meiner Schulter spürte, wusste ich überhaupt nicht, was passiert war. Vor Schreck sackte ich zusammen. Ich konnte kaum atmen, so weh tat es. Marco hatte seine angerauchte Zigarre auf meiner Schulter ausgedrückt. Den Stummel schmiss er nun hinter mich. Er zog mich hoch und presste seinen Mund auf meinen, bohrte seine Zunge in meine Mundhöhle. Ich würgte. Aber er hielt mit der einen Hand meine Hände hinter meinem Rücken fest wie in einer Zange, mit der anderen zerrte er an seiner Hose. In einer einzigen Bewegung drehte er mich so, dass ich gebückt mit dem Rücken zu ihm stand. Ich war mir sicher, dass er mir die Arme brechen würde.

Vor Entsetzen, Schmerzen und Angst bekam ich keine Luft mehr. Ich stand still da und flennte vor mich hin. Der Rotz lief mir aus der Nase, meine Augen brannten von der nicht wasserfesten Augentusche und mir war kotzübel. Kopfschmerzen machten sich breit und hämmerten in meinem Schädel. Blitze tauchten auf, ich als Mädchen mit Zöpfen oder waren die Haare offen? Ich sah mich; spürte mehr als nur Marco; spürte die Vergangenheit in mir hochkriechen, konnte mich erinnern und dann doch nicht. In der Nacht verwandelte sich mein ständiger Kopfschmerz in Migräne, und bis heute leide ich daran, wann immer ich keinen Ausweg mehr sehe.

Marco schob meinen Rock so hoch es ging, den Slip hingegen einfach zur Seite und drang mit voller Länge und großem Druck in mich ein. Brutal drängte er mir sein Glied zwischen die Beine. Die Haut meiner Scheide riss rechts und links ein, ich spürte, wie es zog und völlig trocken keinen Millimeter nachgab. Marco, stinkbesoffen und geil, störte sich nicht daran, stieß drei-, viermal mit voller Wucht zu und kam mit einem lauten Stöhnen direkt in mir. Zur gleichen Zeit etwa, als sein Vater die Zimmertür öffnete. »Was ist denn hier los? Marco, was soll das, was verdammt noch mal tut ihr hier?«, seine Stimme überschlug sich.

Marco ließ mich los, sofort fiel ich kopfüber auf den Boden, alles drehte sich, mein Körper war ein einziger Schmerz, keine Kraft mehr in den überdehnten Armen, nicht in den Beinen. Meine Knie waren weich wie Butter und versagten den Dienst. So lag ich mit hochgezogenem Rock wimmernd wie ein Baby auf der Seite, während Marco von seinem Vater durchgeschüttelt, angeschrien und dann aus dem Zimmer gezogen wurde. Dann zog er mich hoch, stellte mich auf die Beine. »Wasch dir dein Gesicht und dann raus hier.« Ich stolperte los, fand irgendwie das Badezimmer und steckte meinen ganzen Kopf unter das kalte Wasser.

Der Schmerz im Kopf war unerträglich. Ich wollte raus, raus hier und konnte sonst keinen Gedanken fassen. Die anderen hatten sich inzwischen auch eingefunden, waren halbwegs verstört angesichts des schreienden Vaters, der alle aufforderte, die Party zu verlassen. Er war ebenfalls angetrunken, und seine Stimme überschlug sich. Wobei ich nie dahinter gekommen bin, ob lediglich sein Alkoholkonsum an diesem Abend der Auslöser für diesen Wutausbruch war oder die Erkenntnis der Tatsache, dass sein Sohn ein Gewaltverbrechen begangen hatte.

»Der Spaß ist zu Ende« und »bedanken könnt ihr euch bei der da«. Mir war alles scheißegal, ich schleppte mich mit gesenktem Kopf und halb zugekniffenen Augen durch die Menge nach draußen, weg von allen, und stolperte die Straße hinunter. Ich glaube, mir die Schuld zuzuweisen, hat es ihm erleichtert, seit dem Tag ruhigen Schlaf zu finden.

Marco kam bald darauf zum Bund, und ich habe ihn nie mehr gesehen. Diese Nacht bescherte mir nicht nur eine riesige Brandwunde und spätere Narbe auf meiner Schulter, sie bescherte mir einiges mehr.

Nur wenige Wochen nach der Party wusste ich anhand eines Schwangerschaftstests, dass ich in anderen, »glücklichen« Umständen war, wie der Beipackzettel es ausdrückte. Die einzige Freundin, die ich noch hatte, noch haben wollte, war ein Mädchen, das uns gegenüber wohnte, Andrea. Wir teilten all unsere Geheimnisse, gingen zusammen aus, fuhren in die benachbarte Stadt und kauften zusammen ein.

Obwohl ich vor meinem mittleren Abschluss auf dem zweiten Bildungsweg stand, was ich unbedingt schaffen wollte, konnte ich an diesem Morgen vor lauter Übelkeit das Haus nicht verlassen. Als Andrea kam, um mich abzuholen, weihte ich sie in meine Vermutung ein. »Nee, echt?« Ich hatte ihr alles von dem »besagten Abend« erzählt, und sie hatte mich getröstet und mir geholfen, irgendwie damit fertig zu werden.

Sie versuchte mir Mut zu machen und versprach, einen Test vorbeizubringen. Voller Ungeduld saß ich im Bett und malte mir tausend Sachen aus. Als sie zurück war, rannte ich ins Bad, um meinen zurückgehaltenen Urin über das Plättchen laufen zu lassen. Nicht die ersten Tropfen und nicht die letzten, sondern die aus der Mitte, genau nach Vorschrift. Der Test zeigte binnen weniger Minuten eindeutig »positiv« an. Ich war schwanger, »von diesem Schwein«. Andrea sprach es aus. Über das »von wem« wollte ich gar nicht nachdenken, viel wichtiger war das »was nun?« Ich brach völlig zusammen, heulte und konnte mich kaum beruhigen. Es war Andrea, die einen Termin bei einer Beratungsstelle für minderjährige Mütter verabredete.

Dreimal hatte ich einen Termin, dreimal ging ich nicht hin, jedes Mal hielten mich rasende Kopfschmerzen davon ab. Das Kind wollte ich auf keinen Fall, so viel war sicher, und obwohl ich eigentlich gegen Abtreibung war, wusste ich doch, dass es keine andere Möglichkeit gab. Denn eine Adoption war nicht möglich, ich wusste, dass ich als Schwangere mit Sicherheit dieses Haus hätte verlassen müssen. Mein Schulabschluss stand kurz bevor. Es musste eine andere Lösung geben.

Von einer älteren Freundin bekam ich die Telefonnummer eines Arztes in Hamburg. Als ich dort anrief, bestätigte mir eine sehr nette Dame, dass ich absolut anonym und ohne weitere Schwierigkeiten dort die Schwangerschaft im Zwölfwochenrahmen unterbrechen konnte. Alles, was ich noch dazu brauchte, war Geld. Es ging nur mit Barzahlung. Aber sie verlangten 1200 Mark, und das war für mich nicht aufzubringen. Meine Mutter hatte ich nicht eingeweiht, ich wusste nicht wie. Sie lag derzeit schon schwer erkrankt im Schlafzimmer, manchmal konnte sie gar nicht aufstehen, und sehr oft war sie zu schwach, um zur Arbeit zu fahren. Ich hatte Bedenken sie aufzuregen, jetzt, wo oberflächlich gesehen für sie alles einigermaßen harmonisch war. Andere Leute gab es nicht, die ich hätte fragen können.

Nach 35 Lebensjahren bin ich zu der Überzeugung gekommen, das Leben selbst muss manisch-depressiv sein. Denn warum trifft es sonst immer »die Guten«, während »die Bösen« scheinbar verschont werden? Oder rechnet das Leben vielleicht ganz anders ab, nutzt andere, mir verborgene Kriterien?

In meiner Not beschloss ich, mich selbst um eine Lösung zu kümmern, und fuhr zum Bahnhof in die Stadt. Wann immer ich mit Andrea im Bahnhofscafé saß, um auf den Bus zu warten, waren auch ein paar schmierige Typen dort. Sie machten uns eindeutige Angebote, meist hielten sie dabei 50-Mark-Scheine in der Hand, wedelten damit herum und zwinkerten uns zu. Wir lachten darüber, zeigten ihnen einen Vogel und wackelten mit den Hintern. Wir freuten uns, ihre gierigen Blicke zu sehen, und fühlten uns schön und erwachsen.

Doch an diesem Tag war alles anders. Suchend wanderten meine Augen die Tische entlang. Nicht einer wedelte mit Geld oder lachte mich auch nur an. Alles, einschließlich des Wetters, war öde und trist. Ich fühlte mich allein und mutlos wie selten zuvor. Unschlüssig zuppelte ich an meinem knappen Minirock herum und suchte die Beine nach Laufmaschen ab, als sich plötzlich ein Mann an meinen Tisch stellte. »Noch frei hier?« Er hatte eine tiefe, angenehme Stimme. Ich sah ihn an. Er musste um die fünfzig Jahre sein, hatte graues Haar und war sehr gepflegt. Bei sich trug er nur eine dieser ledernen Aktentaschen, die sich die erfolgreichen Lodenmanteltypen der 80er um die Schulter hängten. Seine Fingernägel waren manikürt, und er trug einen schmalen goldenen Ring. Ein Geschäftsmann auf Durchreise, vermutete ich und nickte. Er setzte sich und holte aus seiner Innentasche ein Zigarettenetui heraus. Es schnappte auf. »Rauchst du?« Ich nickte, freute mich über die Zigarette, selber hatte ich keine mehr. Auch mein Colaglas war leer, er bestellte bei der Kellnerin einen Kaffee und sah mich fragend an. »Auch was? Ich lade dich ein!« – »O ja, gern, wieso nicht?«, ich lächelte und dachte an den eigentlichen Grund meines Hierseins. Das fiel mir schwer. Ich hatte keinerlei Vorstellung, wie ich es genau machen sollte und ob die Typen überhaupt Ernst machten oder genauso alberten wie wir.

Zudem hatte ich keine Ahnung, was ich wohl genau machen müsste. Ich orientierte mich an dem Film: »Wir Kinder vom Bahnhof Zoo« und dachte an so was wie, in einem Auto den Schwanz eines Mannes zu wichsen, ihm vielleicht einen zu blasen oder so was. Bei dem Gedanken wurde mir kotzübel, und mir brach der Schweiß aus.

Die Kellnerin brachte zwei Kaffee. Ich bedankte mich. Verlegen sah ich auf die Tasse und rauchte nervös die Zigarette. Vorsichtig taxierte ich mein Gegenüber. »Auf wen wartest du hier?«, fragte er. »Ich? Auf niemanden, ehrlich gesagt. Ich sitze hier nur so rum, habe meinen Bus verpasst«, log ich. »Warum fährst du Bus? Hast du keinen Wagen? Wo musst du denn hin?« Fragend schaute er mich an. Ob das schon eine Anspielung war? Ich überlegte lange, dann lächelte ich freundlich in seine graublauen Augen. »Ich hab noch keinen Führerschein.« – »Nein, das glaube ich dir nicht, du bist sicher schon 18, ich hätte dich glatt auf 19 oder 20 geschätzt.« Er musterte eindringlich mein Gesicht.

Ich fühlte mich geschmeichelt. »Ich bin aber ehrlich erst 16«, log ich mich älter, errötete und ärgerte mich über die Art, wie er mich auszuquetschen versuchte. Oder gehörte das dazu? War ich richtig? Konnte er es sein? Sein Name war Rolf, so stellte er sich mir vor. Rolf Herberts aus Frankfurt. Er hatte hier bei einem größeren Konzern zu tun gehabt und war nun auf der Rückreise. Um auf den nächsten Zug zu warten, wollte er sich die Zeit hier bei einem Kaffee vertreiben. Rolf nahm nicht den nächsten und auch nicht den übernächsten Zug. Irgendwann saßen wir im Restaurant und waren beim Essen von Kaffee zu Rotwein übergegangen.

Ich war stolz, mit einem richtigen Mann hier zu sitzen und Wein aus diesen schönen Gläsern zu trinken. Als wäre ich erwachsen, so, als wäre ich nicht hier, um irgendeinen Mann gegen Geld »zu bedienen«.

Plötzlich fand ich diese Vorstellung vollkommen absurd. Durch den Rotwein und die nette Unterhaltung wurden meine Probleme immer belangloser und kleiner. Ich hatte das Gefühl, auch alles morgen regeln zu können.

»So, nun sind alle meine Züge weg. Vor morgen komme ich wohl gar nicht weg hier.« Ich erschrak. »O weh, das tut mir leid, wir haben uns voll verquatscht!« Plötzlich nahm er meine Hand. »Hast du Lust, mich in ein Hotel zu begleiten?«

Er sah mich an, und ich sah ihm in die Augen. Also doch! »Doch«, sagte ich und fing an, seine Finger zu massieren. Ich kam mir ungeheuer erfahren und sexy vor. Wir verließen das Restaurant umgehend und stiegen in ein Taxi.

Angst hatte ich trotz meiner Erlebnisse keine. Ich fühlte mich wohl und geborgen und dachte weiter nicht nach, wollte es wohl auch nicht. Auf dem Zimmer angekommen, eingelullt von dem schweren Rotwein, Rolfs sonorer, angenehmer Stimme und dem Hauch Luxus, den er verströmte, ließ ich mir Badewasser ein. Ich fühlte mich rundum wohl.

Rolf bestellte mehr Wein, und ich plätscherte in dem warmen Wasser und entnahm der Geräuschkulisse, dass er Musik eingeschaltet hatte. Als ich im flauschigen, weißen Bademantel das Bad verließ, fand ich ihn komplett angezogen vor dem Tablett auf dem Bett sitzend. Er lächelte mir zu. »Hallo.«

»Hallo, das Bad ist frei«, ich lächelte zurück. Bis er zurückkam, hatte ich achtzig Mal überlegt, seine Brieftasche zu nehmen und aus dem Zimmer zu laufen. Als er beim Einchecken zahlte, hatte ich sehen können, dass er unheimlich viel Bargeld in der Brieftasche trug. Es waren einige hundert Mark. Die Versuchung, meine Probleme auf diese Art zu lösen, war übermächtig. Bevor ich mich jedoch zu irgendetwas entschließen konnte, war er wieder da.

»Hallo, Lisa«, er setzte sich zu mir. »Hallo, Rolf, du riechst gut«, lächelte ich zurück. »Ich freue mich über deine nette Gesellschaft, aber bitte denke nicht, ich will jetzt über dich herfallen.« Er zwinkerte mir zu. »Du willst keinen Sex mit mir?«, fragte ich. Ich sah ihn an. Meine Gedanken rasten. Was machte ich überhaupt hier?

»Sex?«, er sah mir in die Augen. »Du scheinst dich ja damit auszukennen.« Ich schaute zurück, wich seinem Blick nicht aus. »Du nicht?«, fragte ich ihn. »Natürlich, aber ich bin ja auch schon ein alter Sack, zudem verheiratet.« Das Gespräch erheiterte ihn, und schon bald waren wir wieder im Dialog vertieft. Irgendwann nahm er meine Hand, und ich rollte mich zu ihm. Wir begannen uns zu küssen, und in meinem Magen fanden wilde Tänze statt. Ich war erregt, absolut erregt, und die Feuchtigkeit schoss aus meinem Schoß. Es war klebrig und warm und roch süßlich, er rieb seine Hand an mir und hielt mir die Finger unter die Nase. »Riech mal, das bist du.« – »Rolf, hast du Lust, mit mir zu schlafen?« Ich wollte es jetzt genau wissen, und noch etwas war wach geworden: meine bis dahin verleugnete Sexualität. Durch den Wein, die tiefe Stimme und das nette Gespräch war ich richtig geil geworden. »Aber ja, natürlich, was für eine Frage.« Er presste seinen Mund auf meinen, spielte mit seiner Zunge zärtlich an meinen Zähnen, und ich schmolz dahin. Schnell pellten wir uns gegenseitig aus den Bademänteln und pressten unsere Körper aneinander. Er hielt inne und sah mich an. »Du bist schön, Lisa.« Er streichelte sanft meine Wangen. »Ehrlich? Findest du?« – »Du hast unmögliche Haare, wirr und zottelig, aber du bist wunderschön und hast auch schöne Augen.« Er zog leicht an meinen Strähnen.

Zum ersten Mal in meinem Leben wollte ich einen Mann. Diesen Mann, jetzt und hier. Wollte mich ihm hingeben, wollte, dass er mich nahm; dass er in mir war. Wir küssten uns ausgiebig, ruhig, besonnen und vorsichtig. Zärtlich. Es war nichts Hektisches an dieser Nacht, nichts Nervöses an diesem Mann. Seine Ruhe sprang auf mich über, es war wie Magie. Er hatte trotz seines Alters einen ganz glatten Körper, weich, nicht durchtrainiert, aber auch nicht schlaff. Er war schlank und solariumgebräunt und fühlte sich fest und warm an. Er spielte mit seinen Händen an mir herum, streichelte meine Brüste, zwickte mir in die Brustwarzen, bis sie sich steil aufrichteten, um sie dann ganz in seinen Mund zu nehmen und an ihnen zu lutschen.

Ich lag auf dem Rücken und öffnete meine Beine. Er legte sich auf mich. Ich spürte ihn wie von selbst in mich reinrutschen, ohne Widerstand. Ganz gerade war er und suchte sich, wie von alleine, seinen Weg durch den süßlich riechenden Saft meiner Möse. Er stöhnte, aber leise und ruhig, mein Herz schlug mir bis zum Hals. Seine Geräusche ließen meine Erregung wachsen, und ich presste meinen Unterleib an seinen. Er hörte auf und schaute mich an. »Wir werden beide Ärger bekommen, so einfach durchzubrennen.« Er grinste mich an.

Plötzlich prasselten tausend Gedanken auf mich ein. Wieso ich hier war, dass ich schwanger war. Auch, dass es früher Morgen war und ich nicht zu Hause. All das fiel mir ein und mehr.

Der Gedanke an sein Portemonnaie, der Gedanke daran, dass ich ihn fast bestohlen hätte, ließ mir keine Ruhe mehr. Das schöne, erregende Feeling war weg. »Rolf, kannst du kurz mal runtergehen? Bitte.«

Er schaute mich an wie ein Auto. »Natürlich, hab ich dir wehgetan?« Er zog sich zurück und setzte sich auf. »Zigarette?«, ich hielt ihm sein eigenes Etui hin. Er machte mir auch eine an und sah mich erwartungsvoll an. »Hast du es dir anders überlegt, Lisa? Habe ich was falsch gemacht, etwas Falsches gesagt?« Ich nahm meinen ganzen Mut zusammen. »Nein Rolf, es ist toll, aber ich möchte dir erst etwas sagen. Vielleicht überlegst du es dir dann und magst mich gar nicht mehr hier haben.« Ich schaute nervös auf meine Zigarette und streifte die Glut ab. Ich wusste, ich brauchte nichts zu sagen, aber ich wollte es unbedingt. Vielleicht war es auch mein Gewissen, was ich einfach nicht noch mehr belasten wollte.

»Ich habe überlegt, dir deine Brieftasche zu stehlen.« – »Was?«, er schüttelte ungläubig den Kopf und zog sich den Bademantel über. »Ich habe überlegt, dir deine Brieftasche zu stehlen, und, obwohl ich es nicht getan habe, wollte ich, dass du es weißt. Ich bin sozusagen fast eine Diebin.« Er stand auf und ging zu seinem Jackett.

»Du brauchst nicht schauen, es ist alles noch da.« Ich war knallrot und fing vor Aufregung an zu schwitzen. Obwohl ich nach unten schaute, konnte ich aus den Augenwinkeln sehen, dass er seine Brieftasche herausnahm und aufs Bett warf. »Was soll das um Himmels willen, bist du eine Nutte?« Verärgert und starr sah er mich an. Er war stinksauer und ich bereute fast, dass ich meinen Mund nicht gehalten hatte.

»Scheiße, Scheiße«, murmelte er und steckte sich eine neue Zigarette an, obwohl die andere noch im Aschenbecher glühte.

»Rolf, es ist nicht, wie du denkst oder vielleicht doch, ja irgendwie bin ich eine Nutte, aber dann doch nicht. Ach ich weiß nicht, ich werde lieber gehen.«

Er sagte kein Wort, während ich meine Sachen zusammensuchte und begann, mich anzuziehen. Die Luft war zum Schneiden, ich fühlte mich unwohl und verraten von mir selbst; ich merkte, dass ich ihn richtig gern hatte. Diesen Mann, der jetzt wie ein Eisblock auf dem Bett saß. »Also, auf Wiedersehen, mach's gut, Rolf, und dank dir.« Ich ging zu Tür.

»Bitte warte, wir lernen uns kennen, haben einen grausam schönen Nachmittag in dieser absolut beschissenen Bahnhofskneipe, gehen zusammen ins Hotel, du willst mich beklauen und tust es nicht. Du fängst an, mit mir zu schlafen und sagst mir mittendrin, dass du mich bestehlen wolltest. Ich raff das nicht! Bitte, erklär es mir, dann kannst du immer noch gehen.« Er klopfte neben sich aufs Bett: »Komm her.« Und ich blieb nur zu gerne. »Es tut mir leid.«

»Das sollte es auch, es wäre eine höllisch gute Nummer geworden.« Fast lächelte er mich an. Irgendwann war ich so in meine Geschichte vertieft, dass ich nur noch redete und redete. Als ich geendet hatte, war ich furchtbar deprimiert, denn das alles hatte den Schleier des Glücks und der Schwerelosigkeit wieder entfernt, und ich saß in der für mich grausamen Realität. Aber es tat gut, darüber zu reden. Seine Schweigsamkeit machte es mir einfach, mich komplett auszusprechen.

»Das ist ja ein toller Arzt, dieser Doktor in Hamburg«, er schüttelte den Kopf. »Das machen wir anders.« – »Wir?«, ich sah ihn an. »Was meinst du mit wir? Du musst nach Frankfurt, und ich muss nach Hause.« – »Lisa«, er nahm meine Hand, »ich weiß, sicher ist es pervers, dass so ein alter Bock wie ich dich hier mit hergenommen hat. Aber jetzt hast du mich irgendwie da mit reingezogen, und jetzt beenden wir es auch gemeinsam. Ich fühle mich verantwortlich. Herrgott, wenn ich das gewusst hätte.«

Er raufte sich die Haare. Ich raufte mir die Haare.

Irgendwann gingen wir zusammen duschen. Sex hatten wir an dem Tag keinen mehr. Aber die Haare, die hat er mir noch glatt geföhnt. Rolf bestand darauf, dass ich meine Mutter anrief und ihr eine Nachricht hinterließ, dass ich bei einer Freundin geschlafen hätte. So einfach würde meine Mutter sich nicht damit zufrieden geben. Aber momentan war es das Einzige, was ich zu bieten hatte, und ich hatte andere Sorgen.

Rolf nahm mich mit nach Frankfurt und besorgte mir ein kleines Zimmer in einer Familienpension. Auch einen Termin bei einem befreundeten Arzt machte er für mich aus. Ich glaube, der Gynäkologe ging davon aus, dass Rolf der Übeltäter war, und so half er mir unbürokratisch und kostenlos mit einem Schwangerschaftsabbruch unter Narkose. Schon abends konnte ich in die Pension zurück, wo ich mich ausruhte bis zum nächsten Mittag. Rolf sah ich diese Tage nicht mehr, er rief zweimal an, um sich nach mir zu erkundigen, und hatte mir eine Rückfahrkarte sowie etwas Kleingeld für die Zugfahrt dagelassen. Ich war ihm so dankbar!

Wir waren nicht verliebt ineinander, wir hatten uns nur schrecklich gern. Von dem Tag an war Rolf einer meiner engsten und besten Freunde, wir telefonierten häufig, sahen uns manchmal und schliefen dann miteinander. Als im Laufe der Jahre gewahr wurde, dass ich mich prostituierte, war er schockiert und böse auf mich. Ich hörte zwei Jahre nichts von ihm, bis mich eines Tages, kurz vor seinem Tod, auf irren Umwegen ein Brief erreichte.

Er schrieb:

»Hallo, meine liebe, wuschlige Lisa. *14.10.95*

Ich denke oft an die Tage und Nächte, an die schöne Zeit mit dir, viel zu kurz, und doch hat sie mich nachhaltig sehr glücklich gemacht.

Dich kennen zu lernen war aufregend, dich zu kennen war noch viel aufregender. Nun hat mich die graue Seite des Lebens eingeholt, zerrt an meinen Geistern und bittet mich zur Ruhe. Sei nicht traurig, kleine Lisa, ich habe alles gelebt, was es zu leben gab.

Ich habe ein Gedicht gefunden, es ist von Heinrich Heine, und ich glaube, er träumte dabei von dir. Gleichzeitig soll es dir deine Frage beantworten. Die Frage, ob ich dir deinen Weg verzeihen kann:

Die Welt ist dumm, die Welt ist blind,
wird täglich abgeschmackter!
Sie spricht von dir, mein schönes Kind,
du hättest keinen guten Charakter.
Die Welt ist dumm, die Welt ist blind,
und dich wird sie immer verkennen,
sie weiß nicht, wie süß deine Küsse sind,
und wie beseligend sie brennen.
Heinrich Heine

Lebe wohl, mein kleiner roter Engel. Als Beilage meine Brieftasche, es sind genau 870 DM plus Silbergeld darin, so ziemlich genauso viel, wie ich damals im Hotel bei mir hatte. Nur, dass du jetzt etwas Lustiges oder Hübsches davon kaufen solltest, etwas, das dich an mich erinnert.

Alles Gute und einen letzten Kuss, Rolf«

JÖRG

Mittlerweile war ich 16 geworden. An einem dieser düsteren und unheimlich leeren, sinnlosen Tage schlich ich traurig und ziellos durch den Ort. Ich war am Grab meines Vaters gewesen, es wurde bereits dunkel. Da traf ich Heike. Wir hatten uns ewig nicht gesehen, und ich war sicher, dass sie nicht ahnte, in welch zweifelhaftem Ruf ich hier mittlerweile stand, und so hatte ich eigentlich keine große Lust, ihr zu begegnen.

»Lisa, bist du das?« Sie rief mir zu, und mir blieb nichts anderes übrig, als stehen zu bleiben. »Ja, hallo.« Langsam ging ich weiter, aber sie rannte von der Seite auf mich zu und stellte sich vor mich.

»Na, so was, wie siehst du denn aus? Fasching?« – »Wie witzig«, sagte ich. »Nein, ich sehe halt so aus, wie ich aussehe, außerdem muss ich nach Hause.« – »Och, schade, na gut, ich habe es auch eilig. Wie wäre es morgen Abend, ich habe einen neuen Freund, hast du nicht Lust vorbeizukommen? Außer dir kommt nur noch ein alter Freund von ihm. Sag schon ja!« – »Hm.« – »Los, stell dich nicht so an, wir könnten eine Runde Doppelkopf spielen und nett was trinken.«

Doppelkopf; ich erbrach mich innerlich. Wie langweilig! »Also gut, ich werde kommen.« Heike freute sich wirklich, sie jubelte und umarmte mich. Eigentlich freute ich mich auch, wollte es mir aber so direkt nicht eingestehen. Vielleicht hatte sie was von Lady gehört.

Die Begegnung riss mich ein wenig aus meiner Lethargie. Meine Mutter war überglücklich, erinnerte es sie doch an alte unbeschwerte Zeiten, und sie spendierte sogar ein Geschenk für den unbekannten neuen Freund von Heike. Sie steckte mich an mit ihrer Heiterkeit, sie wirkte locker und gelöst, und ich wechselte sogar die Sicherheitsnadeln gegen kleine silberne Sterne von ihr aus.

Heike wohnte auf einen großen Gutshof, mitten im Dorf. Auf der Straße dorthin, ein kleiner steiler Berg, wuchsen hohe Kastanienbäume. Als kleines Mädchen sammelte ich dort immer tütenweise Kastanien, um die Früchte dem Wild im Gehege nahe der Stadt zu bringen. Aus dem Rest bastelte ich alle möglichen Figuren, und ich liebe Kastanien noch heute.

Als ich Heikes gemütliche Küche betrat, war außer ihr und ihrem netten Freund Ralf noch ein weiterer Mann dort. Er war jünger als sein Freund, ich schätzte ihn auf 18 oder 19 Jahre. Ich hatte draußen seinen schnittigen, jugendlich aufgemotzten Sportwagen gesehen. Er sah wahnsinnig toll aus und hatte mich allein durch sein Äußeres sofort in seinen Bann gezogen. Ich ärgerte mich über meine Fusselhaare, über die blauen Nägel und setzte mich zitternd neben ihn an den Tisch.

Es wurde ein netter Abend, Heike und Ralf waren ein schönes Paar. Es wurde von Hochzeit und gemeinsamer Zukunft geschwärmt. Ich sagte nicht viel, und was ich sagte, erinnerte an einen völlig verstörten, über beide Ohren verliebten Teenager. Ich war fasziniert von meinem Gegenüber. Sein Name war Jörg, er lebte mit seiner Mutter drüben in der Stadt. Er war mit der Schule fertig und jobbte in einer kleinen Studentenkneipe. Seine Eltern glaubte ich vermögend, denn sie erfüllten ihm jeden Wunsch. Er zeigte sich als perfekter Gentleman an diesem Abend, war aufmerksam, half mir immer wieder ins Gespräch. So kam es, dass ich mitten beim Abendessen, völlig entspannt und noch vorm Doppelkopfspielen, allen von meiner Abtreibung erzählte.

Er zeigte sich ungerührt, eher besorgt um mich als abgestoßen, und ich genoss es, die alleinige Aufmerksamkeit dieses Menschen zu besitzen. Den ersten Kuss gaben wir uns im Flur vor der Toilette. Dieser erste Kuss, zärtlich und bestimmt, schaukelte mich in der Sicherheit, ihm zu gehören, wiegte mich in der wärmenden Gewissheit, Geborgenheit und Liebe zu finden.

Jörg, zwei Köpfe größer als ich, kräftig gebaut und mit den dunklen, schönen Augen eines für mich vollkommen aussehenden Menschen. Diese Augen, sein Mund und das Lächeln ergänzten für mich den perfekten Mann, dem ich zu Füßen lag. Ich glaube, ich liebte ihn vom ersten Blick an, und über Nacht veränderte sich meine Welt.

Wir spielten die halbe Nacht Karten, und ich war unendlich glücklich und konnte es kaum glauben. Von diesem Tag an trennten wir uns nicht mehr, verbrachten viel Zeit zusammen, sprachen über Gott und die Welt. Plötzlich hatte ich das Gefühl, »am Ende der Straße zu stehen«. Ich war sicher, das Leben lächle mich an, und ich lächelte glücklich zurück.

Liebe versetzt Berge, öffnet Augen und Herzen, macht stark und schwach und leider auch oft unglücklich. Was ich in diesen Tagen fand, war keineswegs das Ende meiner »Mittel-Straße« und auch nicht mein großes Glück.

Sexuell gesehen war Jörg eine Bereicherung für mich. Kannte ich bis dahin nur rohe Gewalt oder die höfliche Zärtlichkeit von Rolf, zeigte mir Jörg nun auch andere Sachen. Es erinnerte mich an die körperliche Liebe, die ich aus Filmen kannte. Eine zärtliche Liebe, ein Gleichklang zweier Seelen. Jörg liebte Oralverkehr. Bald war ich Meister im »Schwanzsaugen«, und er genoss es, im Gegenzug meine Muschi zu lecken, bis ich kam. Es waren schöne Erfahrungen. Oft lag ich einfach auf dem Rücken, und er küsste mir meine Brüste, meinen Bauch und flüsterte mir zärtliche Worte zu. Die feuchte, warme Berührung meiner Scham löste wohlige Schauer in mir aus, und schon bald gehörten die Zungenspiele jedes Mal zu unserem Liebesakt. Er zeigte mir all die Stellen, an denen ein Mann gern geküsst wird. Schon bald lutschte und saugte ich mich immer öfter an seiner Stange fest. Seine Haut war hell und von dunklen Leberflecken gezeichnet. Sie war fest und glatt, und ich liebte es, ihn zu berühren.

Er arbeitete weiterhin als Barkeeper, und ich jobbte irgendwann als Bedienung in einer Großdisco der Stadt. Dort lernte ich Susanne kennen. Sie war acht Jahre älter als ich und wurde meine liebste Freundin. Jörg kam gut mit ihr aus, und wir trafen uns häufig. Nach wenigen Monaten jedoch funktionierte unsere Beziehung nicht mehr gut. Meine immer noch viel zu verworrene Seele, meine Anhänglichkeit und meine undefinierbare Angst, etwas zu verlieren, wurden ihm schnell zu viel. Sein Charakter entpuppte sich als sehr kühl und berechnend. Er war unerbittlich, wenn er sich im Recht glaubte, und was Recht war, bestimmte er. Er hatte die absolute Oberhand, ich war hilflos, sah der Entwicklung geschockt entgegen, und Liebesentzug war das Schlimmste, was er mir antun konnte. Er traf sich mit seiner Exfreundin, ging häufig mit Freunden aus, und ich saß alleine und frustriert entweder bei Andrea oder bei Susanne und heulte.

Nach der ersten großen Aussprache beschlossen wir, uns eine gemeinsame Wohnung zu nehmen. Finanziert haben wir uns zum größten Teil aus unseren Barjobs, und wenn es nicht reichte, gaben die Eltern etwas hinzu.

Zu dieser Zeit ging es mit meiner Mutter zu Ende. Eine Beinamputation sollte die Krankheit stoppen, hatte jedoch nicht den gewünschten Erfolg. Statt sich weiterhin behandeln zu lassen, verlangte meine Mutter eine Krankenhausentlassung. Sie wollte zu Hause sterben, so, wie es eben kam. Es war ungeheuer schmerzhaft, dem langen Sterben meiner Mutter hilflos beizuwohnen.

Wenige Monate nachdem ich Jörg kennen gelernt hatte, wurde ich trotz Pille schwanger. Ich war außer mir vor Schreck, doch mir war klar, dass ich einer weiteren Abtreibung niemals zustimmen würde. Jörg zeigte sich schockiert, jedoch nicht uneinsichtig. Er versuchte mich in langen Diskussionen davon abzubringen, das Kind auszutragen. Unterstützt wurde er dabei von seiner Familie, die es fast als Unverschämtheit empfand, dass ich ihrem verwöhnten Sohn so etwas antun wollte. Ihm alle Chancen, wie sie es nannten, nehmen wollte und versuchte, ihn durch die Verantwortung für ein Kind an mich zu ketten.

Ich reagierte stur und wütend auf diese Angriffe und hatte zu meinem Erstaunen die Unterstützung meiner schwer kranken Mutter. Sie freute sich auf das Kind, beschwor mich jedoch, von Jörg die Finger zu lassen. Längst hatte sie erkannt, dass seine Oberflächlichkeit, sein Egoismus und seine Kälte ein zu starker Gegner für mich waren. An seiner Seite ging ich ein, analysierte jedes gemeinsame Gespräch, versuchte ihm alles recht zu machen und machte in seinen Augen doch alles falsch.

Jörg war schon lange dabei, sein Interesse an mir zu verlieren, zu verlockend waren all die Unternehmungen mit seinen nicht fest gebundenen Freunden. Gepeinigt durch die wachsenden Rechnungen, eingeschränkt durch eine jammernde, depressive schwangere Freundin, suchte er nach einem Weg aus dem Dilemma. Ich blieb hart in meinem Entschluss und setzte die Schwangerschaft durch.

Da Jörg bald zur Bundeswehr in eine andere Stadt eingezogen wurde und die Beratungsstelle beim Bund hohe Unterstützung für Kind und Familie versprochen hatte, fragte er mich in einer romantischen Stunde, ob wir heiraten wollten. Ich glaube, er gab sich einfach geschlagen. Wir fühlten uns unheimlich erwachsen, diese Entscheidung zu treffen. Selbst meine Mutter hatte ein wenig Hoffnung, dass nun alles besser werde und dass sie in Ruhe gehen könne.

In Windeseile wurde eine Wohnung mit gebrauchten Möbeln unserer Familien eingerichtet. Sie befand sich im Keller, war düster, und aus den Fenstern konnte man nur nach oben ins Licht sehen, aber nicht nach draußen.

Wir heirateten im Sommer in einer kleinen Kirche, in der wir als Kinder auch getauft worden waren. Es war eine feierliche Hochzeit. Ich ganz in Weiß, so, wie man als Mädchen davon träumt. Jörg in Soldatenuniform. Ich war so glücklich wie noch nie. Nach den Feierlichkeiten trug Jörg mich über die Schwelle unserer neuen Wohnung; ich glaubte wieder daran, dass ich das Glück gefunden hatte.

Am 6. Dezember, morgens um 8.05 Uhr, kam unser Sohn Christopher zur Welt. Während der Schwangerschaft war ich fast immer alleine, Geld hatten wir keines, die Unterstützung war nur halb so hoch wie angekündigt. Ich freute mich auf das Kind und war wie von Sinnen, wenn ich daran dachte, einen Sohn zu bekommen, einen Sohn von Jörg. Betrüblich war einzig meine Schwiegermutter, die keine Zweifel daran ließ, dass sie mich für unfähig hielt, eine gute Mutter zu sein, und der Meinung war, dass ihr Sohn die falsche, labile Frau geheiratet hatte. Mir war das alles egal. Ich war glücklich, so wie es war, sprach stundenlang mit dem Ungeborenen in meinem Bauch, fand alsbald Freundinnen, die ebenfalls Mütter waren oder wurden und bei mir um die Ecke wohnten. Mein Leben war perfekt, und hätte sich Jörg zu seiner werdenden Familie bekennen können, ich glaube, mehr hätte ich in jenen Tagen nicht gewollt. Aber er fand mich abstoßend, so fett und unförmig, wie er zu sagen pflegte, und ich hatte nur selten die Freude seiner Anwesenheit oder gar seiner ehemals liebevollen Zuwendung.

Als die Fruchtblase eines Morgens platzte, geriet ich in Panik. Ich hatte Furchtbares über Geburten gehört und erwartete Schmerzen und stundenlange Wehen. Jörg fuhr mich zum Krankenhaus. Er setzte mich allerdings nur ab. Die Hebamme erklärte ihm, dass ich als Erstgebärende noch mit mindestens 20 Stunden zu rechnen hätte. Sie würde mich aber schon vorbereiten und baden. Ich war ganz alleine in meinem Bett und wartete auf die Schwester.

Die Schmerzen kamen in Wellen und waren für mich unerträglich. Ich schrie, was das Zeug hielt, und ganz plötzlich musste ich auf die Toilette. Ich bekam Panik, wollte aufstehen, konnte aber nicht. Die Schwester, alarmiert von meinem ständigen Kreischen, kam ins Zimmer gestürmt und teilte mir mit, es würde noch Stunden dauern, aber sie wolle sich um einen Arzt kümmern.

Nur 30 Minuten nach meiner Einlieferung schwankte ich gebückt unter größten Schmerzen in Richtung Toilette. Und da war er, dieser riesige Druck in meinem Unterleib, eine stechende Welle, dass ich mich hinhockte und automatisch presste. Der kleine Kopf kam noch auf dem Flur ans Licht, und einige Schwestern, die vorbeikamen, hievten mich im letzten Moment in den Kreißsaal, sonst wäre das Kind auf den Flurboden gerutscht.

Da war er, mein Sohn, klein, verklebt und schmierig. Sie legten ihn auf meinen Bauch, und sofort begann er an meiner Brust zu saugen, ein Auge zugekniffen, als trüge er ein Monokel. Ich war unglaublich stolz und fand meinen Säugling am schönsten von allen. Etwas später, als Jörg mit seinem Vater zurück in die Klinik kam, waren sie erstaunt, dass schon alles vorbei war. Der Opa hielt als Erster den Kleinen.

Das Baby war wunderbar. Den ganzen Tag lag es neben mir in einem Glasbettchen und ließ sich von allen Freunden und Bekannten bestaunen. Im Gegensatz zu den anderen Neugeborenen auf der Station war es immer ruhig und friedlich.

Oft nahm ich meinen Sohn zu mir ins Bett und erzählte ihm von den großartigen Dingen, die wir zusammen unternehmen würden, und von dem tollen Leben, das vor ihm lag. Ich sagte ihm, wie glücklich er mich mache und dass ich es kaum erwarten könne, bis er größer sei, um mit mir all das zu unternehmen, was mein Vater mit mir getan hatte.

Als Jörg mich schließlich im Auto nach Hause brachte, dachte ich nur daran, wie schön es sein würde, den Kleinen endlich ganz für mich zu haben und nicht mehr mit den Schwestern teilen zu müssen.

Mein Ehemann war mittlerweile in unsere Stadt versetzt worden. Die Kaserne war nur wenige Kilometer von unserer Wohnung entfernt, so kam er sogar dann und wann nach Hause. Das erste gemeinsame Weihnachtsfest mit dem Baby war auch unser letztes.

Im selben Jahr, nur wenige Tage später, zog er es vor, Silvester mit Freunden in einer anderen Stadt zu verbringen. Ich rutschte auf den Knien hinter ihm her und versuchte, ihn zum Bleiben zu bewegen. Ich flehte ihn an, nicht zu gehen. Es war sinnlos. Als er an diesem Morgen das Haus verließ, wurde mir bewusst, dass unsere Ehe schon fast zu Ende war.

Mein Leben war sehr anstrengend, da ich mich alleine um das Kind und alle anfallenden Arbeiten kümmern musste. Geld war fast nie vorhanden, alles wurde knallhart kalkuliert und reichte dennoch nicht. Das Telefon wurde immer öfter abgestellt, ständig musste ich irgendjemanden um Hilfe bitten, und der Haushalt wuchs mir über den Kopf.

Immer öfter ließ Jörg mich alleine, ich verzog mich mit dem Säugling ins Bett, schlief tagelang und versorgte außer ihm nichts weiter.

Meine Schwiegermutter nutzte die Gunst der Stunde, den Säugling ab und an zu sich zu nehmen, aus ein paar Stunden wurden Tage, später ganze Wochenenden. Sie machte kein Hehl daraus, wie ungern sie unsere Verbindung sah, kümmerte sich aber liebevoll um den Jungen. Ich fand mich mit allem ab und verbrachte meine Zeit abwechselnd mit Andrea und Susanne. Ich konnte gar nichts machen, war Gefangene meiner eigenen verstörten Welt und litt zudem unsagbar unter den schweren Krankheitsschüben meiner Mutter. Es folgte eine weitere große Aussprache mit meinem Mann, den ich immer noch so sehr liebte und vergötterte. Unter allen Umständen wollte ich diese Beziehung erhalten und setzte alle möglichen und unmöglichen Methoden ein.

Jörg teilte mir auf mein Drängen mit, dass er sexuelle Fantasien habe, die er dringend in die Tat umsetzen müsste. Er sei jung und wolle noch Verschiedenes ausprobieren. Das Gefühl, verheiratet zu sein, würde ihn dabei stören. Alles wäre so »endgültig«, und er hätte keine Luft mehr zum Atmen, denn ich hatte ihm ja ein Kind angehängt. So ließ ich mich breitschlagen, dies und jenes auszutesten, Spielzeug für das Bett, Vibratoren und anderes einzusetzen. Mich stresste das furchtbar. Ich hatte einfach nur das Bedürfnis, mit ihm zusammen zu sein, und brauchte dieses ganze Drumherum nicht.

Eines Tages erwähnte er den Wunsch, einmal mit zwei Frauen zu schlafen. Ich beschimpfte ihn, hielt das für völlig absurd und heulte nachts in die Kissen. Allein die Vorstellung, meinen Mann bei zwei Frauen zu wissen, brachte mich um den Verstand. Er ließ keinen Zweifel daran, dass er es auf jeden Fall tun würde, deshalb rief ich meine Freundin Andrea an. Sie kam sofort, um mich zu trösten, und wir redeten lange über diese für mich unverständliche Angelegenheit. Andrea war wirklich eine gute Freundin. Dass sie in meinen Mann verliebt war, wusste ich an diesem Tage noch nicht.

»Was soll ich bloß machen, Andrea, ich habe furchtbare Angst ihn zu verlieren.« – »Mensch, Lisa, verlass den Arsch. Aber wenn du es willst, ich helfe dir gern.« Da war es, sie hatte es ausgesprochen! Ich dachte, mir schwindet der Boden unter den Füßen. Ich wusste nicht, ob ich es überhaupt zu Ende denken konnte. Wir diskutierten eine halbe Nacht. Irgendwann waren wir uns einig. Jörg sollte vorher kein Wort davon erfahren.

Ich glaube, dass die Angst, jemanden zu verlieren, so groß sein kann, dass man Dinge tut, die man danach bereut. Aber ich habe auch daraus gelernt, dass man manchmal einfach loslassen muss, dann, wenn mit dem Gefühl des anderen auch das eigene Glück verschwindet. Wie soll man sonst wohl zu dem »eigenen großen Glück« finden, wenn man ständig den Müll der Vergangenheit einsammelt?

»Heute Abend, er kommt gegen 23.00 Uhr nach Hause.« Mein Herz klopfte bis zum Hals, als ich diese Worte ins Telefon sprach. Meine Freundin Andrea, ich war so stolz auf sie, so dankbar und unendlich froh, dass sie mich in diesen Stunden nicht alleine ließ. Sie war pünktlich, ich hatte die ganze Wohnung auf Hochglanz gebracht. Der Kleine war, wie so oft in letzter Zeit, bei Oma. Ich war nervös, sie war nervös. Wir saßen auf dem Sofa und entkorkten den Sekt. Etwas Alkohol würde helfen, da waren wir uns beide sicher. Wir redeten lange über alles und beruhigten uns gegenseitig.

»Andrea, jetzt nehme ich echt eine zweite Frau mit ins Bett.« – »Sieh es als Spaß«, sie lächelte mir zu, »wie stellen wir es an, hast du 'ne Ahnung?« Nein, ich schaute nach unten und fragte mich, wie ich sie überhaupt berühren sollte.

»Wir machen es so, wenn der Sekt alle ist, gehen wir zusammen in die Badewanne. Da gewöhnen wir uns an den Anblick«, sie lachte, »und legen uns dann ins Bett und warten.«

So tranken wir und ließen nebenbei die Badewanne volllaufen. Wir wollten uns ansehen, wollten schauen, wie es war, so nackt zusammen, gegenüber, Bein an Bein. Wir setzten uns nacheinander gegenüber in die Wanne.

Sie war kleiner als ich, hatte blonde lange Haare und diese großen blauen Babyaugen mit den langen Wimpern, die sie so hilflos und freundlich wirken ließen. Ihre Brüste waren wesentlich voller und größer als meine, ihr ganzer Körperbau war massiger und rundlicher. Ihre Lippen waren ganz schmal, sie hatte kleine Zähne dahinter, im Scherz hatte ich sie oft gefragt, wann denn die »Zweiten« erwartet wurden.

Sie war keineswegs verlegen, als sie mich musterte, und sie war es auch, die begann, mich zu berühren. Am Hals, an der Brust, vorsichtig und bedächtig. Ich saß steif wie ein Stock auf dem Stöpsel der Wanne und spürte das Stechen des Metalls an meinem Hintern. Darauf konzentrierte ich mich. Das kleine Badezimmer, ohne Fenster, nur mit einer winzigen Lüftung an der Seite, war bald voller Dampf und Qualm der Zigaretten. Die Hitze des Wassers, die erotischen, sanften Berührungen ließen mich bald locker werden. Wir lachten und alberten, bespritzten uns und fühlten uns jeder Situation gewachsen.

Gerade noch rechtzeitig lagen wir nackt in meinem Ehebett, stark angetrunken, und lachten uns über die Situation kaputt. Doch während ich noch lachte, war Andrea plötzlich ganz still geworden. Sie berührte meine Brüste, sprach aus, was ich ebenfalls bemerkt hatte. Meine Warzen waren steif geworden. Hart und spitz ragten sie steil nach oben als Krone meiner zierlichen, kleinen, runden Brust. Im selben Moment ging die Tür auf, und Jörg rief beim Hereinkommen meinen Namen. Wir hielten den Atem an. »Ich bin hier, Jörg, im Schlafzimmer!«

Wir lagen im Dunkeln unter der einzigen Bettdecke, die es gab, und hatten Abstand zwischen uns gebracht. Er kam herein und schaute zu mir. Und dann zu Andrea. »Andrea?« Er sprach es ins Halbdunkel.

»Ja, hallo, Jörg.« Ihre Stimme war fest und sicher, ich beneidete sie darum. Plötzlich kam ich mir bescheuert vor und dachte, gleich wird er loslachen. Aber er zog sich ohne Worte aus und lag binnen weniger Sekunden zwischen uns.

Da lagen wir zu dritt im Bett. Neben mir mein Mann, der Mann, den ich über alles liebte. Den ich immer noch wunderschön fand und den ich so gerne ansah. Und daneben Andrea, meine beste Freundin, mit der weichen Brust und den großen Augen. Ich langte neben das Bett und leerte mein Glas mit einem Schluck. Dann wendeten wir uns beide meinem Mann zu. Sie von der einen, ich von der anderen Seite.

Er genoss es, küsste uns abwechselnd, rieb unsere Brüste, ich rieb an ihren und sie an meinen, sie streichelte mein Haar, ich kitzelte ihn an seinen Ohren.

Die Situation empfand ich als dermaßen grotesk, dass ich minutenlang zuschaute. Ich sah, wie sie sich küssten, Zunge an Zunge, sich an Hals und Lippen leckten. Wie er sich über sie beugte, ihre großen Warzen in seinem Mund verschwanden, und ich sah auch, wie sein Glied hart wurde. Sah sie ihre Babyaugen schließen, hörte ihr leichtes Seufzen mit offenem Mund.

Sie sah schön aus, wie sie so dalag, ihr blondes Haar viel länger als meines.

Also gut, dachte ich, dann geht es jetzt los. Obwohl die Eifersucht furchtbar war und ich sie kaum unterdrücken konnte, riss ich mich zusammen und beteiligte mich am Liebesspiel. Jörg hatte sich jetzt mir zugewandt, ich glaube, er bedankte sich und war zärtlich, wie ich es von früher kannte. Ich genoss seine Zärtlichkeiten, wünschte mir seine Finger in meine Möse und Andrea aus dem Bett. Seine Berührungen, »sein In-mich-Gleiten mit den Fingern«, ließen mich geschmeidig und weich werden. Ich begann alles zu genießen. Und streichelte irgendwann auch meine Freundin, roch ihren leichten Schweiß und spürte ihre feuchte Haut an meiner. Ich versank wie in Trance. Um mich herum vernebelte alles und verschwand. Es waren überall Hände, Zungen, es war warm und bald auch feucht.

Jörg genoss die Sache sehr und gab sich mit allen Wonnen der Situation hin. Bald hingen wir abwechselnd mit unseren Mündern an seinem Schwanz. Er revanchierte sich mit seiner Zunge mal an meiner, mal an ihrer Spalte. Und dann legte er sich auf mich und ich kam. Ich spürte ihn in mich gleiten, spürte Andreas Hände an meiner Ritze, wie sie den harten Schwanz mit ihren Händen direkt in mein Loch dirigierte. Ich presste mich an ihn und liebte ihn. Alles andere war egal, so schlimm war es nicht. Ich zuckte und wand mich in seinen Armen, und als das Beben in mir nachließ, war ich nur noch erleichtert, umschlang ihn glücklich mit Beinen und Armen. Doch er entzog sich und rollte sich in die Mitte, um gleich darauf an Andreas Brüsten zu saugen. Ich schaute etwas ungläubig hinüber, dachte, alles wäre vorbei. Aber er legte sich auf sie und begann zu stoßen. Rhythmisch, hart und hingebungsvoll. Ich konnte es an seinem Gesicht im Mondschein sehen. Er hatte die Augen geschlossen und genoss seinen Fick mehr als alles andere. Und dann kam sie. Und dann kam er. Er spritzte sein Sperma in sie hinein, und ich dachte, das Bett bricht auseinander, so sehr versanken sie in Ekstase.

Eng umschlungen lagen sie da, mein schöner Ehemann und meine beste Freundin, direkt vor meinen Augen. Lagen da und waren erschöpft und zufrieden. Andrea war die Erste, die zu sich kam. Sie spürte die riesige Eifersucht und Verzweiflungswelle, die aus meiner Ecke kam. Sie murmelte etwas von »Ui, schon so spät«, verlegen; ohne Licht zu machen, schlüpfte sie in ihre Unterwäsche und zog sich an. Jörg klopfte an ihrem Bauch herum.

»Das war Spitze, war das geil.« Er war außer sich vor Begeisterung und hätte am liebsten eine neue Verabredung gemacht. Ich wusste, ich konnte keine Schuldzuweisungen vornehmen. Ich wusste, ich hatte keine Chance, irgendetwas dagegen zu sagen, also brachte ich das Einzige vor, was ich vorbringen konnte: »Wieso bist du in ihr gekommen, das hättest du nicht tun dürfen.« Jörg schien betroffen, er versicherte mir seine Liebe, war im Gefühlsrausch, und als Andrea gegangen war, liebten wir uns wie am ersten Tag. Es war ein unheimlich intensives, wenn auch schlichtes Gebumse.

Ich saugte und hing an seinem Körper und weinte sogar ein bisschen dabei. Ich liebte ihn so, und meine Sehnsucht war übergroß und das, obwohl er so nah bei mir war.

Danach, als er lange schon schlief, wurde mir klar, dass sich alles verändert hatte. Der Alkohol schwand aus meinem Kopf, meine Gedanken wurden klarer und ich dachte an Andrea. Das war ein Fehler, dachte ich, ein großer Fehler. Unsere Freundschaft, die jahrelang so innig und tief war. Geblieben war nur ein nackter Körper, der sich an meinen Mann klammerte. So sah ich ihr Bild, sah immer ihre geschlossenen Augen und wusste plötzlich, sie wollte ihn auch. Es war eine der letzten Nächte, in denen ich mich noch an meine Ehe klammerte.

Wenige Wochen darauf verschrieb mir mein Arzt eine Kur, ich war bis auf 45 kg abgemagert und nur noch ein Schatten meiner selbst. Allgemein wurde Magersucht vermutet. Ich hatte einfach keine Lust zum Essen. Oft habe ich es einfach vergessen.

Meinen Sohn, gerade ein halbes Jahr alt, konnte ich mitnehmen. Wir fuhren nach Juist, einer wunderschönen kleinen Nordseeinsel, auf der es kein einziges Auto gab. Sechs Wochen sollte es dauern, und ich schrieb viele Briefe und Karten nach Hause.

Jörg rief ein- oder zweimal an und erkundigte sich nach uns. Er erzählte von Sonderdiensten und viel zu tun beim Bund, von diesem und jenem. Aber das Wichtigste ließ er weg.

Andrea. Ich erfuhr es, als ich unerwartet am Bahnhof unserer Stadt ankam. Ich hatte es vor Sehnsucht nicht mehr ausgehalten und wollte meinen Mann überraschen. Solariengebräunt und mit ausgeglichenem Gewicht, sowie seelisch durch Gespräche mit Kurpersonal gestärkt, hatte ich alles als eine »jugendliche Dummheit und normale Neugierde« abgetan. Auch bei meiner Freundin wollte ich mich entschuldigen und versuchen, unser Verhältnis wieder auszugleichen. Ich dachte an meinen kleinen Sohn, der so wunderschön wie sein Vater war, und an meine Ehe, die ich retten wollte. Ich war sicher, alles könnte gut werden, und hatte mir fest vorgenommen, den Haushalt jetzt besser und aktiver zu gestalten. Ich rief ihn erst an, als ich fast da war, und er holte mich ab. Ich roch ihr Parfüm noch im Wagen, und er stritt es auch nicht ab. Er hatte sie direkt vorher nach Hause gebracht.

Ich habe sie noch einmal getroffen. Sie flehte mich an, sie anzuhören, und das habe ich dann auch getan. Hatte er es mir als einen einmaligen Seitensprung verkauft, erzählte sie mir von Blumenmeeren vor ihrer Tür, ständigen Anrufen und Liebesschwüren seinerseits. Ich hatte keine Ahnung, wer die Wahrheit erzählte, aber es spielte für mich auch keine große Rolle. Mein Herz und mein Körper waren ein einziger Schmerz. Lebten wir noch zusammen, so lebten wir doch nur nebeneinander her. Es war klar, dass diese Verbindung vorbei war. Übrig blieben Vorwürfe, einen lebenslangen Kredit an sein Bein gehängt zu haben. Das war die Antwort auf meine vielen Fragen. Er war sauer über das Kind, und er sagte es mir deutlich: »Es ist dein Sohn! Und nur dein Sohn.« Mir wurde klar, dass für ihn unsere Ehe schon lange beendet war. Mir blieb nur noch Susanne, um mich auszuheulen. Ich saß Tag und Nacht mit ihr zusammen, schlief bei ihr und wusste nicht ein noch aus. Er zog zu seinen Eltern. Bei der Gelegenheit nahm er gleich alles mit, was sich in der Wohnung befand.

Zurück blieben nur das Kinderbett, die Wickelkommode und ein paar Pflanzen auf dem Boden, deren Tontöpfe zerbrochen waren, genauso wie mein Herz. Ich blieb zurück in der Wohnung. Ich dachte, das sei das Ende, dabei fing da alles erst richtig an.

Es folgten sechs unglaublich harte Monate. Ich tauschte die Dreizimmerkellerwohnung ohne Möbel mit einer winzig kleinen Zweizimmerwohnung in meinem alten Dorf. Von der Caritas bekam ich einige Sessel und einen Tisch. Einen Fernseher konnte ich mir nur mieten.

Meine Mutter, nur noch selten ansprechbar, unterstützte mich, wo sie konnte. Das Geld vom Staat, das ich bekam, war lächerlich wenig. Irgendwie wurde das Gehalt meiner Mutter mit einberechnet, jedoch ihre privaten Verpflichtungen nicht akzeptiert. Jörg zahlte natürlich nichts, erst als das Kind sechs Jahre alt war, konnte er diese Verpflichtung wahrnehmen. Wir überlebten mehr schlecht als recht. Jeden Montag gingen wir in eine so genannte Krabbelgruppe beim örtlichen Kindergarten. Christopher fiel über die Picknickkörbe der anderen Mütter her, und ich beneidete sie alle.

Ich war zurück zu Hause, aber es hatte sich nichts geändert. Wieder war ich ausgestoßen und mein Sohn mit mir. Schuhe hatte der Kleine überhaupt nicht. Seine beiden Pullis im Wechsel waren ständig verschmutzt und verklebt. Sein Spielzeug bestand aus fünf Plastikringen, die er zusammenschrauben konnte. Es war furchtbar, und wir hatten sehr oft richtigen Hunger. Meine Schwiegermutter bot mir ihre Hilfe an. Aber immer, wenn ich den Kleinen zu ihr brachte, war es ein mühsamer Kampf, ihn wiederzubekommen. So verzichtete ich möglichst auf diese Hilfe und versuchte, mit nächtlichen Gelegenheitsjobs irgendwie etwas dazuzuverdienen, trug in aller Herrgottsfrühe Zeitungen aus, putzte die Wohnungen der umliegenden Nachbarn oder half im Supermarkt beim Sortieren der Artikel.

In einer ganz schlimmen Situation verkaufte ich schließlich alles, was in der Wohnung zu verkaufen war, nur um Lebensmittel kaufen zu können. Freunde hatte ich nicht, außer Susanne, die selber damit beschäftigt war, einen Heiratsschwindler aus ihrem Leben zu entfernen.

Da ich Christopher ständig mit mir nahm, auch zum Zeitungsaustragen, hatte ich ihn auf den Rücken geschnallt. Die Leute riefen beim Jugendamt an, und ständig bekam ich nun Besuch oder wurde von »Staats wegen« attackiert. Hilfe bot man mir nicht, lediglich das Kind hätte man gerne anderweitig untergebracht. Das kam für mich nicht in Frage, und so kämpfte ich gegen alles, was sich mir in den Weg stellte.

Aber ich hatte noch einen Bruder. Ich rief ihn an. Mittlerweile war er aus dem Polizeidienst ausgeschieden und lebte in einer 150 Kilometer weit entfernten Stadt. Er betrieb dort eine kleine Sportgaststätte und lud mich für ein Wochenende zu sich ein. Die ganze Zeit über hatte ich nicht nur Existenzprobleme, auch seelisch war ich fix und fertig und litt unbeschreiblich unter der Trennung von Jörg.

Der frönte seinem neuen, freien Leben in einer kleinen Studentenwohnung und holte eine Ausbildung nach. Nur etwas später lernte er seine jetzige Frau kennen. Die Ehe ist bis heute kinderlos. Für Jörg war ein zweiter »Kredit« undenkbar. Er hat mich oder seinen Sohn niemals besucht oder angerufen.

Ich beschloss also, ein Wochenende bei meinem Bruder zu verbringen. Meine Schwiegermutter war begeistert, das Baby über das gesamte Wochenende behalten zu können, und ich machte mich per Zug auf den Weg.

Es ist wohl so, dass man manchmal längst wieder »on Tour« ist, wenn man sich selber noch im Dunkeln wähnt. Mein Leben schien still zu stehen. Ich hatte keine Kraft aufzustehen und etwas zu verändern. Es war, als säße ich in dem Netz einer riesigen Spinne. Gesalzen hatte sie mich schon, nur verspeisen musste sie mich noch.

Lieber Jörg: Nach 14 Jahren habe ich dich wiedergesehen, kein bisschen verändert. An Gewicht zugenommen hast du deiner Selbstgefäl-

ligkeit entsprechend. Du sagst, »wir waren zu jung und zu unerfahren«. Aber wie alt muss man sein, um andere Menschen zu respektieren? Das Schlimmste, was du mir je gezeigt hast, war deine grenzenlose Oberflächlichkeit.

LEICHTE BEUTE

Es war ein Freitagabend, als ich dort ankam. Die Stadt war viel größer, als ich gedacht hatte, und alles war mir fremd und etwas unheimlich. Bald hatte ich die Kneipe gefunden. Ich ging direkt in die Gaststube, und mein Bruder freute sich riesig, mich zu sehen. Wir beschlossen jedoch, erst am nächsten Tag über alles zu reden, und so bestellte ich mir erst mal eine Whisky-Cola. Es tat gut, der Musik zu lauschen, meinen Bruder in der Nähe zu wissen und unter Menschen zu sein, die nichts von mir wussten. An der Theke saßen einige Männer, Bauarbeiter. Man konnte es an ihren Klamotten deutlich erkennen. Sie waren direkt von der Baustelle hierher gekommen. Niemand Besonderes fiel mir in diesen ersten Stunden auf. Ich saß und lachte mit allen, trank, und der ganze Stress fiel von mir ab.

Bald fing ich sogar an zu flirten und vergaß über dem Alkohol für einige Stunden meine eigentlich schlimme Situation. Als ich das dritte oder vierte Mal von der Toilette zurückkam, stand ein volles Glas an meinem Platz. Mein Bruder lachte mir zu und deutete mit seinem Kopf auf einen der Bauarbeiter, die an der Theke saßen. »Von ihm«, sagte er. Dann wandte er sich wieder seinem Knobelbecher zu.

Ich schaute auf meinen Gastgeber. Viel konnte ich nicht sehen. Er hatte eine Mütze auf, die er tief ins Gesicht gezogen hatte. Er schien groß zu sein und wirkte sehr stämmig in seinem ausgewaschenen, dicken Flanellhemd; dazu trug er eine dieser Bauarbeiterhosen. »Dankeschön, aber eigentlich habe ich genug.« Ich lallte schon etwas, nahm aber trotzdem einen kräftigen Schluck.

»Kaffee gab es leider keinen mehr«, hörte ich ihn sagen, und sofort fiel mir der tiefe Klang seiner Stimme auf. Es war eine wunderbar ruhige Stimme. Ich war fasziniert. »Vielleicht ist woanders noch einer zu bekommen«, sagte ich keck und fand mich irrsinnig mutig. »Ja, bei mir!« Ich hörte, was er sagte, und überlegte. Meine Bekanntschaften mit Männern waren seit meiner Trennung dünn gesät und unbefriedigend gewesen. Meine sexuellen Kontakte beschränkten sich auf einen verheirateten Polizisten, ein paar Zufallsbekanntschaften und meine eigene Hand.

Es war nicht so, dass ich bisher etwas vermisst hätte, aber als ich so dort saß, angeheitert und animiert von dieser schönen Stimme, da erwachten plötzlich ganz deutlich meine weiblichen Gelüste. Wohl auch, weil sie so lange unter Kummer und Sorgen erstickt gewesen waren.

Ich schaute nun genauer hin. Unter der Mütze, die er immer noch trug, lugten rechts und links blonde Haarbüschel hervor. Um seinen Hals war ein dicker Schmutzrand zu sehen. Er kam auf mich zu, und es roch extrem nach warmem Teer. Aber das war mir nicht unangenehm, im Gegenteil. Es hatte eine geradezu animalische Wirkung. Mein Körper reagierte so heftig, wie ich es noch gar nicht kannte. Ja, ich hatte große Lust, diesen unbekannten, großen Blonden zu begleiten. »Ja, o.k., ich komme mit!«

Er wirkte nicht überrascht, und schon hatte er ein Taxi bestellt. Mein Bruder verdrehte die Augen, hielt sich aber dann doch zurück. So verließen wir beide gemeinsam die Kneipe meines Bruders. Ich war wieder mitten im Leben.

Geredet haben wir nicht. Eigentlich wollte ich auch nichts sagen. Ich war mit meinen Gedanken schon im Bett dieses Mannes. Er führte mich tief hinein in das Herz der Stadt, bis wir endlich vor einem kleinen, ganz schmalen Haus standen. »Hier wohne ich, mit einem Freund. Der ist aber nicht da«, sagte er und schloss die Tür auf. Ich ging hinter ihm die Treppen hoch und schwankte dabei schon bedenklich. Ich kicherte über mich selbst und überlegte, was wohl in ihm vorging. Wahrscheinlich hielt er mich für eine sehr leichte Beute. Aber das war mir egal. Ich wollte etwas Spaß und den wollte ich im Bett. Was er darüber denken würde, war mir gleich, zumal er ja beteiligt war.

Oben angekommen, gingen wir ins Wohnzimmer. Es war alles sehr einfach eingerichtet, weder Decken noch Vorhänge oder sonst irgendetwas, das auf Gemütlichkeit hindeutete. Mir war es egal. Alles, was wir brauchten, war ja vorhanden, ich kicherte wieder angetrunken vor mich hin.

»Ich glaube, du brauchst erst mal einen Kaffee!«, er grinste dabei, und mir kam es spöttisch vor. Aber nein, dachte ich. Ich wollte mir den Rausch unbedingt erhalten. Bloß nicht nachdenken! Während er in die Küche verschwand, überlegte ich, wie ich die Sache forcieren könnte. Ich ging ihm nach. Mittlerweile hatte er die Mütze abgelegt, und ich konnte ihn jetzt endlich ganz betrachten.

Seine Haare waren blond und wirr und strubbelten um seinen Kopf. Er war größer, als ich gedacht hatte, ca. 1,90 m. Aus der Nähe wirkte er noch kräftiger und breiter. Ich hatte das Bedürfnis, mich an ihn zu schmiegen, gab dem aber nicht nach. »Bloß nicht weich werden«, nahm ich mir vor und so fragte ich beiläufig nach dem Bad.

Er drehte sich um, und ich schaute in die himmelblausten Augen, die ich je gesehen hatte. Wieso fiel mir das erst jetzt auf? Ich lächelte ihn an, und mir wurde mulmig. Er sah fantastisch aus. Trotz seines markanten Gesichtes hatte er ein eher zärtliches Lächeln. Jörgs Gesichtszüge waren mehr rundlich, weich und glatt gewesen. Hier sah ich direkt in das Gesicht eines »richtigen Mannes«. Filme mit John Wayne, Humphrey Bogart und Hans Albers schossen mir durch den Kopf. Ich fing an zu lachen. Fragend sah er mich an. »Nichts, nichts«, ich kicherte weiter. »Eigentlich suche ich noch immer das Bad!« Er deutete um die Ecke. Während er noch immer in der Küche herumhantierte, stolperte ich ins Badezimmer.

Als ich die Tür verriegeln wollte, bemerkte ich, dass es nicht mal ein Schloss gab. Aber da hing ein Bademantel; viel zu groß und braun, aber flauschig sah er aus. Ich entledigte mich meiner Sachen und fing an zu duschen. Da ging die Tür auf. Er legte ein sauberes Handtuch auf die Toilette und fragte: »Soll ich das Fernsehen anschalten?« Ich war perplex. »Wie du willst«, sagte ich noch und drängelte ihn, das Bad zu verlassen. Immerhin hatte ich gerade überprüft, ob meine letzte Beinenthaarung noch für dieses Schäferstündchen geeignet war. Das war mir peinlich. Aber er schien nichts bemerkt zu haben und ging.

Nachdem ich ausgiebig geduscht hatte, schlang ich den Bademantel um mich und war bereit. Bereit für die aufregendste Nacht seit ewigen Zeiten. Schon während ich mich wusch, dachte ich daran, und in meinem ganzen Körper kribbelte es vor Sehnsucht nach Haut, Nähe und nach Sex. Ich hörte noch seine Stimme in meinem Ohr und konnte es kaum erwarten, ihn endlich auch in mir zu spüren.

Ich trat aus dem Bad. Die Tür zum Wohnzimmer war angelehnt, ich hörte das Fernsehen und sah Licht flackern. Wahrscheinlich Kerzen, dachte ich. Mutig ließ ich den Bademantel fallen und ging nackt ins Zimmer. Was ich erwartet hatte, weiß ich eigentlich gar nicht. Wohl dass er auch nackt war oder womöglich schon im Bett auf mich wartete. Mein Atem stockte. Er saß in Jogginghose und Sweater auf dem einzigen Sofa im Raum. Auf dem Tisch standen Kaffee und Kekse, und es brannten Kerzen. Im Fernsehen lief ein Zeichentrickfilm, einer, den ich schon oft gesehen hatte: »Das letzte Einhorn«. Ich war sprachlos und kam mir total bescheuert vor, stand splitternackt mit feuchter Ritze am Kaffeetisch. Mein Gesicht brannte vor Scham. Auch er schien völlig perplex.

Er klopfte aufs Sofa neben sich: »Komm her«, und breitete eine Wolldecke aus. Ich huschte zur Decke und ließ mich zurückfallen. Er wickelte mich darin ein. »O Gott«, stammelte ich. »Ich dachte, du liegst längst im Bett!«

»Also, eigentlich habe ich dich zum Kaffee eingeladen und nicht zum Vögeln«, lachte er und fand das alles irrsinnig komisch. »Kaffee steht ja da«, gluckste er noch, und dann verschwand auch er im Bad. Ich atmete auf. »O mein Gott«, dachte ich bei mir, »das darf ja nicht wahr sein!« Meine Erregung hatte sich in nichts aufgelöst, mir war alles einfach nur peinlich und unangenehm.

Ich überlegte kurz zu gehen, dann entschied ich mich aber doch für den gut riechenden Kaffee. Durch das anheimelnde Licht der Kerzen, den warmen Kaffee, die flauschige Decke und den Gesang des Kinderfilms im Fernsehen beschlich mich die Müdigkeit. Als Stefan aus dem Bad kam, war ich schon eingeschlafen.

Als ich am nächsten Mittag erwachte, lag ich neben ihm. Nach kurzer Orientierungslosigkeit fiel mir wieder alles ein, und sofort spürte ich wieder die Hitzewelle, die Scham in mir aufsteigen. Ich schloss entsetzt die Augen. Wie peinlich, wie peinlich. Ich lugte zur Seite. Er schlief noch, atmete ruhig und gleichmäßig. Vor dem Fenster wackelte ein Rollo im Wind leicht hin und her. Es war dadurch dämmerig, aber nicht hell im Zimmer.

Ich kuschelte mich in die Decke. Sie roch nach ihm. Er hat einfach einen animalisch guten Geruch, ging es mir durch den Kopf. Ich betrachtete seinen muskulösen Oberkörper. Er war ganz weiß im harten Gegensatz zu seinen wettergebräunten Armen und Händen. Seine widerspenstigen blonden Haare sahen dick und gesund aus. Ich fragte mich, ob er ganz nackt war oder unter der Decke das Wichtigste wohl bekleidet hatte, widerstand aber dem Wunsch nachzuschauen. So leise wie möglich kroch ich unter der Decke hervor. Ich fluchte leise und sammelte meine Wäsche im Bad auf.

Da lagen seine Sachen vom Vorabend. Nach kurzer Suche wurde ich fündig. In seinem Portemonnaie hatte er noch kleinere Geldscheine. Ich schnappte mir einen, überlegte es mir dann aber anders und nahm einfach die ganze Börse an mich.

Die Tür schnappte hinter mir ins Schloss, und erst da wurde mir gewahr, dass ich etwas Wichtiges vergessen hatte – seinen Schlüssel. Jetzt kam ich nicht mehr rein und hatte seine Geldbörse! Nicht mal einen Zettel hatte ich geschrieben. Ich verdrängte die Gedanken und schlich mich aus dem Haus. Erst mal was essen, vor allem was trinken.

Am Tag wirkte alles viel verschlungener und fremder, als ich es in Erinnerung hatte. Ich erkannte keine einzige Straße wieder und wusste überhaupt nicht, wo ich war. Als Erstes suchte ich ein paar Geldmünzen, um meinem Bruder Bescheid zu sagen. Er war selbst noch ganz verschlafen und sagte nicht viel. Aus der Telefonzelle steuerte ich ein Café an, es sah sehr nobel und gemütlich aus. Ich hatte Glück und fand einen herrlichen Fensterplatz. Ganz so, als hätte ich keine anderen Sorgen, ließ ich auffahren. Frischen Orangensaft, heiße Schokolade, Kaffee und Brötchen. Schinken, Käse, Marmelade. Ich bestellte alles, was man zum Frühstück bestellen konnte.

Gut gestärkt und mit einer Dose Cola gewappnet, machte ich mich auf den Rückweg. Ich klingelte auf gut Glück. Es dauerte gar nicht lange, da ging der Summer. Erleichtert stellte ich fest, dass es die richtige Tür war, und ging hinein. Stefan hatte sie angelehnt gelassen und sich direkt wieder ins Bett gelegt. Verschlafen schaute er mich an.

»Nanu?« Er rieb sich die Augen. »Schon wach und angezogen?« Statt zu antworten hielt ich ihm die Colabüchse unter die Nase. »Hier, hab ich dir geholt.« Erfreut und gierig griff er zu. »Danke, willst du auch was?« Ich lehnte ab: »Nein, ich war schon frühstücken«, und warf ihm bei der Gelegenheit gleich seine Börse aufs Bett. Er guckte ganz verdattert. »Na ja, ich hatte kein Geld bei mir«, stammelte ich etwas verlegen. »Und solch riesigen Durst.« Ich lächelte unsicher. Er nahm die Geldbörse und ließ die Scheine durch die Finger gleiten: »O Mann, das muss ja eine Riesenbüchse gewesen sein.« Aber er lächelte zurück.

»Aber auf einen schönen Kaffee könnte ich auch«, sagte er nun. »Komm, wir gehen noch einen trinken, dann bringe ich dich zurück.«

Stefans Eltern wohnten in demselben Viertel, wo auch die

Kneipe meines Bruders war. Am Wochenende hielt er sich überwiegend dort auf und bastelte mit seinem Vater an einer Eisenbahn, die sie im Keller ausbauten. Ich erfuhr an diesem Morgen, dass er noch fünf Geschwister hatte und auch in dem Haus seiner Eltern geboren worden war.

Er hatte die Schule schon früh verlassen und arbeitete seitdem im Handwerk als Dachdecker. Auf meine Frage nach der Frau im Leben antwortete er ausweichend und faselte irgendetwas von »gerade beendet«.

Ich erzählte dies und das, wo ich herkam und dass ich hier eigentlich nur meinen Bruder besuchen wollte. Auch von meinem Sohn erzählte ich, meiner Trennung und dass ich keine Scheidung wollte, da ich meinen Mann noch sehr liebte. Nach einer sehr netten, ausführlichen Unterhaltung setzte er mich mit einem Taxi wieder bei meinem Bruder ab. Wir verabschiedeten uns, und ich fragte mich, ob ich ihn abends wiedersehen würde.

Mein Bruder war etwas verstimmt darüber, dass ich so einfach mit einem Mann sein Lokal verlassen hatte. Er machte sich Sorgen, »wie das wohl ausgesehen habe«. Später unterhielten wir uns lange über meine verfahrene Situation. In dieser schwierigen Lage hatte er auch keine so rechte Idee, einzig finanziell versprach er mir etwas zu helfen. Auch er griff die Idee auf, meinen Sohn vorerst bei meiner Schwiegermutter zu lassen. Aber davon wollte ich nichts hören. Ich glaubte noch immer an eine Chance für Jörg und mich und klammerte mich daran fest. Noch immer wollte ich meine Ehe wieder kitten.

Am Abend setzte ich mich schon früh an die Theke. Ich wartete, wartete auf ihn. Er hatte nicht zugesagt zu kommen, aber ich war sicher, dass er wenigstens hereinschauen würde. Und so war es dann auch.

Ich saß mit dem Rücken zur Tür. Jemand kam herein, trat hinter mich und streichelte mir über meine Haare. Ich drehte mich um und sah wieder in die stahlblauen Augen. Mein Herz hüpfte, und glücklich bestellte ich ihm einen Drink. Der Alkohol verfehlte auch an diesem Abend seine Wirkung nicht, und schon bald fing ich wieder an zu plappern. Aber es war nicht nur der Hochprozentige, der meine Nerven fliegen ließ. Auch was ich sah, gefiel mir immer besser. Später am Abend dachte ich nur eines: Wie kriege ich ihn noch heute ins Bett?

Natürlich war ich noch immer sehr verliebt in Jörg, aber Stefan strahlte mit seiner Persönlichkeit und seinem Aussehen viel mehr Männlichkeit aus. Mit ihm stellte ich mir Sex ganz anders vor als den weichen, kindischen, den ich aus meiner Ehe kannte.

Also trank ich, redete, zuppelte und zippelte die ganze Zeit an mir rum. Natürlich wusste Stefan ganz genau, was ich wollte, und er wollte es auch!

»Hast du Lust, wieder bei mir zu schlafen?« Er fragte es scheinbar ganz nebenbei und drückte seine Kippe in den Aschenbecher.

»Natürlich, ich habe den Film noch nicht zu Ende gesehen«, lachte ich zurück. Kurzerhand bestellten wir ein Taxi und waren wenige Minuten später wieder in seiner Wohnung in der Altstadt. Im Wagen hatte ich mich schon an ihn gekuschelt und spürte seine Wärme durch meine Jacke hindurch. Er roch irgendwie männlich, griffig, nach Abenteuer, und ich spürte die Hitze schon zwischen meine Beine kriechen.

Diesmal war alles ganz anders. Wir gingen direkt ins Schlafzimmer. Er ließ das Rollo runter und ich stellte mich hinter ihn. Was ich mir am Morgen verkniffen hatte, tat ich jetzt ausführlich. Ich ließ meine Hände über seinen Rücken gleiten und presste mich an ihn. Er drehte sich um, und wir begannen uns zu küssen. Es war, als schlüge eine Bombe in mir ein. Schon beim ersten Kuss wurden meine Knie weich. Was für ein Mann!

Ich fummelte nervös an meinen Knöpfen, und wir zogen uns gegenseitig aus. Es dauerte keine zwei Minuten, und wir lagen nackt im Bett. Nebeneinander, aufeinander, wir küssten uns, als müssten wir uns gegenseitig tränken.

Ich saugte mich an seinen Lippen fest, er knetete fest meinen ganzen Körper. Er leckte meine Nippel, bis sie steif und hart waren, um gleich darauf an ihnen zu knabbern, bis sie sich fast wieder zurückzogen. Ich stöhnte wegen des leichten Schmerzes, aber spürte auch, dass ich klatschnass wurde. Er befühlte und betastete meinen Körper und ließ keine Stelle aus. Vor Wollust räkelte ich mich im Bett und konnte nicht genug bekommen von seinen Küssen überall auf mir und seinen Händen überall an mir. Er war stark erregt, und sein Glied stand steil vom Körper ab. Er fing an zu schwitzen, die Feuchtigkeit auf seiner Haut erregte mich noch mehr. Sein Schweiß roch gut und geil, ich sog den Duft ein und begann an ihm zu lecken. Der salzige Geschmack auf meiner Zunge, sein feuchter Körper an mir und seine tiefe Stimme dicht an meinem Ohr – das alles hob mich ins Paradies der Sinne. Wir dachten beide über nichts mehr nach. Es gab nur noch uns und unsere Lust.

Während er seine Finger erst in meine Spalte und dann auch in meinen Hintern bohrte, umklammerte ich ihn mit beiden Beinen und rutschte vor ihm hin und her. Die ganze Matratze schien mir schon durchgeweicht, als er endlich in mich eindrang. Nach dem heftigen, ekstatischen Vorspiel kam es mir einer Erlösung gleich. Er bohrte seinen Schwanz tief in mich hinein, und ich spürte den Höhepunkt unweigerlich auf mich zurollen. Natürlich kannte ich den Orgasmus, aber eher als eine kleine Welle, die über mich hinwegspült. Das hier war etwas anderes. Unter mir tat sich der Boden auf und über mir der Himmel. Ich kam und kam und schrie dabei immer wieder seinen Namen. Mein Körper zuckte und zitterte, als es vorbei war. Stefan lag jetzt schwer auf mir und rollte sich weg. Wir waren beide klitschnass, atemlos und total fertig.

»Mann, habe ich einen Durst!« Das war das Erste, was er sagte. Ungläubig schaute ich ihn an. Das war alles? War er nicht genauso aufgewühlt wie ich? Ich wurde unsicher. »Ich auch!« Diesmal hatten wir vorgesorgt und aus der Kneipe ein paar Flaschen Wasser mitgenommen. Gierig tranken wir den ersten Liter leer.

Das Wasser perlte aus meinem Mund an meinem Hals hinunter. Stefan leckte vorsichtig daran, und ehe wir uns versahen, waren wir wieder ineinander verschlungen. Jetzt nahm er mich von hinten. Ich kniete gebückt vor ihm auf der Matratze, und er schob sein Teil noch tiefer in mich hinein. Seine Hände an meiner Taille zog er mich immer wieder zu sich heran, und ich konnte die Spitze seines Schwanzes ganz tief in mir fühlen. Ab und zu zog er sich zurück und bohrte seine Finger in mich hinein. Seinen Daumen steckte er dabei tief in meinen Po, und immer geiler werdend drückte ich mich fest an ihn. Er legte sich auf den Rücken und hob mich auf sich drauf. Ich spürte ihn tief in mir, ließ mich ganz nach unten fallen. Wie aufgespießt saß ich auf seiner Lanze und begann ihn zu reiten. Jetzt selbst das Tempo bestimmend zerfloss ich schnell in Lust und Nässe. Es dauerte nicht lange, da zuckten unsere Körper erneut, und wir kamen in einem gigantischen Höhepunkt zusammen.

Wir gingen duschen, wir rauchten, wir holten Pizza, wir redeten. Und wir fickten. Fickten uns in dieser Nacht die Seele aus dem Leib. Und während wir uns leckten und liebten, während wir schwitzten und stöhnten, taten wir noch etwas. Wir zeugten ein Kind.

Am nächsten Mittag saß ich wundgevögelt, mit weichen Knien wieder im Zug zurück in meine »schwarze, dunkle Welt«. Ich freute mich wie wild auf meinen Sohn und war motiviert, schnell eine Lösung für alles zu finden.

Mit Stefan hatte ich später noch ein offenes Gespräch geführt. Er gab mir zu verstehen, dass eine »allein erziehende Mutter mit Kleinkind«, dazu nicht geschieden, nicht direkt das war, was ihm als Freundin so vorschwebte. Dazu die Entfernung. Und überhaupt.

Ja und überhaupt. Er hatte Recht. Natürlich mochten wir uns, natürlich hätte ich ihn gern wiedergesehen. Aber ich hatte einen Sohn, der mich brauchte, und einen Mann, den ich liebte. Es gab ein Leben, das ich zurückwollte, auch wenn es ein steiniger Weg war. An all die schlimmen Momente meiner Ehe dachte ich überhaupt nicht mehr.

Der Zug ratterte zwei Stunden über die Schienen. Ich schloss die Augen und dachte an meinen Sohn. Ich liebte ihn so sehr und würde von dem Geld, das mir mein Bruder zugesteckt hatte, noch eine Kleinigkeit für ihn besorgen. Ich war müde und ließ mich fallen. Und sah im Geiste immer wieder das lachende Gesicht meines Kleinen vor mir. Aber da war noch mehr. Immer wieder tauchten in meinen Gedanken die stahlblauen Augen auf.

Als ich endlich bei meiner Schwiegermutter ankam, erwartete mich eine böse Überraschung. Sie teilte mir durch die verschlossene Türe mit, dass der Junge nun bei ihr bleiben würde. Jörg wäre auch da, und sie hätten das gemeinsam beschlossen. Ich klingelte und klingelte, aber sie öffneten mir nicht. Völlig verzweifelt rief ich und flehte sie an, mich hereinzulassen, mir mein Kind zu geben. Aber es kam weder eine Antwort noch eine Reaktion. Also suchte ich völlig fertig und total verheult die nächstgelegene Polizeidienststelle auf. Es erschien mir logisch, dass die Beamten mir umgehend helfen würden. Leider wurde ich dort eines Besseren belehrt. Da die Scheidung nicht offiziell eingereicht war und kein Richter ein Sorgerecht bestimmt hatte, war das, was mein Mann nun zusammen mit seiner Mutter tat, legal. Man riet mir zu einem Anwaltsbesuch, mehr könne man nicht tun.

Ich war außer mir. Natürlich hatte ich weder die Scheidung eingereicht noch das Sorgerecht beantragt, schließlich hatte er mich ja verlassen. Zudem hatte er niemals Interesse an dem Baby gezeigt und mich ja auch in einer völlig verwaisten Wohnung einfach so zurückgelassen mit dem Kind. Denn das hatte er ja nicht mitgenommen.

Es blieb mir nichts weiter übrig, als bis zum nächstem Tag zu warten. Ich schlief überhaupt nicht. Wutattacken und Heulkrämpfe hielten mich davon ab. Der Besuch beim Anwalt besserte die Situation nicht. Ich beantragte das Sorgerecht, doch er teilte mir mit, dass dies Monate dauern könnte. Mir blieb nur der Weg zum Jugendamt, um ein Umgangsrecht für mein Kind zu bewirken. Ich war perplex, geschockt, wütend.

In den folgenden Tagen hatte ich mich nur schlecht unter Kontrolle. Ich vermisste meinen Sohn, wurde abwechselnd von Depressionen und Wutanfällen geschüttelt. Überlegte mir tausendundeine Sache, konnte im Grunde jedoch gar nichts machen. Mein Verhalten half mir bei meinen gerichtlichen Verhandlungen wenig. Das Jugendamt, verwirrt über meine häusliche Situation, befand, das Kind zunächst bei seinem Vater zu lassen, und teilte mir schriftlich mit, ich könne ihn einmal die Woche bei meiner Schwiegermutter besuchen. Ich war fassungslos. Niemand außer mir hatte damals dieses Kind gewollt. Keiner meiner neuen Feinde hatte sich die letzten Monate um mich oder die Situation meines Kindes gekümmert. Und nun sollte ich den Jungen diesen Leuten überlassen. Am meisten hat mich geärgert, dass Jörg, wie ich sehr wohl wusste, überhaupt kein Interesse an dem Jungen hatte. Mittlerweile hatte er eine neue Freundin. Bei einem meiner Besuche sah ich dann alle drei zusammen, und mein ganzer Körper war ein einziger Schrei und Schmerz.

Nur einmal die Woche besuchte ich das Kind im Feindgebiet und ließ mir jede denkbare Demütigung, ohne mit der Wimper zu zucken, bieten. Immer unwohler fühlte ich mich nun in meinem Dorf, wurde von allen beobachtet und bespitzelt. Mir wurde klar, dass es so nicht weitergehen konnte, und ich fing an zu begreifen, dass ich selber am meisten Schuld daran trug. Dieser Gedanke und die Sehnsucht nach meinem Sohn rissen mich letztendlich aus meiner Lethargie und dem Wirrwarr der Gefühle.

Sechs Wochen nach meiner Rückkehr starb meine Mutter. Die Kirchenglocken im Dorf ließen alle wissen, dass sie »gegangen« war. Die letzten Tage hatte sie mich nicht mehr erkannt und mich für ihre Mutter gehalten. Mein Bruder kam nach Hause, es gab eine große, feierliche Beerdigung. So viele Menschen hatten sie gekannt und geliebt, es gab keinen Zweifel daran, dass meine Mutter von vielen geachtet und geschätzt worden war. Ich war vor Traurigkeit und Einsamkeit wie gelähmt. Gleichzeitig war es der letzte Tag, an dem ich mein einstiges Elternhaus betrat. Mein Bruder war furchtbar erschrocken über meinen phlegmatischen Zustand und schlug mir vor, erst mal bei ihm zu wohnen. Hilfe konnte er gebrauchen, und mir war der Wohnortwechsel mehr als recht.

Um meine Habseligkeiten zu verstauen, musste ich nicht einmal den Kofferraum öffnen. Es lag alles verpackt in nur zwei Tüten auf der Rückbank. Ich tankte genau für 10 DM, das restliche Geld, das ich noch hatte, schmiss die Haustürschlüssel einfach bei dem Vermieter in den Briefkasten und fuhr los. Auf der Autobahn überkam mich ein wahnsinniges Glücksgefühl. Ich redete mir ein, dies sei die beste Lösung, und war mir sicher, dass nun alles bald gut würde. Und noch was fiel mir ein. Ich dachte an Stefan, der dort wäre, und gestand mir ein, dass ich viel öfter an ihn gedacht hatte, als es der Situation angemessen war.

Ich erledigte Behördengänge, um alle wissen zu lassen, wo ich jetzt wohnte. Auch suchte ich das dortige Jugendamt auf, um den Kampf um meinen Sohn wiederaufzunehmen. Mir fiel auf, dass ich ungewohnt müde war und meine Regel mehr als acht Wochen ausgeblieben war. Ich schob das auf den ganzen Stress, verabredete aber trotzdem einen Termin beim Arzt. Auf die Idee, schwanger zu sein, wäre ich zu diesem Zeitpunkt nicht gekommen.

Stefan traf ich wieder. Da ich keine Telefonnummer von ihm hatte, auch keine genaue Erinnerung, wo er eigentlich wohnte, musste ich warten, bis er eines Abends an der Theke auftauchte. Ungeduldig wartete ich, bis er eines Abends endlich vor mir stand, groß, breitschultrig und mit seinen blauen Augen! Ich freute mich so sehr. Er war überrascht, mich dort vorzufinden, und ich klärte ihn auf. Es wurde kein langes Gespräch, er murmelte etwas von einer Verabredung mit einem Freund. »Sehen wir uns bald?«, fragte ich ihn. Er verzog sein Gesicht. »Nun ja, ich werde die nächsten Wochen nur wenig Zeit haben.« Ich war geschockt. Hatte ich mir nur eingebildet, dass er mich auch wiedersehen wollte? War alles für ihn vielleicht unbedeutend und längst vergessen?

Als ich viel später allein in meinem Bett lag, sah ich sie wieder vor mir, die stahlblauen Augen. Aber jetzt waren sie sehr viel undeutlicher und verschwommener. Über sie hatte das Leben einen dicken Stempel gedruckt: One-Night-Stand. So lenkte ich meine Gedanken wieder zu meinem Sohn und schlief, mit ihm im Schlaf verbunden, schließlich doch noch zufrieden ein. Nicht ahnend, dass mein Schicksal seine Kugel längst erneut ins Spiel geschossen hatte.

Früh ging ich am nächsten Tag zum Arzt. Anmelden, warten, warten, warten. Meine Gedanken wanderten umher. Zu meiner Mutter, die ich so sehr vermisste. Zu meinem Sohn, der mir endlos weit weg erschien. Und zu meiner verlorenen Liebe: Jörg. Mittlerweile empfand ich gar nichts mehr. Nur Wut, Hass und Schmerz, wenn ich an ihn dachte. Und ich dachte an Stefan, meine neueste Schlappe, und fragte mich, wann endlich Ruhe einkehren würde. Wann ich endlich reif und erwachsen genug wäre, mein Leben sicher in der Hand zu haben, und wie so ein geordnetes Leben aussehen könnte.

Zehn Minuten später schlugen die Worte des Arztes wie eine Bombe in mein verkorkstes Leben: »Ich gratuliere! Sie erwarten ein Kind.« – »Was, waaaaas?«, fassungslos starrte ich ihn an. »Aber, aber. Sie wissen doch sicher, wie so etwas passiert? Oder ist es vielleicht kein guter Zeitpunkt?« Ich bekam kein Wort heraus. »Wann?«, fragte ich ihn, obwohl mir sofort klar war, wer der Vater sein musste. »Ich will es mal so ausdrücken«, begann der Arzt. »Wenn dieses Kindchen nicht erwünscht ist, müssten wir sofort handeln.« Dann erklärte er mir in kurzen Sätzen, welche Möglichkeiten es da gäbe. Ich hörte kaum zu, die Gedanken sausten in meinem Kopf herum wie Blitze, ich fing an zu schluchzen, ich heulte richtig los. »Na, na, na, so schlimm kann gar nichts sein«, tröstete mich der Arzt und bat mich in sein Besprechungszimmer. »Erzählen Sie mal der Reihe nach, dann sehen wir weiter«, animierte er mich. Und es sprudelte aus mir heraus, alles erzählte ich und ließ nichts aus. Auch dass ich mich überhaupt nicht in der Lage sah, gut für ein weiteres Kind zu sorgen, verschwieg ich nicht. Aber eine Abtreibung war ebenso indiskutabel für mich.

Seine Antwort werde ich nie vergessen. Sie hat mir nicht nur damals geholfen, sie hilft mir noch heute, wenn ich an mir selber zweifele. »Mein liebes Kind, wenn einem so viel genommen wird, dann sollte man festhalten, was Gott einem in den Schoß legt. Des Weiteren: Niemand wird als ein dicker, großer Medizinball geboren. Wir alle sind dünne, schlaffe Hüllen, wenn wir zur Welt kommen. Und erst die Zeit macht uns kräftig und stark.« – »Sie meinen, ich könnte es schaffen, wenn ich es wirklich will?«, fragte ich ihn. Statt zu antworten, zeigte er auf die riesige Bilderwand hinter ihm. Hunderte von Babybildern waren dort angepinnt, zusammen mit Dankeskarten hingen sie quer durcheinander.

»Was Sie schaffen, weiß ich nicht, aber die da«, er deutete auf die Wand, »haben es jedenfalls alle geschafft.« Er entließ mich in der Gewissheit, mit welcher Entscheidung auch immer jederzeit zu ihm kommen zu können.

Fremde Menschen, die außerhalb einer Situation stehen, können oft gezielt alles auf einen Punkt bringen. Aus der Distanz heraus sind sie viel logischer als die Mithäftlinge einer Situations-Strafanstalt.

Ich begriff, dass hier keine Schuldfrage zu klären war und der Satz »das halte ich nicht aus« genau die Zeit beginnen lässt, die uns dann doch über alle Brücken führt. So beschloss ich, erst einmal ganz ruhig zu werden. Ich lauschte in mich und versuchte zu fühlen. Aber zu spüren war noch nichts. Jetzt, da ich Bescheid wusste, konnte ich mir auch meine ungewohnte Müdigkeit und die Übelkeit erklären. Prompt fingen auch die Brüste an zu spannen. Es war da, dort in mir drin, und ich wollte nur mit einem Menschen darüber reden. Mit dem, der es dort hineingebracht hatte.

Mein erstes Ziel war also Stefan. Ich würde ihn suchen müssen. Niemand sollte etwas davon erfahren, nur meinen Bruder weihte ich ein. Er war fassungslos und stinksauer über meine Pläne: »O Mann, mach das weg!« Ich wollte aber mehr Zeit zum Nachdenken haben und um mich, auf was auch immer, einzustimmen. Und mit dem Vater reden wollte ich natürlich. Ich fand, dass er ein Recht darauf habe, von meiner letzten Entscheidung zu erfahren. Und so fing ich wieder an, auf ihn zu warten. Abends in der Kneipe, tagsüber suchten meine Augen die Straßen ab. Bekannte Thekengesichter kannten ihn zwar, aber wo er richtig wohnte, konnte mir niemand sagen. Nur, wo das Haus seiner Eltern lag, konnte ich in Erfahrung bringen. Alle dachten natürlich, ich wollte ihm hinterherlaufen, und machten ihre Witze darüber.

Drei Tage nach meinem Arztbesuch traute ich mich schließlich, bei seinen Eltern zu klingeln. Auf mein Läuten hin ging der Summer. Ich trat ins Treppenhaus. Auf jedem Treppenabsatz war noch eine Toilette. Ich schlich mit klopfendem Herzen die Steinstufen hoch. Die Wände waren weiß gelackt, und es gab ein gewundenes, grün gestrichenes Holzgeländer. Aus den Fenstern konnte man einen großen, grünen Garten sehen. Wäschespinnen waren aufgestellt, und lustig flatterte die Wäsche im Wind. Es war sonnig, fast Frühling. Obwohl es beinahe Nachmittag war, hing noch immer der Geruch von deftiger Hausmannskost in der Luft. Die Eingangstür hatte drei kleine Fenster im oberen Teil, die mit einer bestickten Gardine verhängt waren. Eine Frau, Mitte 50, stand vor mir. Das war wohl seine Mutter. Sie war viel kleiner und rundlicher, als ich sie mir vorgestellt hatte. Aber die blauen Augen erkannte ich, er musste sie von ihr geerbt haben.

»Ja, bitte?«, fragte sie mich. »Ja, hallo, mein Name ist Lisa, ich suche eigentlich den Stefan«, stammelte ich.

Sie hielt den Eingang mit ihrem Körper verdeckt und bot mir auch nicht an hereinzukommen. So verharrte ich auf der Treppe. Rockmusik, die aus der Wohnung drang, erinnerte mich daran, dass Stefan von zwei jüngeren Brüdern gesprochen hatte. »Der ist nicht da«, sagte sie und machte Anstalten, die Tür einfach wieder zu schließen. Ich sprang schnell zwei Treppenstufen nach oben und fragte weiter. »Ja, aber vielleicht können Sie mir sagen, wo er jetzt ist? Es wäre wirklich unheimlich wichtig!« Ich sah sie flehentlich an und hob dazu meine Hände bittend in die Höhe.

»Den habe ich schon seit Tagen nicht mehr gesehen. Vielleicht ist er wieder bei seiner Freundin Andrea, was weiß ich.« Damit schloss sie die Tür, und ich stand allein im Treppenhaus.

»Bei seiner Freundin Andrea«, ich verdrehte die Augen. Auch das noch. Es blieb mir nichts anderes übrig, als weiterzusuchen. Zurück zu Hause griff ich mir das Telefonbuch und suchte seinen Namen. Vergeblich. Ich suchte alle Dachdeckereien heraus und notierte mir die Nummern. Dort wollte ich am nächsten Tag als Erstes nachfragen.

METAMORPHOSE

Die Tage vergingen, und es passierte nichts. Jedenfalls nichts in Bezug auf meine Suche. Auch eine Entscheidung hatte ich noch immer nicht getroffen. Ich nahm zwar Termine bei Beratungen wahr, kam dadurch aber auch nicht weiter. Meine Schwangerschaft war noch nicht zu sehen, also nahm ich wie gewohnt meinen Wochentermin bei meinem Sohn wahr. Eingelullt von der Sicherheit, schon gewonnen zu haben, erlaubte mir meine Schwiegermutter, mit meinem Sohn einen Ausflug zur Eisdiele zu unternehmen. Allein! Nur er und ich.

Ich setzte meinen kleinen Sohn hinten in mein Auto und fuhr einfach zurück. Mein Herz klopfte wie wild. Aber ich fühlte mich nicht schuldig, ich wollte ihn einfach bei mir haben. Er saß lächelnd auf der Rückbank, spielte mit dem Spielring an seinem Kindersitz und juchzte immer wieder vor Freude laut auf.

»Wir fahren nach Hause, Christopher, du bleibst jetzt wieder bei Mama«, sagte ich ihm. Natürlich verstand er kein Wort und konnte auch gar nicht antworten. Aber sein Lächeln war mir mehr als genug, und schon befand ich mich auf der Autobahn. Drei Stunden hatte ich Vorsprung, und die wollte ich nutzen. Mein schlechtes Gewissen beruhigte ich, indem ich mir immer wieder sagte, dass ich seine Mutter sei und es nur natürlich wäre, wenn er bei mir sei. Trotzdem kam ich mir vor wie ein Dieb. Ängstlich schaute ich auf jede Polizeistreife und versuchte ganz natürlich dreinzublicken. Aber ich war so froh, meinen Sohn für mich allein zu haben, dass ich alle bohrenden Gedanken beiseite schob und die gemeinsame Zeit mit ihm genießen wollte.

Als ich ankam, war keiner da, und ich hatte keine Schlüssel. Also hob ich den Jungen aus dem Auto und schlenderte glücklich mit ihm zur Eisdiele. Auf dem Weg dorthin lernte ich durch Zufall Uwe kennen. Er wohnte ebenfalls um die Ecke und war gerade dabei, aus seiner Wohnung auszuziehen. Er bat mich, mal eben die Tür aufzuhalten, eine kleine, sehr bescheidene Wohnung. Ich stellte ihm mein Kind vor und sagte ihm, dass ich zufällig gerade eine Wohnung suchen würde. Er erklärte sich bereit, mir sofort alles zu zeigen. Die Miete lag unter 300 DM, und ich ging beschwingt durch die Räume. »Hier würde ich sehr gerne einziehen«, sagte ich ihm. »In die Bruchbude mit Kind?«, er sah mich an. »Na ja, klar, ich habe keinen Nachmieter.«

Er lud mich zu einem Kaffee ein, und wir fingen an, uns zu unterhalten. Uwe war von schmächtiger, zierlicher Statur. Seine ungewaschenen Haare hingen ihm ziemlich ungepflegt ins Gesicht, auch Deodorant benutzte er wohl eher selten. Ich rümpfte insgeheim die Nase. Sein Gesicht zeigte Aknepickel. Seine ganze Erscheinung wirkte eher abstoßend. Ich fragte mich, ob es am Umzug lag. Wie seine Freundin das wohl sehen würde? Ich lachte mir ins Fäustchen, na ja, mir konnte es ja egal sein. Eine Wohnung brauchte ich in jedem Fall, schon für den Sorgerechtsprozess. Im Hintergrund lief das Radio. Uwe notierte mir gerade ein paar Telefonnummern. Da kam die Durchsage:

»Wir unterbrechen unser Programm für folgende Suchmeldung. Gesucht wird Lisa Moos. Sie ist in Begleitung eines kleinen Jungen.« Danach folgte eine ziemliche genaue Beschreibung von mir sowie von Chrissi. Es wurde dazu aufgefordert, bei Blickkontakt die Polizei anzurufen, da ich mich auf der Flucht befinden würde. Uwe sah mich an, und mir wurde sofort klar, dass er wusste, wer vor ihm stand. Verlegen sah ich nach unten und erklärte ihm in aller Hast, dass dies mein Sohn sei und aus meiner Sicht eigentlich alles seine Ordnung habe.

»Das ist mir egal«, sagte er, »ich rufe mal eben meine Mutter an.« Er griff zum Telefon. Ich hielt den Atem an und zog den

Kleinen auf meinen Schoß. Aber Uwe rief nicht die Polizei, sondern tatsächlich seine Mutter an. »Die Kücheneinrichtung, die gehört nämlich eigentlich meiner Mutter«, grinste er mich danach an. »Aber die kannst du geschenkt haben.« Ich freute mich, freute mich riesig, dass er mich nicht verraten hatte, und bedankte mich überschwänglich. Aber er wiegelte ab. Er wollte lieber, dass ich ihm einen blase.

»Na, komm schon mit rüber«, sagte er und zog mich bereits am Ärmel. Lange habe ich nicht darüber nachdenken können, ob ich dazu überhaupt in der Lage war, aber jetzt, wo mir mein Sohn so nah war, mir das Ziel so greifbar schien, wollte ich mich nicht anstellen. Männer waren in meinen Augen bis auf den Grund abgesackt, und mich hätte ein freundliches Wort viel mehr schockiert, als solch ein Wunsch. Als wir im Schlafzimmer standen, sah ich, dass er schon seine Sachen rausgeräumt hatte. Nur ein kleiner Rest stand noch da und das Bett.

»Ich ziehe mich aber nicht extra aus«, fauchte ich. Die Vorstellung, mich ihm dort auf dieser schmuddeligen Matratze hingeben zu müssen, versetzte mich in Panik. Ich hatte gehofft, er würde etwas besser riechen, aber jetzt, da ich ihm so nahe war, roch ich die Ausdünstungen seines ungewaschenen Körpers. »Keine Sorge, wir machen es im Stehen«, pöbelte er zurück und öffnete schon den Reißverschluss seiner Hose. Ich dachte an ein neues Heim für mich und meinen Sohn. Deswegen war ich hier und deswegen ging ich dann auch vor ihm in die Knie. Sein Glied quoll mir entgegen. Ich fasste vorsichtig an das schlaffe Ding und roch Seife. Er hatte sich also wenigstens »unten« frischgemacht. Ich schloss die Augen, nahm das schlaffe Fleisch in die Hand und begann, mit meinen Händen daran zu reiben. »Blasen war abgemacht, nicht wichsen«, empörte er sich. Vorsichtig näherte ich meinen Mund seiner Spitze und nahm den trockenen Schaft zwischen die Lippen. Ich würgte leicht. Mittlerweile hatte er mit beiden Händen in meine Haare gegriffen und wühlte darin herum. Ich schob seinen jetzt halbsteifen Pimmel immer wieder aufs Neue in meinen Mund und befeuchtete ihn, so gut es ging, dabei mit meinem Speichel. Er wurde schnell dicker, härter, und bald rutschte er rein und raus, während Uwe meinen Kopf festhielt. Es schmeckte nach gar nichts. Ich war erleichtert. Ich hoffte, er würde bald spritzen, und kniff meine Augen zusammen. »Nicht so hektisch«, verlangte er und fing an, seine Eier mit einer Hand zu kneten. Als ich sein Ding wieder ganz im Mund hatte, passierte es. Kleine Tropfen kündigten seinen Höhepunkt an, angeekelt zog ich das Teil von meiner Zunge weg. »Nicht in den Mund, nicht in den Mund«, sagte ich hastig, doch er hörte gar nicht zu. In Ekstase versuchte er, seinen Schwanz wieder in die nasse Höhle zu drücken, aber ich presste die Lippen jetzt zusammen. Und dann kam er, spritzte mir direkt über die Nase. Sein Sperma lief mir von den Nasenflügeln nach unten und tropfte auf mein Kinn.

Ich würgte, rannte auf die Toilette und wischte mir mit Toilettenpapier das ganze Gesicht wund. Dann musste ich kotzen, öffnete die Kloschüssel und spie meinen ganzen Ekel hinein. Ich würgte erneut, und die Kotze lief mir aus der Nase heraus; ich bekam kaum Luft. Uwe stand mittlerweile hinter mir und hatte alles wieder gut verschlossen. »Mach das aber sauber«, sagte er noch. Dann war er im anderen Zimmer verschwunden.

Ich spülte und suchte dann in der Küche den Wasserhahn. Nach einer Mundddusche und mit leerem Magen ging ich dennoch hoch erhobenen Hauptes aus meinem neuen Domizil. Ich schämte mich nicht, aber ich schämte mich für ihn. Ich sah mich als Opfer, und er war der Täter. Wie alle anderen Männer vor ihm. Aber in mir regte sich Wut. Die Vorstellung etwas zu ändern. Den Dingen die Stirn zu bieten. Den Spieß umzudrehen. Und meine Gedanken, mein ganzes Selbst, begannen eine Metamorphose. Die Verwandlung zur Hure fing an. Leise und still, aber ich konnte sie schon spüren.

Zurück bei meinem Bruder rief ich gleich meinen Anwalt an. Er war sauer und bat mich, das Kind zurückzubringen, um unnötigen Ärger zu vermeiden. Aber davon wollte ich nichts hören. Mein

Bruder war ebenfalls mehr als sauer. Aber er freute sich auch, das Kind einmal wiederzusehen.

Ich badete mit dem Kleinen, sang ihm Kinderlieder vor und kuschelte mich zusammen mit ihm in mein Bett. Als Chrissi selig neben mir schlief, wurde mir eines ganz klar. Dies war mein Sohn, und ich wollte und würde für ihn da sein. Sein Lächeln weckte in mir ungeahnte Entschlossenheit. Kraft, die ich brauchte, um weiterzumachen. Hier hatte ich den besten Freund, den ich haben konnte. Und in mir wuchs noch ein Kind.

Ob ich ihm auch eine gute Mutter sein konnte, wusste ich nicht. Aber die Chance aufs Leben, die wollte und konnte ich ihm geben. Es würde zur Welt kommen. Mit diesem Gedanken schlief ich ein, träumte von meinen Kindern, und eines hatte ganz blaue Augen.

Die wunderbaren Tage mit meinem Sohn neigten sich dem Ende zu. Nach einer Woche wurde der Druck zu stark; die Polizei kündigte sich an. Sie würden mich besuchen und das Kind auch gegen meinen Willen mitnehmen, warnte mein Anwalt. So gab ich nach und brachte ihn zurück. Und ich begann ausgiebig nach Stefan zu suchen. Fast in jeder Firma gab es einen Mann, der ihn wenigstens kannte, aber arbeiten tat er dort nirgends. Ich fragte weiterhin jeden, den ich kennen lernte, und rief später auch Polizei und Krankenhäuser an. Seine Eltern suchte ich einmal die Woche auf, doch immer die gleichen Antworten, das gleiche Verhalten. Die »Freundin« hatte ich auch gefunden. Sie lebte in einem anderen Stadtteil und war selber am Boden zerstört, weil sie sich getrennt hatten und sie nichts von ihm gehört hatte.

Als ich im fünften Monat schwanger war, passierten zwei Dinge. Zum Ersten wurde ich geschieden, und zum Zweiten erteilte das Gericht mir das Sorgerecht für meinen kleinen Sohn.

Ich hatte nun keine Angst mehr, ob ich meinen Sohn bekommen würde. Aber ich musste mich auf monatelanges Warten einstellen. Die Wochen vergingen im Gleichklang der Gewohnheit. Noch immer sah man mir meine zweite Schwangerschaft nicht an, erst im achten Monat wölbte sich der Bauch nach vorne.

Noch immer hatte ich meinen ersten Sohn nicht bei mir. Die Mühlen der Justiz mahlten ihr Korn langsam, langsam. Es wurde Herbst, und ich hatte weder eine Spur von Stefan gefunden noch eine Idee, was ich tun könnte, wenn das zweite Baby da war. Mittlerweile konnte ich auch nicht mehr in der Gaststätte meines Bruders arbeiten. Meine Schwangerschaft behinderte mich körperlich, und die Leute tratschten, was das Zeug hielt. Sie tuschelten und fragten sich, wer wohl der Vater sein könnte. Ich schwieg zu den Fragen.

Oft saß ich nachts allein und traurig auf meinem Balkon. Ich saß auf einem Stuhl, schaute in die Sterne und fragte mich, wo Stefan wohl sein könnte. Konnte ein Mensch einfach so spurlos verschwinden? Nein, diese Möglichkeit schloss ich aus. Also saß ich, strich über meinen kleinen Bauch und schaute zu den Sternen. Ich heulte, was das Zeug hielt. Ich vermisste meine Mutter und vermisste meinen Vater. Und glaubte, Stefan sei tot. Ich fragte mich, was er wohl zu all dem sagen würde.

14 Tage vor dem eigentlichen Geburtstermin sprach ich beim Jugendamt vor. Ich erkundigte mich nach der Möglichkeit, das ungeborene Kind zur Adoption zu geben. Die Vorstellung, mein Kind zu fremden Leuten zu geben, beunruhigte mich enorm, jedoch rechnete ich mit liebevollen Eltern, die das Jugendamt ja kennen musste. Also unterschrieb ich die Papiere. Die Adoption wäre erst sechs Wochen nach der Geburt rechtsgültig. Das Kind käme direkt nach der Entbindung, ohne dass ich es sehen würde, zu den neuen Eltern. Meine Entscheidung war gefallen, genauso wollte ich es machen.

Wenige Tage vor der Geburt bestimmte auch das Oberlandesgericht das Sorgerecht zu meinen Gunsten, und ich war froh, dass ich nicht direkt im Gerichtssaal niederkam. Meinen Sohn würde ich jetzt bald bei mir haben. Bis dahin musste ich dafür Sorge tragen, dass auch mein anderes Kind ... mein blauäugiges Baby ... in gute, liebevolle Hände kam. Da stand der Freund von Stefan, mit dem ich ihn am letzten Tag gesehen hatte, plötzlich vor mir. Er hob lässig die Hand zum Gruß, ließ sich neben mir an der Theke nieder. »Bist du nicht ein Freund von Stefan?«, fragte ich. »Yepp«, sagte er und biss herzhaft in sein Brot.

»Kannst du mir sagen, wo er ist?«

»Theoretisch ja, praktisch nein«, endlich sah er mich an. »Niemand weiß, wo er ist. Nicht einmal seine Eltern.«

»Er könnte ja tot sein«, erwiderte ich aufgeregt.

»Der ist nicht tot«, er lachte jetzt, fand das irrsinnig komisch.

»Ich sage dir was«, begann ich erst zögernd, aber dann nahm ich all meinen Mut zusammen. »Ich bekomme ein Kind und zwar heute. Und es ist Stefans Kind!« Er schaute mich an, als wäre ich ein Geist. »Wer bist du denn? Ich kenne dich ja gar nicht. Ich denke, das hätte er mir erzählt!« Eindringlich sprach ich weiter: »Bitte glaube mir, es ist sein Kind. Seit Monaten schon suche ich ihn und will ihm davon erzählen. Wenn du weißt, wo er ist, sage ihm, er soll zum Krankenhaus kommen.«

»Also, erstens glaube ich das alles nicht«, er grinste schief, »und zweitens kann er erst in fünf Jahren kommen, er ist in der Fremdenlegion in Frankreich.«

»Was? Was soll das bedeuten. Kann ich ihn anrufen?«

»Niemand kann ihn anrufen«, bedauerte er. »Jedenfalls jetzt nicht.«

»Aber wenn er sich mal meldet, sage ihm bitte Bescheid.«

In meinem Kopf dröhnte es, mir wurde schwarz vor Augen, ich ging in die Knie. Drei Stunden später kam mein Sohn Steffen zur Welt. Die Wehen hatten im Taxi eingesetzt, und die Geburt ging schnell wie bei meinem ersten Sohn. Das Kind rutschte aus mir heraus, ich hörte den ersten Schrei und hob erschöpft den Kopf.

»Herzlichen Glückwunsch, es ist ein gesunder kleiner Junge«, sagte die Hebamme erfreut und legte mir das Kind auf den Bauch. »Aber das ist nicht mein Baby«, sagte ich leise und hielt ihn dennoch rechts und links mit meinen Händen fest. »Keine

Sorge, kleine Mami«, ermutigte mich die Hebamme. Damit verließ sie den Raum, und ich schaute auf das eingewickelte Etwas auf meinem Bauch.

Ein Junge. Ich hatte noch einen Sohn ...

Er hatte weizenblonde Haare und ganz hellblaue Augen. Und er schaute mich an. Fast so, als wäre er böse, dass ich ihn hinausgeworfen hatte. Ich presste ihn an mich und war unendlich glücklich.

Dann ging alles ganz schnell. Die Hebamme kam wie ein aufgescheuchtes Huhn herein, stammelte irgendeine Entschuldigung, nahm mir das Kind vom Bauch und verschwand. Die eingesetzte Assistentin hatte nicht gewusst, dass dieses Kind zu anderen Eltern kam. Sie war nicht unterrichtet worden. Ich lächelte. »Das macht nichts, ich bin unsagbar glücklich, dass ich ihn gesehen und gehalten habe. Und noch etwas, schreiben Sie in seine Papiere den Namen Steffen, nach seinem Vater Stefan, denn er sieht genauso aus.«

Vogel der Nacht, flieg hinauf bis zum Mond.
Schaue von dort, wo die Liebste jetzt wohnt.
Flieg zu ihr hin, sag ihr: Ich bin allein.
Vogel der Nacht, sie muss mir verzeihen.
Stefan Remmler

Gleich am nächsten Tag konnte ich schon wieder nach Hause fahren. Es war eigenartig, so ganz alleine. Nachdem ich mich wenige Tage ausgeruht hatte, fing ich an, Pläne zu schmieden. Stefan war weg, er würde nicht kommen. Steffen war auch weg, ich würde ihn niemals wiedersehen. Christopher war bald hier, und ich lebte von der Hand in den Mund. So sollte es nicht bleiben. Ich war knapp 20 und hatte das Leben noch vor mir. So schrieb ich mich an der Uni ein, um Studentin zu werden. Das würde sehr viel Geld kosten. Das Bafög würde vorne und hinten nicht reichen. Also dachte ich um und begann zu Hause zu studieren, meldete mich für ein Fernstudium an. So war ich auch ständig zu Hause und hätte keine Probleme, für meinen Kleinen da zu sein.

Als Christopher endlich zu mir zog, konnte er schon laufen und teilweise richtig sprechen. Ich war begeistert und glücklich. Stundenlang sah ich ihn an, nahm ihn wo immer ich hinging mit mir, und ließ ihn niemals aus den Augen. Meine Unterlagen von der Schule kamen, und ich beschloss, alles heimlich vom Geld des Staates zu zahlen. Natürlich wusste ich, dass es auf Dauer eine Sackgasse war. Jeden Monat fehlten mir mehrere hundert Mark. Es fing ganz unmerklich an.

Ich betrachtete jeden Kinderwagen und begann hineinzuschauen, ob es vielleicht mein Sohn war. Überall um mich herum waren plötzlich Schaufenster mit Babybekleidung. Jeden Abend lachten mich aus der Fernsehwerbung rundliche, rotgesichtige Kinder an und warben für den »Superbrei«. Sie liefen wackelig und barfuß quer über den Bildschirm, um glücklich »die tollste Windel der Welt« zu umarmen. Die Welt war plötzlich voller Babys, und sie verfolgten mich bis tief in den Schlaf hinein. Blaue Augen, die mich noch immer bös anschauten. Blaue Augen, die mich suchten. Blaue Babyaugen, am Tag und in der Nacht. Ich wurde fahrig, nervös und versuchte, die Gedanken zu verschieben, zu verlagern. Ich stürzte mich auf meine Hausaufgaben und auf Christopher. Der war immer still, lieb und furchtbar freundlich. Nie weinte er oder machte mir sonst Kummer. Er war das perfekte Kleinkind.

Zu meinen fast alles einnehmenden Träumen kamen die unbezahlten Rechnungen. Noch immer hatte ich keinen Weg gefunden, meinen Bedarf abzudecken, und stopfte die finanziellen Löcher von rechts nach links und schob die Mahnungen vor mir her. Die Aufgaben wurden schwerer, ständig brauchte ich neue Bücher oder neues Material. Immer öfter betrog ich die Staatskasse mit angeblichen Anschaffungen, die ich dadurch natürlich niemals wirklich machen konnte. So fehlten mir auch im Haushalt wichtige Dinge wie Waschmaschine oder Staubsauger. Dauernd musste ich mir im Haus etwas leihen. Es war zum Heulen.

Und trotzdem: Am schlimmsten waren die Träume von »meinem verlorenen Baby«. Immer öfter weinte ich mich in den Schlaf und konnte mir selber nicht helfen. Wenn Christopher am Abend schlief, gab ich meiner Nachbarin manchmal den Schlüssel und ging in die alte Kneipe meines Bruders. Das Publikum hatte mit dem neuen Besitzer gewechselt. Jeder Wirt bringt bekanntermaßen auch seine Gäste mit. Ich betrank mich jetzt oft und hatte wahlweise Sex, mal mit dem, dann mit dem. Ich machte keine Unterschiede, alles war mir recht, um mich vor meinem einsamen, leeren Bett zu bewahren. Keinen Schlaf konnte ich dort finden, nur schwere Träume, die mich mehr und mehr rastlos und ruhelos werden ließen.

Es waren ausdruckslose Typen, die an jeder Theke stehen. Angetrunken, mit Bierfahne und meist in Trennung lebend. Es waren diese endzwanziger Studententypen, die nie einen Pfennig, jedoch immer einen Joint in der Tasche hatten.

Oft zahlte ich nur den ersten Drink, zum zweiten wurde ich bereits eingeladen, und nach dem vierten verließ ich in der Regel das Lokal, jedoch niemals allein. Nicht einer von ihnen interessierte mich wirklich, und genauso war der Sex. Wildes Geknutsche bis zur Wohnung, ein paar höfliche Blicke durch die Zimmer, ein Wasserglas mit Wein, während er sich eben frisch machte oder die Klamotten vom Bett schmiss. Mal eben auf die Toilette, während er schon aufs Bett fiel. Ein bisschen Wasser zwischen die Beine, um frisch zu sein, und noch mal Parfüm nachgelegt. Dann ging es schon zur Sache, meist kurz und zielstrebig, manchmal langatmig und auf Umwegen. Aber eines war immer gleich: Während all diese Typen auf mir oder hinter mir rumwackelten, ihre Glieder in mich schoben und ihren Schweiß an mir abwischten, wurde es mir zu viel, ich wurde müde, und ich wollte gehen.

Manchmal kam es mir vor, als stünde ich daneben und könnte mich sehen, wie ich dort verkrampft lag und vor mich hin stöhnte, um sie anzufeuern. Manchmal war ich so weit weg, dass ich überlegte, welche Straßenbahn jetzt am günstigsten wäre, um nach

Hause zu kommen. Manchmal las ich während des Aktes alle Bücherrücken durch, wenn es im Zimmer welche gab. Ich schlief nur noch drei bis vier Stunden in der Nacht und verbrachte den Rest davon mit Blasen und Wichsen irgendwelcher halbschlaffer Schwänze angetrunkener Idioten.

Ich schämte mich, war unglücklich, verzweifelt. Alles schien mir über den Kopf zu wachsen. Und in dem ganzen Chaos kamen sie jede Nacht wieder, wieder und wieder. Die Augen meines Sohnes Steffen. Mal fragend, mal ängstlich, mal zornig. Ich rief ihm zu: »Ich kann nicht, ich kann nicht!« Aber er streckte immer wieder die kleinen Arme nach mir aus, um dann vor mir im Nebel zu verschwinden. An dem Tag, als Steffen drei Monate alt wurde, konnte ich nicht mehr. Ich erwachte mit einem Schrei, so dass Chrissi erschrocken angelaufen kam und sich an mich kuschelte.

»Was hältst du davon, mein Süßer, wir holen deinen Bruder ab.«

»Er muss aber seine eigenen Autos mitbringen, Mama, meine rote Feuerwehr ist ja ...« Ich sah meinen Sohn an. Ich drückte ihn an mich und wusste genau: Ich wollte mein Baby zurück, nur das war es, was mir wirklich fehlte.

CHAMPAGNERKELCH III

Eine Hoffnung haben, an etwas glauben, einer Sache eine Chance geben. Das alles sind Gefühle, die leicht und beschwingt machen. Gleichzeitig beinhalten diese Worte aber auch die Möglichkeit des Scheiterns, dass es ein vergebliches Hoffen bleiben könnte, dass man irrt, dass die Chance vertan, verpasst wird. Und dann passieren plötzlich Dinge, die einen den Atem stocken lassen.

Gründe, warum sich Frauen und Mädchen prostituieren, gibt es sicherlich unzählbar viele. Jede hat ihre eigene Geschichte, ihre eigene Qual oder ihre eigene private Hoffnungslosigkeit in sich. Sie tun es aus Liebe oder Hass, sie tun es für Geld oder Drogen, sie tun es für Kinder, Familie oder aus Berechnung. Und sie tun es immer und überall. Zu finden sind sie in verrufenen Straßen: »Na Süßer, Lust auf Ficken?« In Wohnungen: »Sie, ganz privat, erwartet den großzügigen Herrn.« Oder auch in kleinen Clubs: »Kommen Sie, wann Sie können, wir können, wann Sie kommen«, auch genannt: »Das Ambiente für den anspruchsvollen Herrn«.

Ihre Dienstleistungen erstrecken sich auf alle sexuellen Möglichkeiten, und viele tun es richtig gut. Mit Männern, Frauen, Pärchen, Transen und Schwulen in allen nur denkbaren Variationen und Positionen. »Arschfick auch ohne Gummi möglich«, und alle wollen mitverdienen. Auf jedes Loch, das sich an einer Frau finden lässt, kommen schnell zweieinhalb Verdiener. Es ist eine einfache Rechnung: je größer der finanzielle Druck, je mehr Löcher zu nutzen, umso tiefer die Selbstachtung der Benutzten, umso billiger auch der Fick.

Die Grenzen der Welt haben sich geöffnet. Durch Massenandrang im freien Sexhandel ist der Konkurrenzdruck übermächtig geworden. Die zur Verfügung Stehenden drängeln sich überall, und dazu kommen noch all jene, die es einfach mal für Taschengeld tun. Doch all diese Huren, so verschieden sie auch sind, haben eines gemeinsam: ihre Liebe zu dieser Subkultur, niemals transparent noch von außen einsehbar oder restlos erklärbar. Die Liebe zu den Menschen, die ihnen nahe stehen, und so zum Milieu, der eigenen Welt, in der sie leben. Eine große Familie, vom gemeinsamen Schicksal zusammengeschweißt, die in der Not vor dem gegensätzlichen soliden Leben, ja selbst vor der Polizei Schutz bieten kann.

Acht Monate, nachdem ich den »Champagnerkelch« das erste Mal betreten hatte, kaufte ich mir einen Mercedes 280er SL. Er war grün, und er gehörte mir ganz allein. Er war noch nicht ganz bezahlt, aber das störte mich nicht. Außerdem hatte ich mein Fernstudium als Beste abgeschlossen und war riesig stolz auf die Urkunde. Vielleicht sollte ich mir bald einen Job im Grafikbereich suchen, dachte ich, aber ich war ja »Graf-Fickerin«, lachte ich manchmal und beließ alles, wie es war.

Finanziert hatte ich mir den Wagen durch einen Gast, der nicht nur Stammgast des Hauses, sondern auch mein Stammfreier war. Er lebte in dem kleinen Ort, war geschieden und zog seine beiden Jungs alleine auf. Beruflich vertrieb er Gastronomiegeräte im großen Stil und hatte noch ein paar Reisebüros dazu geerbt.

Klaus war über beide Ohren in mich verliebt. Er hasste es, wenn mich andere mit aufs Zimmer nahmen. Aus diesem Grund kam er eine Zeit lang fast täglich vorbei, und wir gingen zusammen nach oben. Klaus war ein echter Workaholic, und wann immer er spätabends kam, war er todmüde. Manchmal schlief er schon im Sitzen ein. Er hatte ein niedliches Gesicht, große Kulleraugen und kleine Pausbäckchen. Er war eine Seele von einem Menschen und riss urkomische Witze. Ohne besondere Wünsche war er ein einfacher Gast. Er kuschelte sich gerne an mich und ließ sich von mir Gutenachtgeschichten erzählen. Ich glaubte ihn manchmal sehr unglücklich, und irgendwie war er das auch.

Beim Sex war er der Mann, er gab den Ton an und sagte mir, was ich zu tun hatte. Am liebsten tat er es »im Stehen«, wenn er nicht zu müde war. Sonst musste ich mich auf ihn draufsetzen und ihn reiten. Er war wohlbeleibt, und ich musste mich immer etwas nach hinten lehnen, um ihn ganz hineinzubekommen. Sein Schwanz war kurz, aber dick, und ich keuchte, wenn er in mir war.

Durch den ständigen Stress, in dem er lebte, und den wenigen Schlaf, den er sich gönnte, dauerte es manchmal mehr als zwei Stunden, bis er kam. Vielleicht kommt daher der Begriff »ackern« im Zusammenhang mit »anschaffen«. Ich ackerte wirklich. Ich ritt, und mir lief der Schweiß überall hinunter. Wir taten es, und wir unterhielten uns dabei über alles Mögliche, und oftmals lachten wir über uns selbst, wie wir da malochten.

Klaus blieb immer bis zum nächsten Morgen, und oft schlief auch ich neben ihm ein. Er zahlte immer alle Stunden, und so kam es, dass ich mir diesen wunderschönen Wagen leisten konnte. Er war selber ein wenig stolz, als ich ihn damit zu einer Spritztour einlud.

Private Kontakte mit Gästen waren nie gern gesehen. Versprach der Mann dem Mädchen erst einmal, sie privat zu bezahlen, um die Abgaben an den Club einzusparen, dauerte es meist nicht mehr lange, und das Mädchen bekam weniger oder gar kein Geld mehr. Auch war der Gast für den Laden »verloren«, denn hatte er erst einmal weniger gezahlt, bekam man ihn schlecht wieder auf ein höheres Level. Es war ähnlich wie mit den Getränken. Verlangte eine Frau nur einen Piccolo statt einer ganzen Flasche, spendierte der Mann danach nie mehr als das Fläschchen. Bestand man darauf, wechselte er zu der Frau, die sich mit weniger zufrieden gab. An sich nichts Verwerfliches, aber eben genau das sollte nicht passieren. Aus diesem Grund also waren Privatkontakte nicht gern gesehen, aber auch nicht verboten. Ich hatte kein Problem, mich mit meinen Lieblingsgästen zum Kaffee zu treffen, Sex habe ich mit ihnen jedoch außerhalb der Bar niemals gemacht.

In dieser Zeit sprach ich beim Jugendamt vor. Seit Wochen schon wurde ich immer wieder aufgefordert, die nötigen Papiere für die Adoption zu unterschreiben. Aber das hatte ich nicht getan. Als ich mein Anliegen vorbrachte, fielen die Sachbearbeiter aus allen Wolken. Kurz und bündig wurde mir mitgeteilt, dass so etwas nicht möglich sei. Ich sollte zurückkommen, wenn ich bereit war, die Papiere zu unterschreiben. So lange würde das Kind als Pflegekind gelten und dem Jugendamt unterstehen.

Natürlich hatte ich damit gerechnet, dass nicht alles direkt klappen würde. So rief ich meinen Anwalt an und schilderte ihm die Lage. Er empfahl mir einen Kollegen in meiner Stadt, mit dem ich auch direkt einen Termin vereinbaren konnte. Ohne es zu wissen, stand ich vor dem besten Freund des »neuen Vaters« von Steffen.

Der Anwalt verglich die Daten und war sich sicher, dass eben seine besten Freunde mein Kind hatten und behalten wollten. Er war sehr aufgeregt und erzählte mir in kurzen Worten, wie toll es mein Sohn dort getroffen hatte. Nach einem Gespräch mit den Pflegeeltern unterbreitete er mir einen ungeheuren Vorschlag. Die Leute boten mir eine hohe Summe Geld. Ich sollte es nicht als Bezahlung für das Kind ansehen, sondern eher als Wiedergutmachung für die Schwangerschaft, und den Betrag für mich und meinen ersten Sohn nutzen. Mir wurde klar, dass die Leute furchtbar getroffen waren und alles versuchten, um mich von meinem Vorhaben abzubringen.

Der Ehrlichkeit halber muss ich gestehen, dass ich mir Bedenkzeit ausbat. Ja, das Geld würde sehr helfen. Ich dachte an meine vielen unbezahlten Rechnungen und die mehr als dürftigen Sachen, die Chrissi zur Verfügung standen. In dieser Nacht schlief ich schlecht. Aber der Traum kam zurück und ließ mich nicht zur Ruhe kommen. Ganz sicher konnten diese Leute ihm mehr bieten, als ich es je können würde. Ich hatte nicht mal einen Vater für ihn. Und dennoch, er war mein Kind, und ich wollte sehen, wie es ihm ging.

Am nächsten Tag rief ich den Anwalt an und lehnte das Angebot ab. Ich hatte Angst, dass Menschen, die bereit waren, für meinen Sohn zu zahlen, später auch bereit wären, ihn für Geld in ein Internat oder sonst wohin zu bringen. Schnell merkte der Anwalt, dass ich nicht abzubringen war. Es vergingen ein paar Tage mit diesen und jenen Formularen. Steffen war fast vier Monate alt, als zwei Sachbearbeiterinnen mit dem Kind bei mir vor der Tür standen. Sie brachten mir den Jungen und mit ihm einen Brief, den die »andere Mami« an mich geschrieben hatte. Er zerriss mir fast das Herz.

Die Zeilen waren gefüllt mit seinem Lieblingsessen, seinem Lieblingseinschlafritual und seinem Lieblingsspielzeug. Das hatten sie allerdings nicht mit eingepackt. Bald war ich allein mit meinen Kindern, und erst jetzt traute ich mich, den kleinen Steffen richtig anzusehen.

Er war das Süßeste, was mir je untergekommen war. Richtig groß und kräftig war er schon geworden. Seine Haare strubbelten weizenblond über seinen Kopf, und seine Augen waren gnadenlos blau, wie die seines Vaters. Er hatte diese »Möhrchen im Gläschen«-Bräune, und dadurch kamen die Farben erst richtig zur Geltung. O Gott, ich liebte ihn so. Ich hielt ihn, streichelte und bekuschelte ihn und zeigte ihn Christopher. Ich weinte vor Glück und Erleichterung. Nichts sollte uns je wieder trennen ..., dachte ich ...

Wohin waren meine Gedanken über Recht und Unrecht gekommen? War ich so egoistisch geworden, dass ich mein Kind opferte, ihm ein trostloses Leben anbot und ihn seiner glücklichen Zukunft entrissen hatte? Waren es Selbstliebe und der Gedanke, ohne ihn nicht leben zu können?

Der Brief schlug mir wie eine Ohrfeige ins Gesicht. Er war sicher nur gut gemeint, doch zerstreuten sich nun meine letzten Zweifel. Diese Menschen hatten ihn geliebt, und während ich hier saß und vor Glück weinte, waren zwei andere Menschen an einem anderen Ort bis über beide Ohren verzweifelt und kehrten die Scherben ihrer Träume zusammen. Aber ich dachte, ich schaffe es irgendwie ... irgendwie ... Ich konnte nicht verhindern zu sein, wie ich war, und ignorierte, was ich trotz allem fühlte. Angst, einen Fehler gemacht zu haben. Einen unverzeihlichen ...

Die nächsten zwei Wochen trage ich immer in meinem Herzen. Es war wunderbar. Ich lebte mich in den neuen Alltag zwischen Schule, Haushalt und jetzt zwei Kindern ein. Von meinem wiedergefundenen, kleinen blonden Prinzen konnte ich nie genug bekommen. Immer wieder herzte und küsste ich ihn, sah ihm stundenlang einfach nur zu, wenn er schlief. Sah beide an, wie sie dort in ihren bunten Schlafanzügen friedlich im Bettchen lagen. Die Spieluhr leise surrende Lieder von sich gab. Die Sterne aus der Lampe sich an der Decke drehten und ich leise die Rollos runterzog. In diesen Momenten war meine Welt in Ordnung.

Ich ging von Bettchen zu Bettchen und sah sie an. Beide waren ihren Vätern wie aus dem Gesicht geschnitten. Der eine war noch immer dunkelhaarig und hatte große, dunkle Mandelaugen. Der andere war ganz blond und hatte ganz runde, hellblaue Augen. Obwohl sein Vater viel größer und auch kräftiger war als Jörg, sah er so zerbrechlich und klein aus. Hilflos, ahnungslos und doch zufrieden. Ich liebte sie, liebte sie beide so sehr. Und hätte mir lieber die Beine abtrennen lassen, als noch einmal einen von ihnen zu verlieren.

Privat machte ich Fortschritte. War ich mit Jörg nach wie vor völlig zerstritten, so versuchte ich zu meiner Schwiegermutter wieder freundlicher zu sein. Mein kleiner Chrissi konnte jederzeit zu ihr fahren, und auch den kleinen Steffen behandelte sie liebevoll. Sie kam jetzt oft mit ihrem Mann und blieb ein, zwei Tage bei mir. Noch immer war sie davon überzeugt, dass ich es nicht schaffen würde, und war gleichsam perplex über mein zweites Kind. Wie alle, die ich kannte.

Einmal versuchte ich den Eltern von Stefan meinen Sohn zu zeigen, ihren Enkel, aber sie schlossen das Fenster. Ich glaube, sie waren auch traurig, dass er einfach sang- und klanglos verschwunden war. Es war seitdem mehr als ein Jahr vergangen, und ich hatte nie wieder was von ihm gehört.

Fremdenlegion, ich erinnerte mich an alles, was der alte Heinz mir darüber berichtet hatte, und fragte mich, wieso man dort freiwillig hinging. Ich wusste, es gab kein Entrinnen von da, und meine Nachforschungen hatten ergeben, dass ich auf keinen Fall Kontakt zu Stefan aufnehmen könnte. Doch vergessen konnte ich ihn nicht. Wann immer ich Steffen ansah, sah ich seinen Vater. So vieles hatte er von ihm geerbt. Nur wenig von mir. Er war auch völlig anders als Chrissi. Er schlief viel weniger und war oft unruhig und nervös. Ich versuchte ihm alles recht zu machen, verwöhnte ihn in jeder Beziehung. Aber ganz ausgeglichen schien er niemals, ständig greinte und weinte er und war hyperaktiv. So dauerte es nicht lange, und ich geriet durch die Situation wieder enorm in Stress. Die Schule forderte all meine Konzentration, die Rechnungen stapelten sich mehr denn je.

Steffen wuchs täglich, und ich fing an, ihm Bekleidung von Chrissi überzuziehen. Es dauerte nicht lange, und die Behörden kamen dahinter, dass ich Gelder für Anschaffungen bekommen hatte, die ich jedoch nicht gemacht hatte. Meine Studiengebühren interessierten sie wenig, und sie zeigten kein Verständnis für meine Lage. Monatlich wurde mir nun ein kleiner Betrag als Rückerstattung einbehalten. Zudem hatte ich angefangen, einige wichtige Dinge auf Ratenzahlung zu kaufen, und das alles zog den Kreis enger und enger.

Da ich kein Badezimmer hatte, badete ich die Kinder in der Küche. Dazu erhitzte ich Wasser auf dem Herd und schüttete Topf um Topf in eine kleine Waschwanne. Für den Moment klappte das gut, aber was, wenn sie größer wurden? Ein Umzug kam nicht infrage, und ich verzweifelte immer mehr.

Da lernte ich Sabine kennen. Sabine arbeitete in einem Club, wie sie mir freimütig erzählte, sie ging anschaffen. Sie war an die 40 und hatte eine 15-jährige Tochter.

Sie wohnte um die Ecke und bot mir in meiner Not an, mich

etwas um ihren Haushalt zu kümmern und ihre Tochter bei den Hausaufgaben zu beaufsichtigen. Ich nahm erfreut an.

Meine Situation wurde noch schlimmer. Nun hatte ich meine beiden Racker in einer fremden Wohnung und hatte vor jedem Fleck in der wirklich »piekfeinen Hütte« Angst. Die Tochter war genervt von den Kindern und beschwerte sich minütlich bei mir. Dauernd lief ich hin und her und versuchte, alle zu beschäftigen. Zudem hatte Sabine einen kleinen Hund, den ich mehrmals täglich um den Block führen musste. Kam ich nach Hause, mussten die quengeligen Kinder ins Bett, und mein Haushalt und die Schule warteten noch auf mich. Abwechslung hatte ich keine, zeitweilig war der Strom abgestellt, ich konnte nicht einmal den Fernseher einschalten oder abends Licht machen. Es war ein Teufelskreis.

Sabine merkte schnell, dass überhaupt nichts klappte, und sie war es dann auch, die mir vorschlug, »nebenbei« auch etwas »zu verdienen«. Aber ich traute mich nicht, und es dauerte Wochen, bis ich schließlich einwilligte. Nicht, dass sie mich überredete, aber ich selber musste mich erst überwinden, diesen Gedanken zu Ende zu denken. Sie gab mir die Nummer vom »Champagnerkelch«. Sie hatte früher einmal dort gearbeitet. Ich nahm die Nummer und wählte mich an diesem Nachmittag in ein neues Leben.

Die Wochen gingen ins Land. Ich arbeitete wie eine Verrückte. Ich machte mich auf die Suche nach einer besseren Wohnung und wurde sehr schnell fündig. Es war eine tolle Dachwohnung mit einer riesigen Dachterrasse. Ich richtete fast alles neu ein, und zog bald mit meinen Söhnen in ein besseres, wie mir schien schöneres, Leben. Die Buben waren begeistert.

Ich konnte nun alles bezahlen und hatte fast keine Schulden mehr. Mein Studium hatte ich fast beendet, und auch sonst war ich ausgeglichen und glücklich. Meine Söhne mussten auf gar nichts verzichten, und den Behörden hatte ich jeden Zutritt zu meiner neuen Wohnung verboten. Auch Unterstützung nahm ich nicht mehr an und gab keinerlei Auskünfte darüber, wie ich mich finanzierte. Natürlich wollten sie weiterhin Kontrolle üben, schon wegen der Kinder. Aber ich schaffte es, mich durchzusetzen, und schaffte sie mir tatsächlich vom Hals.

Ich lebte auf, ich glühte fast und mir schien, wir alle waren endlich glücklich und zufrieden. Aber es war nur eine Verschnaufpause, denn das Schicksal hatte mich schon wieder im Auge.

»Lisa, kannst du morgen arbeiten?«, fragte mich Marion.

»Ich kann immer arbeiten«, sagte ich, »aber nicht morgen. Meine Freundin Tanja hat Geburtstag.« Ich hatte ihr eine kleine silberne Kette mit Anhänger besorgt und freute mich schon auf ihre Freude. Durch die Kinder konnten wir nur selten gemeinsam etwas unternehmen, und so war uns dieser eine Abend heilig. Wir wollten endlich mal »feiern« gehen, in einer Disco in der Stadt. Marion nörgelte, aber ich blieb hart. Sie bekam mich sonst immer herum. Ich liebte sie so sehr, aber dieses Mal hatte sie keine Chance. Sie sah das auch schnell ein und begann, die Pläne für den nächsten Tag umzuschreiben.

Tanja und Laura kannten sich auch, mochten sich aber nicht besonders. Woran das lag, konnte ich nicht genau sagen, es war einfach, wie es war. Unternehmungen zu dritt unterließen wir deswegen einfach. Es war schon halb vier, noch anderthalb Stunden, und ich war zu Hause und hatte zwei Tage frei. Ich freute mich wahnsinnig und strahlte so viel gute Laune aus, dass ich einen Gast nach dem anderen »hochschleppte« in dieser Nacht.

Auch Hartmut, und das war etwas ganz Besonderes. Hartmut war Stammgast des Hauses, ging aber nur unregelmäßig aufs Zimmer und war im Allgemeinen das, was wir »einen Klemmer« nannten. Es bedeutete, dass er »vollsteckte«, also sehr vermögend war, jedoch um jede Mark feilschte. Es gab endlose Diskussionen mit ihm um jedes Glas, und viele Mädchen hatten längst keine Lust mehr, sich das anzutun. Als er an diesem Abend mal wieder missmutig an der Theke saß und die Mädchen längst in der Küche waren, ging ich noch einmal zu ihm.

»Hartmut«, ich klopfte ihm aufs Knie, »wenn du heute nicht mit mir nach oben gehst, wirst du das lange bereuen.« Ich sah ihn so ernst wie möglich an. »Wieso denn das?«, nuschelte er übellaunig in seinen Bart. Er trug einen Vollbart; etwas, was wir gar nicht gerne hatten. Zu schnell war die zarte Haut an der Schamgegend wund und aufgekratzt davon. Aber heute sah ich drüber hinweg. »Weil du sonst nie mehr Gelegenheit dazu haben wirst, es ist mein letzter Tag.«

»Wieso das denn, hörst du auf? Echt?« Er sah mich zweifelnd an.

»Ja, ich ziehe in eine andere Stadt, Hartmut, also, wie sieht es aus? Hast du Lust mitzukommen?« Ich konnte sein Gesicht beobachten, wie es in ihm arbeitete. Der Schnellste war er nie gewesen. Die Frage, wie er ein so gut bezahlter Rechtsanwalt sein konnte, hatten wir uns alle schon öfter gestellt. »Hm«, er kratzte sich durch seinen schwarzen Vollbart. »Wie teuer ist das denn?«

»Och, Hartmut, so teuer wie immer«, antwortete ich ihm und gab Marion ein Zeichen. Sie kam zu uns und fragte: »Hartmut, wie sieht es aus? Darf es ein Zimmerchen sein?«

»Also gut«, sagte er, und ich war noch überraschter als Marion. »Wenn se morgen weg ist, dann geh ich noch mal eben.« Marion wollte schon nachfragen, was er meinte, doch ich unterbrach schnell und fragte: »Und was trinken wir zusammen?« Natürlich bestellte er nur eine halbe Flasche, aber mir war es recht. Ich hatte keine Lust, mich so spät am Abend noch zu betrinken. Es war ja fast Feierabend.

Also ging ich mit Hartmut die Treppen hoch und feixte durch die kleine Luke in die Küche. Ich würde Tanja noch ein paar passende Ohrringe besorgen!

Oben angekommen, pellte sich Hartmut direkt aus seiner Jacke. Dann nahm er einen Schluck aus seinem Glas und öffnete sich die Jeans. Er war eher von kleiner Statur, trug immer Jeans und Sportschuhe zu einem Freizeithemd, wenn er bei uns war. Er war schlank, eher dürr als normalgewichtig. An seinen Armen und seinen Beinen traten die Adern hervor, wenn er aufgeregt oder erregt war. Sein Gesicht zierte ein großer, schwarzer Vollbart, und seine Augen sahen hinter seiner viel zu großen Nase eher wie die eines Mäuschens aus, so klein waren sie. Auch seine Hände und seine Füße waren sehr klein. Genau wie sein Schwanz, es war eher ein Schwänzchen. Aber das störte Hartmut nicht. Im Gegenteil, er war stolz auf sich.

Die ganze Sache lief bei Hartmut immer gleich ab. Geredet wurde vorher nicht viel. Ordentlich faltete er seine Sachen zusammen, legte alles über einen Stuhl und schob seine Schuhe darunter. Ich zog mich aus und legte mich auf dem Bauch auf das Bett. Dann musste ich meinen Hintern anheben und dabei die Knie anziehen. Er kam von hinten und steckte zwei seiner Finger in mich rein. Damit wischte er dann über die Ritze und legte noch mal nach. Dann begann er sein Schwänzchen anzuwichsen, die Frauen sollten ihn nicht anfassen. Er war immer ganz schlaff, wenn er hinter mir kniete, und musste erst selbst Hand anlegen, bis er dick genug fürs Kondom war. Dabei schloss er die Augen, legte seinen Kopf in den Nacken und konzentrierte sich nur darauf. Sobald er alles ins Gummi gesteckt hatte, steckte er ihn mir ins Loch. Und dann ging es los. Mit der einen Hand klopfte er wie wild auf meine Hinterbacken und stieß wüste Beschimpfungen aus. »Du kleine Hure, dir werde ich es zeigen«, oder »los, jetzt komm, beweg dich, du alte Sau«, »ich steck ihn dir bis zum Anschlag rein und wichse deine Fotze«. So und ähnlich redete er die ganze Zeit vor sich her, schlug dabei brutal auf meinen Hintern ein und steckte seinen Schwanz immer schneller in mein Loch. Mein Kopf schabte wie wild über die Kissen. Ich musste mich mit den Händen abstützen, damit ich nicht gegen die Wand schlug. Wenn er kam, presste sich Hartmut mit einem wilden Schrei gegen meinen Körper, zuckte und bohrte sein Ding so tief wie möglich in mich rein. Er stieß zwei- oder dreimal hart zu und sackte dann schweißüberströmt zusammen. Danach musste ich mich sofort auf den Rücken legen, und er begann wie wild an mir zu lecken und zu saugen. Den

Kitzler zog er dabei immer ganz lang in seinen Mund und rieb wie wild sein Kinn in der nassen Tiefe. Er schrabbelte mit seinem Bart so heftig über die empfindlichste Zone, dass ich ihn manchmal stoppen musste. Zwei Tage mindestens konnte ich es noch spüren, wenn ich mit Hartmut mal oben gewesen war. Erregend war das nicht für mich, eher lästige Pflichtaufgabe. Aber es war auch komisch anzusehen, wenn Hartmut »danach«, wieder ganz der Alte, anfing, in seinen ungewaschenen Bart zu nuscheln und eiligst das Haus verließ. Wir haben immer gewitzelt, ob er es sich direkt auf den Geruch noch einmal machte. Als wir fertig waren, brachte ich ihn zur Tür.

»Dann mache es gut und viel Glück«, nuschelte er, um eiligst zu verschwinden. Aber ich hielt ihn am Hemdkragen fest und zog ihn zu mir. »Weißt du was, Hartmut? Ich habe es mir überlegt! Du hast mich so gut geritten, ich glaube, ich bleibe doch.«

»Du hinterlistiges Luder«, er kniff mich in die Wangen, schüttelte immer wieder den Kopf und verließ das Haus. Lachend ging ich zu Marion. Wir lachten eine Weile darüber und fuhren gemeinsam zurück in die Stadt. Ich setzte sie ab und fuhr noch zur Tankstelle. Ich kaufte dort das neueste Kindervideo und fuhr gut gelaunt nach Hause. Um 10.00 Uhr würde ich zu Tanja fahren, den Tag mit den Jungs verbringen, und abends endlich gingen wir aus. Mit diesen Gedanken legte ich mich schleunigst ins Bett, um nicht wie schon öfter zu verschlafen. Es ging mir gut an diesem Abend, ich war entspannt und hatte keine Ahnung, was in den nächsten Tagen passieren würde.

MEINE SÖHNE

Der Tag verging wie im Fluge. Wir spielten mit den Kindern und aßen selbst gebackenen Kuchen. Tanja hatte jemanden kennen gelernt und hoffte, ihn abends in der Disco wiederzutreffen. Um 22.00 Uhr machten wir uns auf den Weg. Da sie noch in meinem »alten« Viertel wohnte, schlenderten wir auf den ersten Drink in den alten Pub meines Bruders.

Tanja übte eine ungeheure Anziehungskraft auf Männer aus. Sie war klein mit 154 cm und eher dicklich. Sie hatte üppige Brüste und runde Hüften. Und sie hatte ein absolutes »Klein-Mädchen-Gesicht«, wie eine Barbiepuppe, dabei war sie stark wie ein Bär.

Ihr Leben lang hatte sie ähnlich wie ich gekämpft, nur hatte sie es anders vertragen. Sie war mit Leib und Seele Mutter und Hausfrau und so das genaue Gegenteil von mir. Sie war blondiert und hatte, ähnlich wie Andrea, richtige Babykulleraugen. Ihr Mund war schmal, und sie schminkte ihn gern dunkel, wodurch sie immer etwas wie ein Zombie aussah. Aber ein hübscher!

Ich saß allein, während sie zur Toilette huschte, um noch mal Make-up-Kontrolle zu machen, bevor die Disco um 23.00 Uhr öffnete. Da sah ich ihn, Stefans Freund. Seit dem Tag, als ich ins Krankenhaus gefahren war, hatte ich ihn nicht mehr gesehen. Jetzt winkte ich ihm zu.

Sofort kam er an meinen Tisch. »Hallo, na, alles gut überstanden?«, fragte er mich. »Hast du schon was gehört von Stefan?« Ich bemühte mich, meine Frage wie eine Nebensächlichkeit klingen zu lassen, und konnte dann die Antwort kaum glauben.

»Er ist wieder da!«

Ich starrte ihn an und sprang auf. »Wo?«, fragte ich, »wo?«

»Na ja, hier ist er natürlich nicht. Aber er ist in Deutschland und auf dem Weg hierher.«

Ich konnte es nicht glauben, Stefan kam zurück! Steffens Vater. Er hatte doch einen Vater! Ich war so glücklich in diesem Moment. »Stimmt das denn auch mit dem Kind?«, fragte mich Alex jetzt. »Natürlich stimmt es!«, sagte ich unwillig. Wie kam er darauf, dass man sich so etwas ausdachte? Männer, dachte ich.

»Also mehr kann ich dir auch nicht sagen! Ich hatte ihn ein- oder zweimal am Telefon, die Verbindung war kurz und schlecht. Aber ich habe ihm erzählt, dass ich dir ins Taxi zur Entbindung geholfen habe und dass es wohl sein Baby wäre. Nun kommt er halt.«

Mir wurde schlecht vor Aufregung. Er wusste es schon, wusste, dass er ein Kind hatte. »Es ist ein Junge, er heißt Steffen«, sagte ich noch und stürmte Richtung Toilette. Ich übergab mich, was das Zeug hielt.

Ich war kein guter Gesellschafter mehr für Tanja an diesem Abend. Ich habe mich fürchterlich betrunken und mir dauernd das Lied »Vogel der Nacht« gewünscht. Ich glaube, den anderen Gästen hing es zum Hals raus. Er würde kommen, ich würde ihn treffen, und vielleicht klopfte das Glück an meine Tür. Daran dachte ich.

Auch daran, was er wohl sagen würde zu seinem Sohn? Und zu der ganzen Geschichte im Allgemeinen? Ich war sicher, er würde sich freuen. Dass ich mittlerweile eine Dirne geworden war, jeden Abend mit mehreren Männern schlief, um Geld zu verdienen, und mich dabei pudelwohl fühlte, daran dachte ich nicht.

Ich hatte auch schlechte Erfahrungen damit gemacht. Natürlich kam mein Bruder eines Tages dahinter und ist beinahe ausgerastet. Er verbot mir sein Haus, solange ich »so eine« war.

Ich war happy und konnte jetzt wiederum kaum erwarten, nach Hause zu kommen. Vielleicht würde er schon bald anrufen? Wo mochte er sein in Deutschland? Ob er mit dem Zug reiste? Ich hatte keine Ahnung, freute mich nur, freute mich wahnsinnig. Es war mir, als würde ich dem Schicksal die Zunge rausstrecken.

Es vergingen zwei Tage, bevor er endlich anrief. Ich hatte mich kurzerhand eine Woche krank gemeldet, um seinen Anruf nicht zu verpassen. Die Kinder genossen meine Anwesenheit, und wir alberten und tollten in der Wohnung umher.

Ich erzählte Steffen, dass sein Papa kommen würde, aber er verstand natürlich nichts. Chrissi hingegen fragte, ob seiner auch kommen würde. Das tat mir dann wieder sehr leid. Jedes Mal, wenn das Telefon klingelte, rannte ich los. Die Kinder hatten sich angewöhnt, wie wohl alle Kinder, immer den Hörer als Erste abzunehmen, um dann gar nichts zu sagen oder einfach wieder aufzulegen. Ich wurde wütend und schimpfte laut mit ihnen, hatte zu viel Angst, dass ich den Anruf verpasste. Und hatte auch Angst vor dem Anruf.

Nichts war mehr, wie es war. Dachte ich zurück an jenes Wochenende mit ihm, kam es mir vor, als lägen Welten, gar Jahrhunderte dazwischen. Auch meine ganzen unkontrollierten Sexabenteuer in ebenjener Kneipe fielen mir ein. Ich rechnete nach. Es mussten an die 22 gewesen sein. Ich kam nur auf die Gesichter, Namen kannte ich nur vier. Dann die Tage im Club. Ich konnte wirklich nicht sagen, es wäre alles beim Alten geblieben. Ich hatte seit dem Tag mehr als 900-mal Sex gehabt. Komisch fand ich das selber nicht, aber nachgerechnet habe ich trotzdem.

Als das Telefon klingelte, wusste ich, bevor ich abnahm, dass er es war. »Hallo?«

»Hallo, ich bin es, Stefan!«

Mein Herz raste, die Zeit schien stillzustehen. Mir wurde klar, dass ich diese Stimme niemals vergessen hatte. Sie bohrte sich durch mein Ohr direkt ins Hirn. Mein Atem flatterte, als ich antwortete: »Hallo, Stefan, schön, dass du dich meldest.«

... schön, dass du dich meldest ... mehr fiel mir nicht ein ...

»Wenn das stimmt, was Alex mir erzählt hat, kann ich mir das gut denken.«

»Stefan, es stimmt!«

»Wie ist deine Adresse? Ich bin in 15 Minuten da.«

Ich nannte Straße und Hausnummer. Er würde kommen! Er wäre gleich da! Ich eilte los und zog den verstörten Kindern die verklebten Sachen vom Leib. Ich überprüfte mein Make-up im Vorbeirennen am Spiegel, zog die Hose aus, einen Rock an, dann doch wieder die Hose. Ich tauschte das Oberteil und räumte das schmutzige Geschirr unter die Spüle. Riss die Fenster auf, nahm die verwelkten Blumen aus der Vase und stellte Kekse dafür hin. Wedelte über den Fernseher und die Lampe. Schmiss die Turnschuhe in die Ecke, Hose aus, Strumpfhose drunter und entschied mich für Pumps. Zu aufgemotzt, Tennissocken über die Füße, ganz lässig wirken und in Hauslatschen rein. Zähne putzen, Glas zerschmeißen ... Es klingelte ... es klingelt ...

Dann stand er vor mir und ich warf mich um seinen Hals. Beinahe wären wir die Treppe runtergefallen.

Er umarmte mich und presste mich an sich. Seine Hände waren überall. Auf meinem Rücken, in meinen Haaren, an meinem Arsch. Er küsste meinen Hals und meinen Mund. Wir tränkten uns und konnten kaum voneinander lassen. Er trat einen Schritt zurück und sah mich an.

»Wo ist mein Kind?« Ich ließ ihn herein und deutete aufs Wohnzimmer. Da saßen meine Engel auf dem Boden und hatten die ganzen Kekse auf dem Boden verteilt. Und einige wohl auch gegessen.

»Wir sind Bäcker«, sagte Chrissi und lachte mich an. Ich lächelte zurück. Ich nahm ihn auf den Arm: »Ich weiß, mein Schatz, ich weiß, dass du ein toller Bäcker bist.«

Wir blieben drei volle Tage zusammen. Stefan erzählte mir von seinem Leben vor mir und seinen Beweggründen, aus Neugier und Abenteuerlust mal was anderes auszuprobieren. Aber auch von den Gedanken, die ihn nachts überfallen hatten, nachdem er von Alex von mir erfahren hatte. Er hatte keine Sekunde an dieser Nachricht gezweifelt und daher die erste Möglichkeit genutzt zurückzukommen. Er war glücklich, man konnte es ihm ansehen. Er war stolz auf den blonden Prinzen, und er liebte mich. Und ich begann ihn zu lieben. Wir verschmolzen zu einer Familie, noch ehe die Woche um war. Es war, als wäre es nie anders gewesen. Nichts war zögerlich oder kompliziert, nichts wurde in Frage gestellt oder analysiert. Es war einfach da, wir waren zusammen und wir waren eine Familie.

Ich klärte ihn über alles, was gewesen war, auf. Verheimlichte auch meine Affären nicht. Nur eines verschwieg ich. Wie ich zu dem fast sorgenfreien Leben gekommen war. Ich zeigte ihm meine Abschlussurkunde und erzählte ihm von einer kleineren Erbschaft, die allerdings fast aufgebraucht war. Ich hoffte, in der Zwischenzeit eine Möglichkeit zu finden, alles zu regeln, ... irgendwie ..

Natürlich wollte ich wieder in den »Champagnerkelch«. Alle dort fehlten mir fürchterlich. Aber mir war klar, dass es fast unmöglich war mit Stefan an meiner Seite. So sehr er mich liebte und uns als seine Familie ansah, so eifersüchtig war er auch. Waren wir aus, wurde er wütend, wenn mich nur jemand anlächelte. Sofort vermutete er dahinter eine meiner Eskapaden und sah den imaginären Wunsch, diese Bekanntschaft wieder aufleben zu lassen. Schlimmer war es, wenn er Alkohol getrunken hatte. Teilweise wurde er richtig ausfallend. Natürlich versöhnten wir uns jedes Mal rasch und heftig.

Nachts, wenn die Kinder schliefen, fielen wir übereinander her. Wir verschmolzen in Nässe und Schweiß, wir liebten uns die Seele aus dem Leib. Wir tauchten ineinander. Fielen wir in den Schlaf, dann meist aus Erschöpfung von der körperlichen Liebe, die uns wie in einem Rausch gefangen hielt, eine animalische Anziehungskraft, die uns gefangen nahm in einem süßen Traum von Liebe und Einigkeit. In dem Glauben, dass unser beider harter Kampf der letzten Jahre endlich sein Ziel gefunden hatte. Ein Ziel, das wir verdient hatten, eine Straße, die zu Ende war.

Stefan fing bald wieder an zu arbeiten und zog zu uns. Alles ging rasend schnell, und ich genoss seine volle Aufmerksamkeit, seine ganze Liebe. Er war ein wundervoller Vater, und bald sagten beide meiner Söhne »Papa« zu ihm. Mein Herz ging auf und weitete sich angesichts der glücklichen Kinder, die auf ihm ritten und mit ihm balgten. Nichts schien unser Glück zu trüben. Bis auf eines. Ich hatte kein Geld mehr. Meine Barschaft ging zur Neige, und entsetzt sah ich dem Tag entgegen, an dem ich wieder pleite sein würde. Ich sprach mit ihm, und sofort übertrug er mir volle Gewalt über sein Gehalt. Die Möglichkeit, dass ich mir eine Arbeit suchte, kam ihm niemals in den Sinn. Er liebte uns und wollte uns ernähren. So kannte er es, so war es immer, und so sollte es bleiben.

Die Liebe und das Glück lullten uns ein. Manchmal, wenn Stefan tagsüber arbeiten war, kam mich Laura besuchen. Sie verstand nicht, weswegen ich gar nicht mehr kommen wollte, und sah der Sache argwöhnisch entgegen. Bald zeigten sich jedoch die ersten Schatten. Stefan verdiente gut, aber die Wohnung war edel und teuer. Hatte ich nur noch tausend Mark, wurde ich hysterisch und schrie ihn an, dass ich kein Geld mehr hätte. Ich tätigte Hamstereinkäufe, schleppte tütenweise Lebensmittel und anderes Zeug in die Wohnung. Wahllos schlenderte ich durch die Boutiquen und hatte bald Klamotten in jeder Farbe mit den passenden Schuhen dazu.

Das Geld reichte nie länger als 14 Tage, und ich fing wieder an zu stopfen, zu schieben und zu verdrängen. Stefan sah das nicht. Er arbeitete jeden Tag von früh bis spät und half am Wochenende Bekannten und brachte immer wieder extra Geld mit. Aber es war mir nie genug. Angewohnheiten wie Solarium, Maniküre, Friseur und Seidenstrümpfe konnte ich mir bald nicht mehr leisten. Trotzdem versuchte ich meinen Lebensstandard aufrechtzuerhalten und war überzeugt davon, dass ich arbeiten müsse. Wir sprachen nächtelang über dieses Thema.

Stefan war uneinsichtig und rechnete mir wieder vor, dass es uns »gut gehen müsste«. Er hatte Recht. Aber ich reagierte gehässig und zerstörerisch. Lebten wir ansonsten in einer heilen Welt, dampften die Kohlen im Keller. Chrissi war nun ein Hortkind. Stolz verließ er am Vormittag das Haus und kehrte als Großer am Abend zurück. Steffen war immer bei mir. Ihm blieben meine Spannungen und Wutausbrüche nicht verborgen. Er wurde zusehends unruhiger.

Bald sah Chrissi Stefan als seinen Vater an und vermisste nichts. Ich hatte nun regen, innigen Kontakt mit meiner einstigen Schwiegermutter, sie mochte Stefan als geradlinigen, verantwortungsbewussten Menschen, und ich hatte nichts dagegen, dass der kleine Chrissi sehr oft bei ihr war. In den Ferien, am Wochenende war er fast immer dort. Später nahm er von alleine an, dass dies meine Eltern sein müssten.

Jörg hatte sich mit seinen Eltern zerstritten und tauchte dort niemals auf. Auch geredet wurde von ihnen nicht, und so lebte der kleine Junge in der Gewissheit, dass dies eben meine Eltern wären und die Eltern von Stefan die anderen Großeltern.

Die Wochen zogen ins Land. Wir liebten uns, aber wir hatten immer öfter Streit des Geldes wegen. Stefan registrierte meine Gewalteinkäufe und stellte mich zur Rede. Ich begann Sachen zu verstecken, hortete an den unmöglichsten Stellen T-Shirts und Erbsenkonserven. Ich verstand mich selbst nicht, aber es war ein Muss für mich, ständig irgendetwas einzukaufen.

Der erste große Knall kam, als ein Brief des Vermieters die ausstehende Miete einforderte. Stefan fiel aus allen Wolken. Ein Wort gab das andere, und ich beschimpfte ihn als unfähig, seine Familie zu ernähren. Die Auseinandersetzung wurde hitziger, irgendwann verließ er wutentbrannt die Wohnung.

Ich heulte, zog Steffen aus dem Bett. Ich erklärte ihm, dass sein Vater ein Nichtsnutz wäre, der mich nicht verstehen könnte. Steffen verstand gar nichts, umarmte und küsste mich, wie er es immer tat. Als er anfing mir zu erklären, was da für Figuren auf seinem Schlafanzug wären, setzte ich ihn genervt ab. Irgendwie hatte es ja mit »ihm« angefangen.

Ich rief Laura an. Ich rief Tanja an. Klagte mein Leid und Laura versprach, mir Geld zu bringen. Stefan kam sehr spät an diesem Abend. Und er hatte getrunken. Übellaunig betrat er die Wohnung.

Laura war am Nachmittag da gewesen. Wir hatten zusammengesessen und Sekt getrunken. Ich war nichts mehr gewohnt, und der Alkohol schoss mir in den Kopf, schneller als ich es bemerkte. Es dauerte nicht lange, und wir stritten uns wieder. Ich steigerte mich in alles rein und schmiss ihm schließlich das Geld an den Kopf. Perplex fragte er mich, wo das her sei, und ich sagte ihm, ich hätte es mir geliehen.

»Von einem deiner Fick-Kumpels, wie?«, fragte er mich gehässig und spielte auf meine unzähligen One-Night-Stands an.

»Nein, von Laura«, antwortete ich triumphierend.

»Wo hat die denn so viel Geld her?«

»Sie hat es eben«, ich wurde bockig und bemerkte meinen Fehler.

Dieses Mal steigerten wir uns beide rein. Als ich ihn schließlich anschrie, wie unfähig und strohdoof er wäre, schlug er das erste Mal zu. Seine Hand flog in mein Gesicht und ich aufs Sofa. Steffen war wach geworden und weinte im Bett.

»Das ist deine Schuld!«, brüllte er mich an und verließ mit einem Türknallen die Wohnung. Ich war wie gelähmt, meine Haut brannte. Ich rannte ins Kinderzimmer. Steffen stand in seinem Bettchen. Er weinte und weinte. Er musste uns gehört haben. Ich presste Steffen an mich und nahm ihn mit in mein Bett. Ich bekam es mit der Angst zu tun. Ich hatte Angst vor mir selbst, meinen Gedanken, meinen Gefühlen und meiner Wut. Und noch mehr: Ich bekam Angst vor Stefan.

Ich heulte mich in den Schlaf, und ich wollte alles wieder gutmachen. Dies und viel mehr nahm ich mir vor. So etwas durfte nie mehr passieren! Aber es war nur die erste von vielen Nächten, die ich so verbrachte.

Auf den Streit folgte eine wundervolle Versöhnung. Stefan

brachte Blumen und Pralinen mit. Er verwöhnte mich und küsste die geschlagene Haut. Er weinte ein bisschen über sich selbst, so die Beherrschung verloren zu haben. Er versprach, dass so etwas nie mehr vorkommen würde. Und ich versprach, aufzuhören mit der Verschwendung unserer Barschaft. Wir liebten uns, es war vielleicht noch intensiver als sonst. Stefan drang zärtlich in mich ein und hob mich in den Himmel. Ich liebte ihn so sehr und konnte nicht genug davon bekommen. Ich spürte seinen Atem an meinem Ohr, hörte seine Liebesbeteuerungen; ich streichelte seinen Körper und fühlte mich eins mit ihm. Ich schmeckte seinen Schweiß und trank seinen Speichel. Ich nahm ihn in jedes Loch meines Körpers auf und saugte ihm den letzten Liebestropfen heraus. Es war zärtlich, innig und doch ekstatisch.

Später lagen wir eng aneinander gekuschelt und machten Pläne. Endlich erlaubte er mir, nach einem Job zu suchen. Es sollte abends sein, damit er bei den Kindern wäre. Natürlich brauchten wir das nicht. Aber er zeigte Verständnis für meine Ängste und gestand mir diesen Einkaufsspleen zu.

Ich suchte und fand einen Job. In einem Restaurant bediente ich fortan am Abend die Gäste. Servierte Gans und Camembert, als hätte ich nie etwas anderes getan. Stefan war indes zu Hause bei den Kindern, und obwohl er selbst angeregt hatte, die Situation dementsprechend zu verändern, passte es ihm nicht, dass ich erst nachts heimkam. Immer, wenn es später wurde, war Stefan wütend. Er schlief nie, wie ich hoffte, sondern wartete auf mich. Er verstand nicht, dass ich, um dazuzugehören, eben mal mit meinen Kollegen mitgehen wollte. Wir hatten kaum noch Zeit füreinander. Also begann er mich »abzuholen«. Anfangs ging ich direkt mit ihm mit. Später versuchte ich ihn dazu zu bringen, zusammen noch »auf einen Kaffee« zu gehen. Er beäugte mich argwöhnisch und vermutete in seinem Eifersuchtswahn immer wieder heimliche Sexaffären.

Der Streit fing von vorne an. Erst recht, als ich feststellte, dass mein gesamter Monatsverdienst dem Einkommen eines schlechten Wochenendes im »Champagnerkelch« gleichkam. Auch tagsüber war ich nun übellaunig und müde. Stefan verließ um 6.00 Uhr das Haus, und Steffen erwartete gewohnte Fürsorge und seine Spielstunden mit mir. Aber ich hatte immer weniger Lust dazu, war erschöpft und regte mich über alles auf. Der kleine Junge wurde immer verstörter durch das angespannte Leben. Konnte er einerseits nicht begreifen, was passierte, hörte er doch immer öfter die lauten Stimmen seiner Eltern. Und auch die Schläge seines Vaters. Immer öfter rasselten wir zusammen, und immer öfter »rutschte« ihm die Hand aus.

Stefan war, genau wie ich und auch Steffen, in dieser Situation gefangen. Chrissi war durch seinen Hortgang, das Spielen draußen mit Freunden und den Besuchen bei seiner Oma nicht so involviert. Er entwickelte sich außergewöhnlich schnell und ausgeglichen, war stets freundlich und artig und pflückte, wann immer er dazu kam, draußen Blumen »für die schönste Mami der Welt«.

Mit Steffen war das anders. Immer öfter fiel sein Name, wenn wir stritten, und immer öfter war er im Zimmer.

Das kleine Kerlchen zeigte bald Verhaltensstörungen. Er schrie oft und lang anhaltend, war unruhig und schreckhaft. Er kuschelte viel und begann im Gegenzug damit, sein Spielzeug kaputtzumachen.

Und er ahmte mich nach. Er verstaute alle möglichen Gegenstände, so wie er es bei mir gesehen hatte, unter seinem Bett. Er baute Höhlen und Nester und versteckte altes Brot und Kakaoflaschen darin. Manchmal fand ich richtige kleine Lager. Er saß dann da und war stolz. Er versuchte mir zu erklären, was er da versteckte und wie schön das sei. Ich wurde sauer und schimpfte über die verschimmelten Sachen, um die sich teilweise schon ein Fliegenschwarm bildete.

Sein Sprachvermögen war seinem Alter nicht angemessen, und als alle seine Alterskameraden schon längst deutlich sprechen konnten, nuschelte er noch immer wie ein Kleinkind. Ich registrierte und ignorierte. Ich hoffte auf ein Wunder, baute auf die Zeit. Aber die war in diesem Fall gegen mich.

Und eines Tages schlug ich Steffen. Er kreischte und lief aus dem Zimmer. Seine Hände hielt er schützend an den Kopf. Ich gab ihm ein paar schallende Ohrfeigen. Um direkt danach zusammenzusacken und zu heulen. Ich lief hinter ihm her und griff nach ihm. Versuchte ihn an mich zu ziehen, ihn an mich zu drücken, wollte ihn trösten und mich selbst auch. Aber Steffen »verkrümelte« sich in einer Ecke und starrte mich böse an. Ich ging vor ihm auf die Knie und legte mein Gesicht in meine Hände. Ich lockte ihn und weinte. Ich stammelte: »Es tut mir leid, so leid.« Da kam er aus »seinem Versteck«, umarmte mich und küsste mich mit seinem kleinen feuchten Mund. »Wir ham uns doll lieb«, sagte er. Ich war erleichtert und trotzdem völlig fertig. Ich rief Tanja an, und wir trafen uns beim Kinderarzt. Ich verheimlichte nicht, wieso ich da war. Ich musste wissen, ob mein Sohn irgendwie verletzt war.

Alles war gut, aber mir gab der Arzt etwas zur Beruhigung. Er notierte sich »Auffälligkeiten« und »Anomalien« und fasste alles in einem ziemlich unschönen Bericht zusammen. Und den schickte er dann zum Jugendamt. Und wieder gingen die »Behörden« bei mir ein und aus.

Mein Verhältnis zu Steffen war seit diesem Tag gestört. Es war nicht seine Schuld, aber die »schnüffelnden Typen vom Amt«, die kamen, wann sie wollten, Fragen stellten und die Wohnung inspizierten, weckten in mir schlimmste Erinnerungen. Ich musste zu Gesprächsgruppen, wo die Väter starke Alkoholiker waren und die Mütter an hysterischen, übernervösen Spannungszuständen litten. Ich fühlte mich in einen Kreis »Asozialer« gestoßen und völlig unverstanden. Das Schlimmste war: Es änderte sich nichts, gar nichts. Das Geld blieb knapp, die Beziehung zwischen mir und Stefan angespannt und mit kleineren Gewaltdelikten seinerseits verschandelt. Und Steffen kam ich auch nicht näher.

So beschloss ich, die Konsequenzen zu ziehen. Mein Kind war

keineswegs gestört, es war die Verbindung zwischen mir und Stefan, die schuld war. Wir trennten uns. Stefan zog aus.

Es war ein schwarzer Tag in meinem Leben, ich liebte ihn sehr. Und er liebte mich und die Kinder. Wir waren traurig und zerrissen, unsere Träume zerstört. Wir weinten beide, als die Tür ein letztes Mal hinter ihm ins Schloss fiel.

LIEBESDIENERIN

Meine Arbeit im »Champagnerkelch« wiederaufzunehmen, war mir nicht direkt möglich. Das Jugendamt saß mir im Nacken und stellte mir einen Betreuer zur Seite, der nun dreimal die Woche den ganzen Tag bei mir rumhing. Argwöhnisch betrachtete er mein Verhältnis zu Steffen, und ich war bemüht, gute Miene zum für mich bösen Spiel zu machen.

Finanziert wurde ich nun wieder aus der »Staatskasse«, und es dauerte nicht lange, und alles wuchs mir erneut über den Kopf. Die Behörden befanden die Wohnung als viel zu teuer, und ich musste umziehen. Das Viertel war verrufen in der ganzen Stadt, mein erster Sohn musste den privaten Kindergarten gegen einen staatlich finanzierten tauschen, und ich zog nun in »staatlicher Begleitung« von einem Sonderangebot der Märkte zum anderen. Das alles verbesserte mein Verhältnis zu Steffen nicht. Oft gab ich ihm im Stillen die Schuld.

Natürlich war das Blödsinn, das wusste ich. Aber ich wollte die Schuld nicht tragen und wusste nicht, wem ich sie sonst auferlegen konnte.

Um alles mal wieder irgendwie einfacher zu gestalten, nahm ich das Angebot meiner Schwiegermutter, Chrissi bei sich aufzunehmen, dankbar an. Ich war froh, dass er aus diesem schmierigen, überfüllten und lauten Kindergarten herauskam. Bald regte der Betreuer an, aus dieser nun neuen Situation das Beste zu machen. Ich sollte eine Arbeit als Grafikerin annehmen und Steffen tagsüber in einen öffentlichen Kindergarten geben. Das tat ich, tat alles phlegmatisch, wie es mir geraten wurde. Stefan zahlte zu der

Zeit nichts. Er ließ sich aus Kummer gehen und ging keiner Arbeit nach.

Ich begann das Leben und die Welt zu hassen. Tanja war da, Laura war da. Beide unterstützten mich, und ohne sie hätte ich sicher andere, schlimmere Sachen gemacht. Tanja nahm, wann immer sie konnte, Steffen zu sich, und Laura half mir dauernd aus finanziellen Schwierigkeiten heraus. Zu Stefan hatte ich keinen Kontakt. Es tat mir viel zu weh, seine Stimme zu hören. Ich hatte Sehnsucht nach meinem Chrissi und nach Stefan. Ich fühlte mich allein und fing erneut an herumzustreunen.

Ich war nun 23 Jahre und wieder rothaarig und arm. So sah ich aus, so fühlte ich mich, und so bumste ich auch. Es waren durchweg schmierige, eklige Typen, denen ich in die Arme lief. In billigen Kaschemmen lauerten sie überall, um willige Beute zu reißen. Sie heuchelten mir Verständnis vor und erzählten mir ihr eigenes verkorkstes Leben. Der letzte Trinkspruch begann dann mit dem »Hauptsache, wir sind gesund«-Gelaber und endete mit: »Wie isses, zu mir oder zu dir?«

Was folgte, war sinnloses Gebumse in ungewaschenen Laken. Sie waren tätowiert, hatten lange Haare und gelbe Fingernägel vom Nikotin. Aber sie waren nett, und manchmal entspannten sie mich sogar.

Der Kreis hatte sich wieder geschlossen. Und ich gab nach, ließ mich fallen. Umsorgte Steffen mit einer eigenartigen, unheilvollen Distanz, sehnte mich nach Chrissi und vermisste die tiefe, beruhigende Stimme Stefans an meinem Ohr.

War ich noch vor kurzem eine Edeldirne und hatte mein Geld mit angesehenen Bürgern verdient, so lief ich nun wie eine billige Nutte des Nachts durch die Straßen und fickte umsonst alles, was sich bot. Genauso zog ich mich an, genauso fühlte ich mich auch. Es verging fast keine Nacht, in der ich nicht mit einem Tempo ein Gummi von irgendeinem Schwanz zog.

Nach langen Monaten, die vergingen mit Kindergartenwegen, billigen Bürodiensten und nächtlichem Herumgeziehe, entließen mich die Behörden als tauglich, Mutter zu sein. Mein Sachbearbeiter war ganz stolz auf seine Leistung und drückte mich beim Abschied. »Sie schaffen das schon, auf dem richtigen Weg sind Sie nun.«

Ich übergab mich, sobald er weg war. Er hatte ja keine Ahnung.

Abends fuhr ich in den »Champagnerkelch«. Ich wurde mit großem Hallo begrüßt, war wieder zu Hause. Ein paar Tage später nahm ich Steffen aus dem fiesen Kindergarten heraus und brachte ihn zu Tanja. Er war blass und mager, sah wie ein Häufchen Elend aus. Ich glaube, er war froh, dass er dort nicht mehr hin musste. Er war viel sensibler als mein Chrissi. Er hatte das Äußere seines Vaters geerbt, doch in ihm schlummerte meine »empfindsame Seele«. Er war noch immer sehr verschlossen mir gegenüber und attackierte mich häufig mit Wutausbrüchen und Schreikrämpfen.

Am Wochenende fuhr ich jedes Mal mit ihm in einen nahe gelegenen kleinen Streichelzoo mit angrenzendem Kinderspielplatz. Dort kam er zur Ruhe. Er liebte Tiere, und er liebte es, draußen herumzutoben. Manchmal, wenn ich ihn ansah, erinnerte er mich wieder an einen fröhlichen, glücklichen Dreijährigen.

Meine Abende und Nächte verbrachte ich nun im »Champagnerkelch«. Es war alles wie immer, bis auf eines. Marion arbeitete jetzt mit uns vor der Theke und nicht mehr dahinter. Sie hatte sich mit dem Boss zerstritten, und als »Strafe« und »um wieder klarzukommen« hatte er sie degradiert. Sie wehrte sich nicht und tat, was er verlangte. Sie tat uns leid, wussten wir doch, wie sehr sie litt und wie sehr sie ihm gefallen wollte. Auch eine neue Frau hatte er in seinen »Harem« genommen. Diese war jetzt die »Barfrau«, und es war schwieriger für uns, mit ihr auszukommen. Auch Mrs. Elli wurde krank und ersetzt.

So veränderte sich langsam und fast unmerklich meine Welt. Gern hätte ich alles um mich herum festgehalten, es angezogen wie einen Mantel, der mich wärmte. Ich arbeitete wie eine Besessene, denn ich hatte mehrere tausend Mark an Laura zu erstatten.

Aber auch sonst fühlte ich mich dort wohler als sonst wo und war jedes Mal froh, wenn mich die anheimelnde Wärme des Clubs empfing. Und noch etwas passierte, ich lernte Dirk kennen.

Dirk war ein Mann, der mich sofort faszinierte, als ich ihn zum ersten Mal sah. Er war groß und blond und hatte dazu ganz ungewöhnlich dunkle Augen. Er war ein sportlicher Typ, fuhr Porsche und war immer gut gelaunt. Seine weißen Zähne blitzten, und er roch nach Erfolg, Sport und guter Laune. Er kam oft mit ein paar Freunden in den Laden und es entwickelten sich richtige Orgien um ihn herum. Wir waren mit acht Leuten am Whirlpool und badeten und whirlten und tranken. Nur Sex machte er nie. Während die anderen wie wild in jedem Mädchen rumstocherten, blieb er gelassen und schlaff. Er küsste und knutschte, er streichelte und leckte manchmal unsere Mösen. Aber mehr gab es nicht. Sein Glied wurde nicht einmal steif dabei.

Eines Abends, als wir mal wieder alle angeheitert und guter Dinge waren, gestopft von den Schwänzen der Anwesenden und randvoll mit gutem Champagner, wagte ich einen Angriff. Ich verwickelte ihn in ein Gespräch über dies und das. Er saß im Pool und ich am Rand. Meine Füße plätscherten in dem warmen Wasser, und ich spritzte ihm Tropfen ins Gesicht. »Vögelst du eigentlich niemals?«, fragte ich ihn.

»Doch schon, aber das bringt mir nichts!«, antwortete er freimütig.

»Wieso, stehst du auf Männer?« Ich lachte und konnte mir das überhaupt nicht vorstellen. Das würde nicht zu ihm passen.

»Nein, keineswegs!«, sagte er. »Ich steh halt auf was anderes.«

Ich wurde neugierig und wollte unbedingt wissen, womit man diesen schönen Mann beeindrucken konnte. »Was könnte das denn sein? Ich hoffe nicht dicke Titten, denn dann müssten wir das Gespräch direkt abbrechen«, witzelte ich mit Blick auf meine eher kleine Oberweite.

»Nein«, er hob abwehrend die Hände, »so was ist mir total egal. Aber wenn du drauf bestehst, sage ich es dir. Ich steh auf SM.«

»SM?« Natürlich konnte ich mir was darunter vorstellen, aber nicht alles und nichts Genaues. »Aha, und wieso machen wir das nicht?«, fragte ich nun keck. Er sah mich an. Seine Augen wurden dunkel, und seine Stimme senkte sich. »Hast du Erfahrung?« Sein Blick verriet nun Abschätzung und Neugier. »Nein, aber wie es scheint, habe ich den allerbesten Lehrer vor mir sitzen!« Er überlegte kurz. »Gib mal den Schampus«, stupste er mich an. Ich drehte mich um, um eine der Flaschen aus einem Kübel zu ziehen. Da zog er schon an meinen Beinen und ich rutschte ins Wasser. Rittlings saß ich nun auf ihm und umarmte ihn. Spielerisch beugte ich mich zurück, und wir alberten und lachten eine Weile verlegen herum. »Also gut«, sagte er dann. »Können wir uns auch woanders treffen?« Ich nickte und wusste doch, es war nicht gut, was ich da tat, gar nicht gut. Aber meine Neugier war stärker, und im Übermut des Alkohols spielte sich alles auf einem sehr festen Boden ab. »Bevor ich gehe, gebe ich dir meine Nummer, und du rufst mich morgen an.« Ich nickte wieder. Ja, das würde ich tun.

Ich legte mich danach wieder an den Beckenrand und hielt meine Ritze der Zunge von Frank, einem weiteren Anwesenden, hin. Er sprang sofort drauf an und bohrte mir seine Zunge tief in die Grotte. Unter wohligen Schauern lag ich da und überlegte, was Dirk wohl genau meinte.

Franks Zunge kreiselte nun um meinen Kitzler, und ich konzentrierte mich darauf. Es war herrlich, er konnte das richtig gut. Seine Zähne knabberten leicht an meiner Perle. Ich zuckte, war da sehr empfindlich. Aber Frank war nicht zu stoppen. Mittlerweile hatte sich eines der Mädchen an seinen Schwanz gehängt und saugte lustvoll daran herum. Er geriet in Ekstase und saugte sich wie wild an meiner Muschi fest. Versuche, meine Knie zusammenzudrücken, hatten keinen Erfolg. So versuchte ich nach hinten wegzurutschen. Plötzlich war Dirk über mir und presste meine Knie weit auseinander auf den Boden. Ich saß in der Falle. Ich zappelte und stöhnte, wusste nicht, ob es schön oder schrecklich war. Wollte weg und wollte bleiben, wollte mehr und doch weniger. Gerade als ich merkte, dass meine Erregung in Abwehr umschwang, biss mir Dirk volle Pulle in eine Brustwarze. Der Schmerz schoss mir ins Hirn. Mir wurde fast schwarz vor Augen, so hatte ich mich erschrocken. Dachte kein bisschen an die unbequeme Lage meiner Beine und entspannte sie für Sekunden. Und dann kam ich.

Die Welle kam von den Füßen, krabbelte über meine Beine, durch meinen Unterleib in den Kopf. Es kam einer Explosion gleich, und ich spürte den Höhepunkt wie eine Erschütterung meines Ichs. Geschrien habe ich auch. Alle waren verschreckt und starrten mich an. Am meisten die Mädchen. Ich winkte gleich ab. »Alles gut, ich hatte einen geilen Orgasmus.«

Natürlich musste ich hinterher Spötteleien über mich ergehen lassen. Bevor Dirk an diesem Abend ging, gab er mir seine Nummer. Auf den Zettel hatte er noch mehr geschrieben: »Es wird dir gefallen, ich freue mich auf dich.« Und ich bezweifelte das nicht.

Am nächsten Tag stand ich pünktlich vor seiner Tür. Er wohnte etwas außerhalb auf einem riesigen Weingut. Das Gebäude und die Stallungen waren gewaltig und beeindruckend. Seinen schwarzen Porsche fand ich lässig, schräg vor dem Haus geparkt. Es dämmerte schon, und das Farbenspiel der untergehenden Sonne auf den Baumwipfeln war phänomenal. Ich hielt inne, so schön sah es aus. Gerade so, als sähe man die Seele des Himmels.

Ich schüttelte den Kopf. »Olle Träumerin«, schalt ich mich selbst und klopfte energisch an die Tür. »Komme«, hörte ich ihn rufen und zog meinen Rock zurecht.

Ich hatte eine Flasche Wein an der Tankstelle gekauft, fand das eine gute Idee. Jetzt kam ich mir, mit der Flasche in der Hand, ziemlich bescheuert vor und versteckte sie hinter einem großen Pflanzenkübel. Er öffnete die Tür, und ich staunte nicht schlecht. Er trug einen Seidenkimono, ganz in Schwarz. Der Stoff fiel vorne weich auseinander und gab den Blick auf seine unbehaarte, aber muskulöse Brust frei. Er sah gut aus, stellte ich mal wieder fest. Aber er war trotz allem nicht mein Typ. Er war zu glatt, zu perfekt. Er erinnerte mehr an ein Gemälde. Ich hatte keine Angst vor schönen Menschen, war selber das, was man ausgesprochen attraktiv nannte. Was mich an ihnen ängstigte, war eher der Glauben, in dem sie lebten. Dass sie das Recht hatten, alles zu erleben, alles zu nehmen und zu behalten. Es war die Aura, die sie ausstrahlten, diese für mich zu perfekten Menschen in Seide und Sportwagen.

»Guten Abend, schöne Frau, treten Sie näher«, schmeichelte er mir, und tatsächlich errötete ich. »Ich dachte, du bringst was zu trinken mit?« Fragend sah er auf meine leeren Hände. Ich sah mich in der weitläufigen, mit Antiquitäten bestückten Halle um und dachte an meine 13,50-DM-Flasche Rotwein von der Tankstelle, die in der Pflanze verborgen war. »Sorry, habe ich nicht mehr geschafft«, lächelte ich, »aber ich denke, wir werden auch hier fündig.« Und ich umriss mit meinen Armen das Gebäude. »Ja, das stimmt allerdings«, lachte er und schob mich vor sich her.

Der Boden war mit Terrakotta gefliest, und meine Pumps klackerten laut auf dem Stein. Das Wohnzimmer war noch größer, als ich es mir ohnehin schon vorgestellt hatte. Im Kamin brannte ein kleines Feuer, es war nicht kalt genug dazu, es diente wohl mehr dem Ambiente. Auf dem Boden lagen Felle von Stieren und Bären; es war ein irres Gemisch aus Alt, Neu und toten Tieren. Aber es passte zu ihm, alles zu haben und von jedem das Beste. Aber keine klare Linie war zu erkennen. Vielleicht befand er sich in einer Selbstfindungsphase, schoss es mir durch den Kopf.

»Gefällt es dir?« Er sah mich an. »Bin momentan am Umgestalten und kann mich nicht recht von meinen alten Sachen für die neuen trennen.« Er sah sich jetzt selbst um, überlegte wohl, wie dieses Mischmasch auf Besucher wirken musste. »Du musst dich ja nicht entscheiden«, sagte ich jetzt fröhlich, »du wohnst doch allein?« Eher eine Feststellung als eine Frage. Ich wusste, dass er keine Frau hatte. Ein Punkt, der mir auch immer zu denken gab bei den Schönlingen.

»Ja, ich lebe allein; ich habe noch niemanden gefunden, der so richtig hineinpasst in mein Leben.« Damit schwang er sich auf einen der massigen Ledersessel. Der Schwung gab dem Kimono Raum und den Blick auf sein Geschlecht frei.

Ich lächelte ihn an. »Aber jetzt habe ich Durst.« Auffordernd schaute ich zu ihm und nach unten. Ich sah, dass er komplett rasiert war. Es fiel mir sofort auf. Sein Glied hing lang und schlank, ganz nackt an seinem Körper. Gestern Abend in der Bar war noch alles behaart.

»Interessante Feststellung, die du da machst«, sinnierte er und verschwand endlich, um was zu trinken zu besorgen. Ich zog meine Schuhe aus und kuschelte mich nun meinerseits in einen der dicken, klobigen Sessel. Der Wein war edel und schwer, die Kristallgläser dick und groß. Es dauerte nicht lange, und ich befand mich in einem fröhlichen, gelösten Zustand. Trotzdem wollte ich auf den Punkt kommen, schließlich war dies kein Rendezvous. »Also, wie sieht es aus. Hattest du mir nicht versprochen, mich im SM zu unterrichten?« Ich grinste ihn schelmisch an. Angst hatte ich keine. Mittlerweile hatte ich hinter seiner Fassade einen doch auch unsicheren Menschen entdeckt, der dauernde Selbstbestätigung suchte. Selbst bei mir. Dabei stand ich doch in der Gesellschaft um Klassen unter ihm.

»Ja, gern«, er stand auf und kramte aus einer Schublade zwei Fünfhundertmarkscheine. »Ist das o.k. so?«. Er sah mich fragend an. Er hatte noch mehr Geld in der Hand, und fast hätte ich nein gesagt. Aber natürlich war es gut, zumal wir darüber gar nicht gesprochen hatten. Ehrlich gesagt war ich überrascht, dass er mir überhaupt Geld bot. Ich schob die Scheine in mein Täschchen.

Er erklärte mir, dass er beim »normalen Sex« keinen Kick empfinden würde und keine Erregung dabei verspürte. Natürlich bumste er auch hier und da, aber es war nicht seine Bestimmung, wie er mir noch sagte. Er führte dann die Praktiken des SM aus, auf die er so stand. Er mochte es zu unterwerfen, er wollte eine Dienerin haben. Und er wollte sie schlagen. Oje, dachte ich bei mir, auch das noch ...

Er sprach von knienden Frauen in seiner Fantasie, von Hingabe und unbedingtem Gehorsam. Von barschen Ausdrücken, die ihn in seiner Fantasie verfolgten, und Befehlen, die er erteilte. Rasch trank ich mein Glas aus und kippte mir nach. Mir wurde mulmig, aber das alles reizte mich auch sehr. Vor allem eines hatte sich in meinem Kopf festgesetzt, und das war die Tatsache, dass das, was er sagte, nicht zu dem passte, was er sonst war oder tat. Ich war bereit, das Risiko auf mich zu nehmen, und nickte ihm zu. Ein Ruck ging durch seinen Körper, und er verlangte, dass ich ab sofort »Herr« zu ihm sagen müsse. Auch ansehen dürfte ich ihn nicht mehr und sollte meinen Blick zu Boden senken.

Ich tat, wie mir geheißen, und fragte mich, was da wohl alles auf mich zukommen würde. Ich musste mich ausziehen, und dann brachte er mich in sein Badezimmer. Eines der Badezimmer im Haus, wie ich später feststellte. Ich musste mich in die Dusche stellen, und er ließ den warmen Strahl sanft überall rübergleiten. Auch breitbeinig stellte ich mich, damit er überall herankam und sich nicht unnötig verrenken musste. Wie eine Marionette ließ ich mich hin und her schieben.

Er hakte die Brause ein und machte sich an dem Spiegelschrank zu schaffen. Als er sich mir wieder zuwendete, hatte er eine Tube in der Hand und begann mich damit einzuschmieren. Er schmierte es mir an die Beine und an die Achseln. Meine Arme musste ich weit über den Kopf halten und ganz still stehen. Ich tat, was er sagte, und fand es sogar ganz amüsant.

Er war eifrig dabei, jetzt auch meine Schamgegend einzuschmieren, und ich hoffte im Stillen, er würde mich nicht mit irgendeiner Seife fingern. Aber ich verkniff mir Kommentare und antwortete nur mit »Ja, Herr«, wie er es anfangs verlangt hatte. Die Creme brannte und plötzlich roch ich es auch. Es war Enthaarungscreme. Ich wich entsetzt einen Schritt nach hinten. Das störte ihn in seinem konzentrierten Einreiben. »Bleib stehen, du alte Fotze«, herrschte er mich an. Erschrocken blieb ich stehen und sondierte die Lage. Ich stand nackt, auf rutschigem Untergrund, in einem Zimmer mit nur einer Tür. Die versperrte mir ein ca. 185 cm großer Mann, der scheinbar zu allem bereit und, wie ich sah, sehr erregt war. Ein zudem Unbekannter, und so entschied ich mich nachzugeben.

Was soll's, dachte ich, alles wächst wieder nach. Aber mir war jetzt mulmiger, und ich konzentrierte mich auf seine Bewegungen. Wir warteten zehn Minuten, und währenddessen spielte er an seinem jetzt dick gewordenen Schwanz. Ich sagte keinen Ton, hielt noch immer meine mittlerweile schmerzenden Arme steil nach oben gestreckt und versuchte, nicht einzuknicken.

Er sagte auch nichts und schaute wohl gebannt auf sein Werk. Langsam fing alles an zu brennen, und ich hoffte auf baldige Erlösung. Endlich drehte er das Wasser an. Aber nicht warm, sondern eiskalt. Ich kreischte auf, was er mit einem festen Schlag auf meinen Hintern kommentierte.

Scheiße ..., dachte ich, Mist ... schöne Bescherung ...

Seelenruhig spülte er mir die Creme samt meiner Körperbehaarung mit eiskaltem Wasser vom Leib. Es war grauenhaft, und meine Haut war knallrot und brannte. Endlich war er fertig, und ich stand mit Gänsehaut und jetzt ziehenden Schmerzen im Arm noch immer in der Wanne. Er gab mir ein Handtuch und erwartete mich »im Wohnzimmer zur Bestrafung«. Du lieber Himmel! Nachdem er weg war, drehte ich das Wasser auf warm und wärmte mich an dem Strahl. Ich konnte mein Spiegelbild im Schrank sehen und erschrak. Ich sah grässlich aus, wie ein kleines Mädchen. Nicht ein einziges Haar war stehen geblieben, alles war glatt und weich. Ich fand es hässlich und unansehnlich. Natürlich rasierte ich mir die Scham, ließ aber immer einen Busch stehen. Viel Zeit hatte ich nicht, darüber nachzudenken, es ertönte ein lautes: »Wird's bald, du Schlampe« aus dem Wohnzimmer. Nach all dem, was ich wusste, hörte sich das alles nicht nach reinrassigem SM an, aber seine Fantasien hatte er mir ja geschildert, und ich hatte eingewilligt, sie ihm zu erfüllen.

Ich dachte an die 1000 DM in meiner Tasche und ärgerte mich, dass ich nicht mehr gefordert hatte. Das würde mir eine Lehre sein. Aber ich hatte ja noch einen Trumpf in der Hand und hoffte, ihn bald ausspielen zu können. Das Geld würde mir vielleicht sogar dabei helfen.

Ich seifte mich schnell ein und spülte mich noch einmal ab. Ich war bemüht, nicht meine rasierte Pflaume anzufassen, das hätte mich wieder zu sehr schockiert. Also stieg ich, noch immer steif, schließlich aus der Wanne, hüllte mich in das flauschige Handtuch und tippelte mit hochgezogenen Schultern ins Wohnzimmer zurück.

»Ja, Herr, hier bin ich«, murmelte ich und sah zu Boden. Er hatte mittlerweile einen kleineren Sessel bereitgestellt, vor den ich mich jetzt knien musste. Kopf auf das Polster, Arsch nach oben. Ich befürchtete das Schlimmste.

Und tatsächlich hielt er eine dünne, schwarze, spitze Reitgerte in der Hand. Er strich damit sanft über meinen Rücken, und ich bekam Gänsehaut. Meine Haut war total irritiert und reagierte auf alles.

Hoffentlich denkt er nicht, ich steh drauf, ging es mir durch den Kopf, und dann sauste schon das harte Leder auf meinen Rücken. Ich stieß einen Schrei aus. Es war nicht nur das Gefühl, das Brennen, es war auch das Geräusch, das mich zusammenfahren ließ. Ungerührt stand er auf und stopfte mir meine eigenen Strümpfe in den Mund. Und dann schlug er wieder zu und wieder. Er schlug mich fünfmal auf den Rücken und fünfzehnmal auf den Arsch. Ich jaulte in den Strumpf und überlegte, wie weit er gehen würde. Aber noch immer war er in seiner Fantasie, und ich fühlte, dass die Situation zwar unangenehm, aber nicht wirklich gefährlich für mich war.

Als er von mir abließ, nahm er mir den Strumpf aus dem Mund und gab mir mein Weinglas. Ich drehte mich um und setzte mich wieder auf den Sessel. Mein Körper reagierte auf jede Bewegung, alles tat mir weh, und meine geschundene Haut brannte wie Feuer. Ich stöhnte leicht und sah ihn an. Er setzte sich nun aufs Sofa und schaute mich gierig an. »Es war toll, danke.« Er trank sein Glas in einem Zug aus. Auch er sah erschöpft aus. Aber unbefriedigt. Er hatte nicht abgespritzt, das hatte ich mir schon gedacht.

»Ja, es war schön«, sagte ich sanft, »und ich finde, wir sollten das wiederholen.« Ich schaute ihn fragend an. »Ja, aber gern.« Er schien überrascht. »Jederzeit, ruf mich an.« Und ich versprach, mich am nächsten Ruhetag des Clubs bei ihm zu melden.

Den Wein trank ich danach, als ich schon lange zu Hause war. Noch immer lebte ich in diesem miesen Stadtviertel. Ich dachte an meinen kleinen Sohn Steffen, der jetzt bei Tanja friedlich schlief. Ich suche uns was anderes, mein Schatz, das verspreche ich dir.

Als ich in dieser Nacht einschlief, träumte ich das erste Mal von tanzenden Peitschen in dunklen Verließen. Wieder begab ich mich in eine Metamorphose, aber es war keinesfalls eine demütigende, masochistische Haltung, die ich einnehmen wollte. Ich hatte ganz andere Sehnsüchte.

Schon am nächsten Tag besorgte ich mir Termine bei Maklern, um eine andere Wohnung zu bekommen. Es war schwierig. Zu der Zeit herrschte akuter Wohnungsmangel in der Stadt. Natürlich wurde man dauernd nach Beruf und Einkommen gefragt, und mein »Job« vereinfachte das nicht gerade.

Steffen war unruhig und nur zufrieden, wenn wir im Zoo waren. Ich fuhr jetzt noch öfter mit ihm dorthin, ließ ihn lange Pony reiten und erfüllte ihm jeden Wunsch. Aber noch immer war es schwer für mich, an ihn heranzukommen.

Auch Stefan hatte sich gemeldet und wollte mir bei der Wohnungssuche behilflich sein. Mir graute davor, ihn wiederzusehen. Zu stark war meine Sehnsucht nach ihm. Lag ich im Bett, dachte ich an ihn und vermisste ihn sehr. Auch Chrissi fehlte mir. Ich rief ihn jeden Tag an und fuhr ihn so oft es ging besuchen. Er war jetzt fünf Jahre alt und sollte hier bei mir eingeschult werden. Er war also bald wieder da.

Bis dahin galt meine Fürsorge einzig Steffen. Noch immer gab er sich mir gegenüber distanziert und unausgeglichen. Aber er kam manchmal von alleine in mein Bett und sang mir Lieder vor. Ich baute auf die Zeit mit ihm alleine und hoffte, dass wir das zusammen hinbekommen würden. Er war so süß, und ich musste mich manchmal zusammenreißen, ihn nicht einfach wachzukuscheln, wenn er schlief.

Es folgte eine schlechte Woche. Ich fühlte mich nicht gut und hatte Probleme, im »Champagnerkelch« mein Geld zu verdienen. Was nicht zuletzt an meiner Totalrasur lag, die ich hasste und verabscheute. Im Gespräch war ich verkrampft und hatte Widerwillen, aufs Zimmer zu gehen.

Es war wirklich eine schwere, lange Woche. Zudem schweiften meine Gedanken ständig ab zu Steffen und zu Stefan. Ich liebte Stefan noch immer sehr, und ich wusste, er mich auch. Immer öfter fragte ich mich, ob es keinen anderen Weg gab als diese Trennung, unter der wir alle litten.

Pünktlich stand ich eine Woche später erneut vor Dirks Anwesen. Diesmal hatte ich mich ganz in Schwarz gekleidet, hatte ein hautenges Stretchkleid an und schwarze Strümpfe. An den Füßen trug ich schwarze, sehr hohe, spitze Pumps mit silbernen Hacken. Das Neueste auf dem Hurenmarkt. Meine wieder blondierten Haare hatte ich nach hinten gebunden und mein Gesicht nicht hell und freundlich, sondern eher dunkel und streng geschminkt.

Dirk öffnete, wieder in den schwarzen Seidenkimono gehüllt. Er freute sich, mich zu sehen, und bat mich aufgekratzt herein. Der schwere Wein lief in die großen Kristallgläser, und das Feuer im Kamin brannte. Schon bald eilte Dirk wieder zu seiner Schublade und entnahm ihr zwei Scheine. Ich trat hinter ihn und drückte das Geld in seiner Hand zusammen.

»Heute will ich kein Geld!«, sagte ich und schob die Schublade zu. Erstaunt sah er mich an. »Nicht?«

»Nein!« Ich schüttelte den Kopf. »Heute will ich tauschen, ich bin die Herrin und du der Diener.« Damit ging ich zurück und setzte mich. Ich nahm mein Glas und hielt es ihm entgegen. Jetzt würde es sich entscheiden, dachte ich. »Du meinst, wir tauschen die Rollen?«

»Ja, Dirk, wir tauschen die Rollen, wenn du willst. Nächstes Mal drehen wir es wieder um!«, stellte ich in Aussicht, und er überlegte.

Statt zu antworten, ob er einverstanden war, sah er auf den Boden.

»Ja, Herrin.« Und ich wusste, ich hatte mich nicht geirrt.

»Geh in die Küche«, schob ich ihn an. Er wanderte mit gesenktem Blick los, und ich ging hinterher. »Zieh dich aus«, befahl ich ihm, und sofort ließ er seinen Kimono an sich heruntergleiten. Ich sah sofort seinen steifen Stab. Es war genau, wie ich es mir gedacht hatte.

»Binde dir das um«, und damit warf ich ihm die Schürze zu, die ich in meiner Handtasche versteckt mitgebracht hatte. Er tat, wie ihm geheißen und stand bald in rot-weiß karierter Küchenschürze vor mir.

»Ich habe Hunger und möchte, dass du mir etwas zubereitest«, teilte ich ihm mit. Dann ging ich zurück ins Wohnzimmer und machte es mir bequem. Ich war sicher, dass er gleich mit allen Köstlichkeiten, die seine Küche derzeit hergab, vor mir stehen würde. Und so war es auch.

Später ließ ich ihn vor mir knien, während ich speiste. Die Gerte steckte ich so lange in seinen Arsch. Sie war circa 10 cm in seiner Rosette verschwunden und wippte lustig auf und ab, wenn ich daran tippte. Er kniff sich alles zusammen. Ich hatte ihm eine gehörige Strafe in Aussicht gestellt, wenn sie verrutschen sollte. Nach dem Essen ließ ich mir meine Füße massieren und die Gerte dabei über seinen Rücken hüpfen. Ich hielt mich zurück, wollte ihn sanft seiner Neigung bewusst werden lassen, mehr nicht. Aber er provozierte mich immer wieder, und ich spürte, dass er mehr wollte. Viel mehr, als ich derzeit bereit war, ihm zu geben.

Seine Lanze stand steil am Körper hoch, und aalglatt rasiert, wie sie war, sah sie aus wie ein elfter Finger. Sein Schwanz war ganz gerade, lang und formvollendet an der Spitze. Ich schickte ihn ins Bad, sich Creme zu besorgen, und befahl ihm, sie sich einzumassieren. Er rubbelte an seinem Schwanz und bald glitschten seine Finger über sein Fleisch.

Während er dort saß und rubbelte, stolzierte ich mit der Gerte durch sein Wohnzimmer und beschimpfte ihn laut. Deutlich sagte ich ihm, dass er verzogen, verwöhnt und oberflächlich war. Er kommentierte alles mit: »Ja, Herrin«, so lange, bis ich es nicht mehr hören konnte. »Halt dein Maul«, schrie ich ihn an, »wir sind hier doch nicht im Theater!« Im gleichen Moment fegte ich eine der Vasen vom Kaminsims. »Die passt nicht zur Einrichtung!«, schrie ich, und die Glasvase fiel klirrend zu Boden. »Nein, Herrin«, sagte er jetzt, und mit hochrotem Gesicht spritzte er direkt auf die Scherben.

Ich war verblüfft. Instinktiv wusste ich zwar, dass ich den richtigen Ton getroffen hatte, war aber in Sorge gewesen, mit der Vase zu weit gegangen zu sein. Aber ich hatte mich geirrt.

»Die konnte ich auch nicht leiden«, lachte er später. Und so sortierten wir in den nächsten Wochen dies und das aus seinem Haus aus. Alles ging nicht zu Bruch, manches musste ich auch verbrennen oder zertreten. Einiges ließ ich ihn sogar zerhacken. Aber eines war immer gleich. Sein Sperma befand sich oben auf dem Schutt. Tauschen wollte er die Rollen nie mehr. Als Gegenleistung bekam ich alsbald einen Mietvertrag. Er gab mir die Adresse eines Maklers, und ich konnte mir dort eine Wohnung aussuchen. Und solange ich Dirk besuchte, zahlte er auch die Miete.

FAMILIENLEBEN

Die nächsten Wochen waren gefüllt mit Arbeit im »Champagnerkelch«, dem Umzug und der Einrichtung der neuen Wohnung. Steffen war wieder etwas zutraulicher geworden, versteckte sich aber noch immer gern. Aus diesem Grund verwandelten wir eine Ecke seines Zimmers in ein türkisches Zelt.

Auf dem Boden lagen dicke Sitzkissen, und darüber war ein dunkelblauer Stoff gespannt. Im Innern befanden sich alle seine Kuscheltiere und natürlich seine »Nunus«. Obwohl er fast vier Jahre alt war, trennte er sich nicht von seinen Nuckeln, und ich hatte es aufgegeben, ihn deswegen zu ermahnen. An seiner Wand hängte ich eine große Tafel auf und gab ihm Kreide, damit er aufhörte, die Möbel zu beschmieren. Alsbald fing er an, »Mama, Papa und Chrissi« in Strichen mit Kreisen darzustellen, und einmal mehr dachte ich daran, meine Verbindung zu Stefan wieder zu festigen.

Längst trafen wir uns regelmäßig, er half, wo er konnte, und baute und hämmerte alles selbst zusammen. Er freute sich, dass meine wilde Einkaufswut vorbei war, und ich achtete darauf, ihn nicht merken zu lassen, dass ich über wesentlich mehr Geld verfügte, als er sah. Es dauerte nicht lange, und er blieb über Nacht.

Wir liebten uns, hatten es die ganze Zeit getan. Steffen war ganz verrückt nach seinem Papa. Dauernd hing er an seinem Hals. Auch Chrissi wohnte jetzt wieder bei mir, wurde Erstklässler. Wie der Sonnenschein persönlich wanderte er auf seinen kleinen Füßen durchs Leben und wiegte sich in der Geborgenheit seines behüteten Lebens. Ich war jetzt sehr froh, dass er so vieles nicht mitbekommen hatte und sich rasant und gut entwickelte.

Ich war älter geworden und fühlte mich reif für einen Neuanfang. Erneut stieg ich aus dem Club aus und wollte ganz für meine Familie da sein. Stefan hatte mich wieder in seinen Bann gezogen. Er war zärtlich, tolerant, hilfsbereit und liebevoll. Ich bemühte mich nun sehr, mit dem Geld auszukommen, und bat Tanja um Hilfe. Sie half mir beim Kochen, sie half mir beim Einkaufen und war unermüdlich für mich da. Sie selbst hatte jetzt ein viertes Kind, einen kleinen Sohn. Die Beziehung zu dem Vater steckte momentan in einer Sackgasse, aber sie lebte in der Gewissheit, es hinzukriegen.

Und beinahe hätten wir es auch geschafft. An einem Punkt, an dem alles wirklich hätte gut werden können, machte uns das Leben einen Strich durch die Rechnung. Stefan wurde zum Bund eingezogen! Wir fluchten und telefonierten, stießen jedoch auf taube Ohren. Stefan hatte die Vaterschaft noch nicht offiziell anerkannt. Daran hatten wir gar nicht gedacht. Wir versuchten alles nachzuholen, aber es war zu spät. Man verwies mich an dieselbe Behörde, die ich schon durch meine Ehe kannte, und an weitere Hilfsangebote für außergewöhnliche Lebensumstände. Ich bekam das Kotzen. Ich rastete aus. Ich drehte fast durch. Ich heulte und schrie und war außer mir.

Stefan war wie gelähmt, konnte meine Reaktion jedoch nachvollziehen. Er litt sehr, denn er wollte weder von uns getrennt sein noch wollte er, dass es uns finanziell schlecht erging. Nachts hielt ich mich an ihm fest, suchte Schutz an seinem Körper und wollte nicht wieder alleine sein.

Drei Monate musste er in eine weit entfernte Stadt. Unser Geld würde kaum für die Fahrkarten am Wochenende ausreichen. Und selbst die hatte er nicht immer frei. Ich kannte das noch von Jörg. Ich hatte Angst, schlief nicht mehr, und es war mir plötzlich unvorstellbar, ohne ihn zu sein. Und Stefan handelte. In seiner Not wusste er nicht, wie er mich beruhigen konnte, noch wie er mit gutem Gewissen abfahren sollte. Er bat mich um meine Hand. Er wollte mich heiraten, mir Sicherheit geben. Und ich sagte ja.

Ich heiratete in Weiß. Stefan war evangelisch. So konnte ich trotzdem, da die katholische Kirche meine Scheidung von Jörg nicht anerkannte, noch einmal kirchlich heiraten. Stefan wünschte es sich so. Es war ja auch seine erste Heirat, und ich gönnte es ihm. Und ich gönnte es mir. Unbeschreiblich glücklich schritt ich den Gang zum Altar entlang. Meine beiden Söhne in niedlichen kleinen Anzügen streuten die Blumen. Es war nur eine kleine Hochzeit. Stefans Familie war da, und ein paar meiner besten Freunde waren gekommen. Tanja mit ihren Kindern und Laura natürlich auch. Mein Bruder war erschienen, stolz mit seiner mittlerweile Angetrauten und seinem kleinen Sohn. Ich setzte den Schleier auf meine erneut geröteten Haare und tanzte die ganze Nacht ins Glück hinein ... wie ich dachte ...

Nach Stefans Abreise war ich tagelang wie gelähmt. War ich jetzt wieder Ehefrau, so war ich doch alleine. Stefan bemühte sich sehr, rief an, wenn wir Geld dazu hatten, und schrieb jede Woche lange Briefe. Er versuchte, da zu sein, auch wenn er es nicht war. Am schlimmsten war es abends, wenn die Kleinen schliefen.

Ich vermisste meine Freundinnen aus dem Club, vermisste die Sorglosigkeit und vermisste das Ambiente meiner Arbeit. Natürlich dauerte es nicht lange, und es wurde finanziell wieder mehr als eng. Die Rechnungen stapelten sich wie gewohnt, und ich wurde unausgeglichen, ängstlich und nervös. Prompt veränderte sich Steffen genauso negativ, was den Teufelskreis wieder in Gang setzte. Waren die ersten Wochenenden, die Stefan nach Hause kam, mit langen Liebesspielen, Zärtlichkeiten und fröhlichem Lachen erfüllt, änderte sich das bald. Ich begann mir Bekannte zu suchen, die in der Nähe lebten, und zog hin und wieder um die Häuser. Stefan wurde auch nach drei Monaten nicht in unsere Stadt versetzt, und bald lebte ich irgendwie in meinem eigenen Kreis. Die Spannungen wuchsen, die Streitereien nahmen wieder zu. Ich trank jetzt auch häufiger was am Abend, um schneller und ohne lange zu überlegen einschlafen zu können.

Mein ewiges Gemecker und die dauernden Spannungen belasteten ihn. Ich misstraute der gesamten Situation, und ständig kam mir meine Vergangenheit, meine erste Ehe, in den Sinn. Dennoch liebte ich Stefan, genoss das Glück meiner Kinder durch diese neue Verbindung. Auf keinen Fall sollte es wieder im Drama enden, und ich fasste den Entschluss, einfach heimlich zu arbeiten. Ich dachte, Stefan bekäme das nicht mit, wir hätten weniger Sorgen und nach der Zeit der Bundeswehr würde alles wieder sein, wie es mal war. Wenn nur Geld die Sorgen verursachen würde, so könnte ich das leicht regeln ... dachte ich ...

Der »Champagnerkelch« war zu der Zeit geschlossen. Es war die Rede von Steuerhinterziehungen und anderen Anschuldigungen. Der Barbesitzer hatte sich ins Ausland abgesetzt und eine seiner Barfrauen, nämlich Marion, auf einem riesigen Berg Rechnungen sitzen lassen. Auch ich musste aussagen. Schnell hatten die Behörden alle Mädchen aufgetrieben, die dort gearbeitet hatten. Das machte mich nervös. Ich hatte Angst, dass etwas zu Stefan durchsickern könnte. Unruhig verfolgte ich das Geschehen und versuchte bei der Polizei größtmögliche Anonymität zu erreichen. Ich suchte mir einen anderen Club. Und Laura nahm ich gleich mit. Jeden Abend fuhren wir nun in eine andere Bar außerhalb der Stadt, jedoch in die andere Richtung.

Die Bar war noch kleiner, und ekelhafterweise war es gleichzeitig eine Kneipe des Dorfes. Oft genug waren die Männer nur auf ein Bier da, und auch sonst unterschied es sich reichlich vom »Champagnerkelch«. Die Zimmer waren in einem extra Haus untergebracht. Man musste also raus aus der Bar, ein paar Meter weiter war dann die Tür zu den Zimmern. Die Besitzer sahen sich als reine Kneipenwirte, und die Gäste mussten durch uns animiert werden. Alles andere lief auf direkter »Zimmervermietungsbasis« ab. Auch den Preis mussten wir vorher aushandeln, und es gab keine Mrs. Elli. Alles erinnerte eher an ein billiges Stundenhotel als an die noble Bar, die wir sonst gewohnt waren. Auch die Gäste waren ganz anders. Es waren eher einfache Leute, die auf ein Bier oder einen schnellen Fick hereinkamen. Es waren mehr Mädchen da, auch Ausländerinnen, und man zog sich nur sexy an, nicht mehr edel und schick. Es war eine Umgewöhnung, auch was die Preise betraf.

Die Auswahl an Clubs und Bars in unserer Gegend war sehr eingeschränkt, und so wählten wir das in unseren Augen kleinere Übel. Die Bar öffnete erst spät am Abend und schloss auch früher. Die Arbeit hatte immer etwas Hektisches an sich, denn alle Mädchen konnten die Männer frei ansprechen und belagern, solange sie wollten. Nach dem Motto »Wer zuerst da ist, kriegt den Typ« war es am Anfang sehr schwer, sich dagegen durchzusetzen.

Laura und ich kannten weder die Gäste noch deren Gewohnheiten, und es dauerte lange, bis wir uns einigermaßen eingewöhnt hatten. Wir verdienten wieder Geld, aber es lag nicht annähernd in dem Bereich, den wir gewohnt waren.

Dazu die Fahrerei und der Stress. Auch Laura war privat jetzt stark angespannt, hatte sich verliebt, wollte heiraten und ihren Job unter dem Siegel der Verschwiegenheit ausführen.

Marion hatte sich entspannt, hatte sie zwar einen Wust an überdimensionalen Rechnungen am Hals, so hatte sie sich doch auch verliebt und heiratete später genau diesen Mann. Es war ein ehemaliger Gast aus der Bar. Aber beide sind sehr glücklich geworden und haben sogar einen Sohn.

Zusätzlich zu dem schmalen Verdienst kam jetzt die Angst vor Entdeckung. Jedes Mal, wenn es klingelte, schauten Laura und ich erst gebannt auf den Hinterhof, um den ankommenden Gast vielleicht als Bekannten zu erkennen. Stefan wurde ungehalten, es kam immer öfter vor, dass er anrief und ich nicht zu Hause war. Seine Eifersucht kochte wieder hoch, und oft endeten die Telefonate im Streit. Ich fühlte mich selbst zum Kotzen, lebte gegen meine Prinzipien, in einer Beziehung keinen Sex mit anderen zu haben. Es gibt Meinungen, dass das was anderes sei. Es gibt

Huren, die erzählten mir von Trennung des Jobs vom Privaten. Aber ich kann das nicht bestätigen. Man gibt seinen Körper für Geld. Man schließt einen Dienstleistungsvertrag. Aber in Wirklichkeit gibt man viel mehr. Dazu kommen lange Gespräche und die Tatsache, dass man viel mehr von dem Gast weiß, als für diesen Vertrag nötig wäre. Auch der Mann, erst recht, wenn es ein Stammfreier ist, weiß in der Regel eine Menge aus dem Leben der Mädchen. Oft spielt Sympathie eine Rolle, und auch der Huren-Orgasmus ist nicht immer gespielt.

Nicht selten entwickeln sich unterstützt durch den Alkohol und der Schwerelosigkeit der Situation kleine Nebenbeziehungen. Man freut sich auf einzelne Männer, man genießt das Zusammensein und man trifft sie zum Kaffee und zum Essen. Manchmal konnte ich aus einer Auswahl einiger meiner Freier alles bekommen, was ich brauchte. Da waren zum einen welche, mit denen ich kuscheln konnte bis zum Umfallen. Andere fickten mich richtig durch. Dann die, mit denen man über alles reden konnte. Und auch die Attraktiven, die man anhimmelte. Die Neugierigen, mit denen man was Neues versuchen konnte, und es gab die, neben denen man einschlief, als wäre man verheiratet.

Das alles erlebte man, und es war für mich keineswegs so, dass ich das trennen konnte. Mein Gewissen meldete sich immer öfter, und es war immer schwerer für mich, Stefan die heile Welt vorzuspielen. Aber größer als die Angst, dass alles rauskam, war die Sorge, dass ich, wenn ich es nicht tat, bald wieder mit leeren Händen dastehen würde.

Schreckliche Filme von bereits Erlebtem durchzogen meine Träume und meinen Kopf. Ich wollte auf keinen Fall wieder arm sein.

Dirk traf ich auch wieder. Oft ließ ich meinen Frust und meine unterschwellige Wut an ihm aus. Er freute sich darüber und war sexuell ausgeglichen.

Ich schlief wenig, und meine Söhne reagierten erneut unterschiedlich auf meine Stimmungsschwankungen. Während an

Chrissi alles abperlte und er immer gut gelaunt mit allem zu mir kam, wurde Steffen immer sensibler und zurückgezogener. Es gab Tage, da gab ich es auf, mich um ihn zu bemühen, und machte dadurch alles nur noch schlimmer. Er war immer böse auf mich, und manchmal begann es mich richtig anzukotzen. Es kam mir vor, als wüsste er, was ich tat, und gleichzeitig schalt ich mich selbst als überempfindlich.

Stefan blieben diese Spannungen natürlich nicht verborgen. Wenn er da war, drückte ich ihm nun Steffen aufs Auge und nannte ihn immer öfter seinen Sohn. Ich wurde gemein und ungerecht. Der Kreis schloss sich wieder, und es war allein meine Schuld. Und diese drückte schwer auf mir. Streitereien blieben nicht aus und gipfelten bald wieder in Ohrfeigen und wüsten Beschimpfungen. Man tuschelte im Haus, dass ich des Nachts auswärts war und erst am Morgen aufgeputzt wie eine Nutte zurückkommen würde. Meine Arbeit erwähnte ich nicht, ließ Stefan in dem Glauben, dass ich mich einfach herumtrieb.

Alles eskalierte, entzog sich meiner Kontrolle, und ich, die die Fäden hielt und mit dem Rücken zur Wand stand, sah zu und konnte keine Alternative finden. Denn ich konnte nicht aufhören zu arbeiten.

Es wurde zu einer fixen Idee. Meinen fehlenden Verdienst – zu früher – ersetzte ich jetzt mit einer Doppelschicht. Laura war leicht zu überreden, jetzt auch noch tagsüber privat in einer Wohnung mit Zeitungsanzeigen zu arbeiten. Chrissi war in den Ferien bei seiner Oma und Steffen bei Tanja. Wir arbeiteten rund um die Uhr, bis wir nicht mehr konnten, bis wir total erschöpft waren.

Als Stefan zwei Wochen später nach Hause kam, stritten wir uns heftig. Es endete wie gewöhnlich. Nur konnte ich diesmal Steffen aus den Augenwinkeln sehen, der wie gelähmt an der Tür stand. Es reichte, es ging nicht mehr. Ich ging zum Arzt und bekam eine Mutter-Kind-Kur verschrieben.

Ich schrieb Stefan einen langen Brief und erzählte ihm alles! Alles, ich ließ nichts aus. Erwähnte meine starke Liebe zu ihm.

Aber die Schwäche und die Angst zu versagen, völlig ohne alles dazustehen, kämpften mit diesen Gefühlen für ihn. Ich nahm meine Kinder und fuhr mit ihnen in eine wunderschöne Zeit in die Berge. Von Stefan hörte ich drei Wochen nichts. Dann meldete er seinen Besuch an. Als er kam, sah er furchtbar aus. Er hatte im Bund eingesessen, da er nach meinem Geständnis im Alkoholrausch ausgerastet war und sich geprügelt hatte. Mittlerweile hatte ich Angst vor ihm, wenn er was getrunken hatte.

Gespräche darüber endeten jedoch im Leeren. Er wollte nicht einsehen, dass auch das ein Problem in unserer Beziehung war. Er gab immer den Umständen die Schuld. Sicher, genau wie ich. Aber selbst ich wusste im Stillen, dass es viel mehr war als nur die Umstände.

Wir sprachen uns aus. Stefan zeigte Verständnis, aber auch Wut und Schlimmeres. Er fühlte sich gedemütigt. Er fühlte sich und seine tiefe Liebe zu mir verraten, und er fühlte sich getäuscht. Er fing an, alles in Frage zu stellen, was ich je getan oder gesagt hatte.

Er blieb drei Tage, und wir hatten Gelegenheit, uns in seinem Hotelzimmer zu lieben. Es war kein Sex. Es war ein Schrei nach Hilfe. Wir klammerten uns aneinander, als gäbe es kein Morgen mehr. Es erinnerte mich an die Nacht, als er um meine Hand angehalten hatte. Mit jedem Stoß erklärte er mir seine Liebe. Mit jedem Kuss erklärte er mir seinen Willen, alles durchzustehen und zu verzeihen. Und ich gab ihm nach meinem Höhepunkt, der hart und schnell war wie seine Stöße, das Versprechen, mit allem aufzuhören und an uns und unsere Familie zu glauben. Stefan reiste ab und erwartete mich in drei Wochen zu Hause. Ich kurte weiter, jetzt wesentlich erleichterter, und nahm auch aktiv an allen Gesprächsangeboten für Beziehungskrisen teil. Auch meine Kinder wurden einbezogen. Während Chrissi vergnügt mit seinen Alterskameraden malte und bastelte, musste ich Steffen vorstellen. Er war ja mein Problemkind.

Man erklärte mir, dass ich diesem Kind mehr Grenzen aufzeigen müsse. Dass es egoistisch und eigenwillig wäre. Und noch mehr von diesem Quatsch. Stattdessen ging ich einfach mit ihm in den Park. Er fütterte begeistert die Entchen im Wasser. Er tauschte seinen »Nunu« ab und an gegen ein Eis. Stundenlang konnte er dort herumlaufen und zeigte mir begeistert jeden Grashalm und Strauch, in dem er ein Tier erkennen konnte. Und Fotos machten wir. Er liebte es, sich in Pose zu setzen. Die schöne Zeit war um, und wir traten die Heimfahrt an.

Stefan kam jetzt häufiger nach Hause. Aber trotzdem wir uns beide bemühten, trotzdem wir beide wirklich wollten, klappte gar nichts. Die Stimmung war angespannt, das Glück nur kurz und die Heiterkeit gespielt. Stefan war einfach zu sehr mein Mann, um im Nachhinein zu akzeptieren, dass er eine Dirne geheiratet hatte. Dazu noch, während er dachte, uns gut zu ernähren. Wiederum griff ich ihn an, dass es auch seine Schuld sei. Ich versuchte ihm den Kraftakt zu beschreiben, den ich bewältigt hatte, um den Jungen überhaupt zu bekommen. So ging es hin und her. Bald drehten sich viele Gespräche nur um Steffen. Mein Sohn, dein Sohn, es war die Hölle. Und während wir uns stritten und gegenseitig kaputtmachten, zog jemand ganz anderer die Konsequenzen aus unserem dummen und kindischen Verhalten. Das Leben stellte seine Weichen.

Der Tag verlief wie viele vorher. Wir motzten uns durch die Stunden, Stefan war jetzt nicht mehr beim Bund, arbeitete wieder auf dem Bau und hatte ein paar Bierchen zu viel getrunken. Ich wollte endlich mal wieder was anderes sehen und verabredete mich mit Tanja zu einer Disco-Tour.

Natürlich war mir klar, dass ich mit größtem Widerstand zu rechnen hatte. Schon das Duschen und Anziehen wurden zur Qual. »So willst du rausgehen? Soll jeder gleich sehen, was du für eine bist, kannst du ja wieder Geld machen heute Abend in dem Aufzug«, so und schlimmer kommentierte er meine Garderobe. Dabei öffnete er mehrere Büchsen Bier. Obwohl ich bereits Angst bekam, machte ich ungeniert weiter und verließ wie geplant das

Haus. Mein Versuch jedoch, mir mit Tanja einen richtig tollen Weiberabend zu machen, schlug kläglich fehl. Ich redete nur von meiner Ehe, meinen Problemen und steigerte mich komplett hinein. Dazu trank ich Alkohol in Massen. Plötzlich war mir ganz klar, dass es keinen Ausweg mehr gab, und ich beschloss, die Ehe zu beenden. Ich fing wieder an zu heulen. Und das mitten in der Stadt. Ich wollte nach Hause, in meiner Alkohollaune war ich bereit, es jetzt sofort und ohne Umschweife zu klären. Entschlossen, die Ehe noch heute Nacht zu beenden und schon morgen ohne Vorwürfe und Selbstzerfleischung weiterzuleben. Das hatte ich im Sinn.

Aber auch Stefan hatte etwas im Sinn. Er dachte wohl ähnlich und hatte seinerseits einen Babysitter besorgt und das Haus verlassen. Als ich Kerstin, die Babysitterin, bei uns sitzen sah, rastete ich aus. Sie verabschiedete sich schnell, und mir war klar, dass sie niemals wiederkommen würde. Das war mir egal. Ich schwankte ins Wohnzimmer, um zu warten. Ich wartete, und es dauerte auch nicht lange, da kam Stefan nach Hause. Er war – genau wie ich – völlig betrunken.

Der Alkohol ließ meine Angst vor dem großen, kräftigen Mann schmelzen, und ich pöbelte los. Ich warf ihm an den Kopf, dass er alles ruiniert hatte und für mich diese Ehe ein Lacher und beendet war. Er holte aus und knallte mir eine. Mit voller Wucht traf er mein Gesicht. Ich stürzte nach hinten und schlug irgendwo gegen. Benommen sah ich nach oben. Da stand er und heulte, heulte los. Und dann ging er, und unsere Ehe war zu Ende. Es war aus. Ein Trümmerhaufen.

Blut lief mir aus der Nase. Als ich versuchte, mich hochzurappeln, bekam ich kaum Luft und musste mit offenem Mund danach schnappen. Und dann sah ich sie, meine Söhne standen beide Hand in Hand an der Tür. Während Chrissi bewegungslos verharrte und mich erschrocken anstarrte, rannte Steffen los. Er rannte auf mich zu und schleuderte dabei seine Arme wie wild durch die Luft. Er kreischte und schrie und heulte. Er kam zu mir und kniete nieder und legte seine Hände vor sein Gesicht, genau wie ich einst, als ich ihn so sehr geohrfeigt hatte. Und er stammelte unter Tränen und völlig aufgeregt immer wieder das eine: »... tut mir so leid, tut mir so leid ...« ... es tat ihm so leid ...

Tanja kam. Natürlich kam Tanja. Auch mitten in der Nacht. Sie war immer da, wenn ich sie brauchte. Sie beruhigte Steffen, machte ihm Tee, brachte ihn zu Bett. Sie kochte Kakao für Chrissi, legte ihn schlafen. Sie wusch mein Gesicht und brachte mich zum Notarzt. Nasenbeinbruch. Mit einer schlimmen Alkoholfahne, dicken, verheulten Augen, in Minirock und Pumps beim Notarzt. Samstagnachts mit Nasenbeinbruch vom eigenen Ehemann. Ich glaube, überdeutlicher konnte man nicht als asozial abgestempelt sein.

Der Arzt versorgte mich und stellte keine weiteren Fragen. Ich bekam zwei Wattebäuschchen in die Nase und einen Plastikschutz darüber. Erst mal konnte man nichts weiter machen, und später habe ich es auch nie getan. Ich dachte an Marianne, die Tochter vom alten Heinz, mit ihren Träumen und ihrem platt geschlagenen Näschen. Jetzt war ich ihr näher als zuvor, fühlte mich ihr verbunden. Dachte an sie, dachte an alles und war vor Scham und Unglück völlig verzweifelt.

Am nächsten Tag kam Chrissi zur Oma. Ich plünderte mein Konto und blieb zu Hause. Ich beobachtete Steffen und stellte extreme Veränderungen fest. Er war jetzt viel ernster, ruhiger, aber auch in sich gekehrt. Er wurde anhänglich und sah oft leer und einsam aus. Wenn ich ihn ansah, wie er auf dem Boden mit seinen Autos ohne Geräusche spielte, sie immer wieder nach vorn und nach hinten bewegte, fast mechanisch, überkam mich eine große Angst.

Vorgewarnt durch meine schlechten Erfahrungen, beantragte ich das alleinige Sorgerecht und zeigte Stefan wegen Körperverletzung an. Dadurch sicherte ich mir jedes Recht an meinem Sohn, wie mein Anwalt mir erklärte. Aber Stefan hing viel zu sehr an den Kindern. Immer wieder bekam er Besuchsrecht, und immer wieder stritten wir, wenn er da war. Ich zog um, verweigerte meine Adresse. Er bekam sie vom Gericht. Ich zog wieder um, so ging es viermal. Ich war erschöpft, Stefan war am Ende und Steffen mittendrin, völlig verloren und ganz allein. Das Gericht handelte, und Stefan durfte den Jungen jetzt mitnehmen, um ihn zu sehen. Damit war ich nicht einverstanden, wollte Stefan aus meinem Leben verbannen. Nicht nur wegen der Vorfälle. Ich gab ihm nicht allein die Schuld. Es war auch die Liebe, die ich immer noch in mir spürte.

Gespräche mit dem Pfarrer unserer Kirche brachten mich schließlich auf ein katholisches Kinderheim. Dorthin brachte ich Steffen und war nicht bereit, dem Gericht oder dem Vater Auskunft darüber zu erteilen, wo der Junge sich befand.

Katzen fressen ihre Babys, Kinder schlagen ihre Hunde, Mütter ihre Kinder und Männer ihre Frauen. Der Starke beherrscht den Schwachen, der Kluge den Dummen.

Ich unterscheide nicht mehr zwischen psychischer und physischer Gewalt. Beides ist gleich schlimm und wird oft miteinander beantwortet. Nur ist der, der zuschlägt, immer der Täter. Für Gewalt in der Ehe gibt es keine Entschuldigung. Trotzdem habe ich gelernt, dass man Menschen im Leben trifft, die unter psychischem Druck sehr wohl zum Täter werden. Im nettesten Nachbarn kann ein Kindermörder schlummern. Schlimm sind auch die, die mit ihrem Schöngeist und ihren Launen andere bis aufs Blut quälen, sie fertigmachen und dann auf den Boden spucken, wenn jemand eine Ohrfeige verteilt hat und sie davon hören.

Natürlich kam ich nicht lange damit durch. Das Jugendamt schaltete sich ein, und Steffen kam nun in ein anderes Heim. Dort konnte ich ihn sonntags besuchen. Ich fuhr mit ihm zum Tierpark, ging mit ihm schwimmen, versuchte mich ihm zu nähern. Er war lieb, ganz artig jetzt, ging immer an meiner Hand. Aber er wurde immer ruhiger und fing an, sich förmlich zu bedanken, wenn ich ihm ein Eis kaufte. Er hatte keine Wutausbrüche mehr und keine Schreianfälle. Fast vermisste ich das. Er war so zierlich und blass. So klein für sein Alter und so still. Ich bereute jeden der letzten Monate bitterlich. Ich bereute so ziemlich alles und fing an zu beten. Aber niemand erhörte mich, ich musste zusehen, wie mein kleiner blonder Prinz sich in eine dünne Marionette seiner Umgebung verwandelte.

Eines der letzten Male, an denen er bei mir war, verbrannte ich mich an der Glut einer Zigarette. Ich schrie erschreckt auf. Es war nicht schlimm gewesen, die Glut war mir aufs Bein gefallen. Steffen sprang auf, klammerte sich an mein Bein und stammelte: »Tut mir leid, tut mir so leid.« Er fing an zu weinen. Ich nahm ihn hoch, um ihn zu beruhigen, wiegte ihn in meinen Armen und tröstete ihn. Seine Augen sahen irgendwohin in die Ferne. Und als ich ihn so sah, musste ich plötzlich an mich denken, an meine Kindheit.

Seine sensible Art, seine Träumereien, seine Verstecke, all das fand ich bei mir wieder. Ich hatte Angst, dass er genau wie ich damals gefangen war. Gefangen in sich selbst. Ich wusste, er würde Hilfe und Liebe brauchen, um dem noch rechtzeitig zu entkommen. Einst hatte ich ihm das Leben geschenkt, nun wollte ich ihm auch ins Leben helfen. Ich setzte ihn ab, und wie immer weinte und klammerte er sich an mich. Immer wieder sah er mich an und sagte: »Ich schaffe das nicht.« Mich wunderte es sehr, woher konnte er diesen Satz nur haben?

Ich misstraute dem Heim, den Behörden sowieso. Mir war klar, dass ich ihn nicht einfach wieder mitnehmen konnte, ohne ein ewig langes Behördengezänk. Ich beschloss, der Sache eine einzige Chance zu geben. Ich sprach beim Jugendamt vor und bat sie, mich meinen Sohn nach Hause bringen zu lassen. Natürlich hatten mich die letzten Monate gestresst. Ich weinte bei dem Gespräch und bettelte. Sie wollten prüfen, abwarten, testen und sichergehen.

Es widerte mich an, wie sie so phlegmatisch und dickbäuchig hinter ihren verstaubten Schreibtischen saßen und über die Zukunft meines Sohnes verhandelten. Selbst waren sie bestimmt kinderlos. Ich sei, man könne es ja an meinen Tränen sehen, nervlich nicht in der Lage und auch sonst nicht gefestigt genug. So und ähnlich speisten sie mich ab. Ich rief meinen Anwalt von früher an. Er versicherte mir, dass ich alle Chancen hatte, den Jungen zu bekommen. Aber er ersparte mir auch nicht die Wahrheit, dass es sehr, sehr lange dauern könnte. Verzweiflung packte mich, denn ich wusste, dass dieser kleine Junge nicht mehr so viel Zeit haben würde, um seine Seele noch zu retten.

Zu Hause kramte ich in meinen Schubladen. Irgendwo musste ein Videoband liegen, das ich für eine Bekannte aufgenommen hatte. Mit zittrigen Fingern schob ich das Band in den Recorder. Ich spulte. Erst der Film, danach das Magazin »Mona Lisa«. In Abwesenheit aufgenommen, war das Band nach dem Film einfach weitergelaufen. So befand sich hinter dem Film eine Reportage über Adoptionen. Alle möglichen Leute kamen zu Wort. Menschen, die Kinder wollten, Menschen, die Kinder kauften, Menschen, die Kinder abgaben. Leihmütter und Kinder aus dem Ausland. Und zwei Ehepaare, die seit langem ein Baby adoptieren wollten. Aus diesen und jenen Gründen hatte es bisher nicht geklappt. Sie wurden interviewt und ihre Häuser gefilmt. Sie erzählten ihre Geschichten und ihr Leben. Beide Ehepaare waren sehr sympathisch, beiden hätte ich ein Kind gewünscht. Aber ich entschied mich für das zweite Ehepaar. Die Frau war nur wenig älter als ich und hatte ganz blonde Haare. Auf die Frage, ob sie noch immer weiterkämpfen wollte, obwohl ihr Mann fast schon aus dem behördlich geregelten Adoptionsalter heraus war, antwortete sie mit einem schlichten Ja. Und dieses Ja war es, das mich berührte.

Sie sah so nett aus, so herzlich und so fröhlich. Eine richtige Mami eben. Ich überlegte nicht mehr lange und rief beim Sender an. Ich erklärte, dass ich genau mit diesem Ehepaar sprechen wolle, und hinterließ meine Nummer. Am selben Abend noch meldete sich der Mann. Misstrauisch natürlich, denn nach der Ausstrahlung der Sendung hatten sie viele schlimme Sachen erlebt. Ich gab ihm Zeit, sich beim Jugendamt darüber zu erkundigen, dass ich diesen Sohn wirklich hatte. Ich erklärte ihm, dass mein Steffen schon fast fünf Jahre alt wäre, also kein Baby mehr, wie sie es sich wünschten. Er freute sich wie wahnsinnig und versprach, sich direkt am nächsten Morgen wieder zu melden.

Natürlich meldete sich auch das Amt bei mir. Was mir einfiele, so ginge es nicht. Wenn ich den Jungen zur Adoption freigeben wolle, müssten wir das erst besprechen und dann würden sie die geeigneten Eltern suchen. Ich lachte sie aus. Dieses Ehepaar stand auf der Liste der bereits überprüften Eltern. Ich machte deutlich, dass ich, wenn diese Menschen meinen Steffen nicht bekommen würden, einer Adoption niemals zustimmen würde. Schon gar nicht so einer anonymen Sache, wie ich es bei seiner Geburt erlebt hatte. Sie gaben nach, und ich bat das Ehepaar zu Kaffee und Kuchen in meine Wohnung.

Sie waren fantastisch. Ich verheimlichte nicht, dass Steffen aus einer ziemlich zerrütteten Beziehung stammte und es unschöne Vorfälle gegeben hatte. Ich versuchte ihnen zu erklären, dass ich es aus Liebe tat, und ich spürte erleichtert, dass sie mir glaubten. Wir sahen uns seine Fotos an, und beide waren sofort in ihn verliebt. Sie war fürchterlich nervös und aufgeregt. Alles war so seltsam anders und doch wussten wir sofort, dass wir es genau so machen würden. Es spielte keine Rolle, dass Steffen kein Baby mehr war.

Auch Stefan hatte ich gebeten vorbeizukommen. Er kam. Er war seit den Vorfällen verändert, still und traurig. Er litt. Aber er gab mir Recht. Wir hatten verloren, wir hatten uns verloren und auch unseren Sohn. Unseren letzten Mut und unsere letzte Liebe warfen wir zusammen, um diesen Schritt zu tun.

Das Ehepaar campte die nächsten sechs Wochen in der Nähe des Kinderheims. Sie näherten sich Steffen sehr liebevoll an, um ihn schließlich mitzunehmen. Ich hatte noch einen letzten Tag mit ihm. Es war sein fünfter Geburtstag, und wir verbrachten ihn im Tierpark.

Das Rechtliche wickelten wir ohne Jugendamt direkt über einen Notar ab. Über eine Stunde hörte ich mir an, was ich nicht mehr durfte, welche Rechte ich verlor, dass es kein Zurück mehr gab. Ich unterzeichnete.

Lieber Steffen, du bist jetzt 14 Jahre alt. Deine Eltern waren so nett und haben mir Bilder geschickt und mir hin und wieder geschrieben, was du so machst. Gern hättest du Babybilder von dir gehabt, doch ich habe »gebockt«, wollte diese Jahre nicht hergeben. Nicht mal auf Bildern. Es tut mir so leid, dass ich dir nicht geben konnte, was du verdient hast. Bis heute und für immer bist und wirst du in meinem Herzen bleiben, mein kleiner blonder Prinz. Meine Liebe und Gedanken waren und werden immer auch bei dir sein.

Diese Zeilen wirst du wohl niemals lesen, und trotzdem sind sie für dich geschrieben. Ich hoffe sehr, du wirst mir eines Tages verzeihen. Das allein ist mein innigster Wunsch!

Nachdem Steffen weg war, stürzte ich mich in die Arbeit, keine Zeit, um nachzudenken, keine Zeit, um auszuruhen. Ich tingelte von Bar zu Bar, von Club zu Club. Ich strippte in der Peepshow, stellte meinen Körper auf dieser runden, rotbeplüschten Scheibe zur Schau. Räkelte mich nackt oder in aufreizenden Dessous vor den kleinen Scheiben. Stellte mir die Spanner dahinter vor, die in ihren kleinen Kabinen ins Kleenex wichsten. Lächelte in die Fenster und spielte an meiner Pflaume, betrank mich vorher, betrank mich danach. Genoss meine Soloauftritte in der Einzelkabine und geizte mit keinerlei Reizen.

Nach der Drehschicht ging ich hinüber in die Bar, sprach jeden Mann an und lockte ihn ins Zimmer. Ließ mich ficken und vögeln, ließ mich beißen und lecken. Saugte Hunderten von Typen das Sperma ab und steckte meine Finger in genauso viele Ärsche; ich rieb meine Brüste im Schweiß anderer und hasste Gott und die Welt.

Im Bett las ich alles, was ich über Sadomaso finden konnte, besorgte mir Kataloge, bestellte mir Folterwerkzeuge und bereitete mich auf das vor, was kommen sollte.

Traf ich Stefan, sah ich Steffen in ihm, sah ich Chrissi, dachte ich an seinen kleinen Bruder. Ich fuhr durch die Stadt und war überall hundertmal mit Steffen gewesen. Niemand kam zu mir durch, ich blockte ab und verbannte alles und jeden aus meinem Leben. Und dann traf ich Jürgen. Und das Roulette begann sich wieder zu drehen.

AKKORDARBEIT

Jürgen war Chef einer großen Abteilung eines Autokonzerns. Er muss Anfang 60 gewesen sein. In seiner Freizeit kleidete er sich recht ausgeflippt. Er setzte sich große mexikanische Hüte auf, zog sich bunte Hemden an und sprang manisch über Tische und Bänke.

Manisch-depressiv, das war er tatsächlich. Durch Medikamente hatte er seine Krankheit im Griff. Leider setzte er sie ab, so oft er konnte, und dann verlor er die Kontrolle über sich. Seine Frau hatte jahrelang mit ihm in Mexiko gelebt und gearbeitet, war stolz auf alles, was sie zusammen erreicht hatten. Ein kleines Häuschen hier, ein kleines Häuschen da. Sie wollte ihren Lebensabend auf geruhsamen Reisen ohne Sorge und Kummer verbringen, aber er hatte andere Pläne. Er wollte Spaß und den reichlich.

Jürgen kaufte sich jedes Mädchen im Laden und meistens alle auf einmal. Er hielt alle aus, manchmal auch die anwesenden, ihm völlig fremden Männer. Er zahlte riesige Summen, ständig wurde abgebucht, ausgeschenkt und wieder durchgezogen. Manchmal war ich froh, dass Kreditkarten aus so dickem Plastik sind, denn seine wären ansonsten ganz sicher zerbrochen. In irgendeinem Club gabelte er mich auf und zog mich von nun an häufig zu sich in den Whirlpool. Wir saßen und tranken. Er erzählte die wildesten Geschichten aus seinem Leben und die tollsten Abenteuer, die er erlebt hatte. Meist brachte er am nächsten Abend alles durcheinander, revidierte die Geschichten und begann, die Tatsachen erneut komplett zu verdrehen.

Seine fast dreißigjährige Ehe war kinderlos geblieben. Das

machte ihm nichts. Er erklärte mir eines Abends, dass er mit mir nun nicht mehr aufs Zimmer würde gehen können, denn seine Detektive hätten ihm seinen Verdacht bestätigt. Ich sei seine Tochter. Ich dachte, er scherzt, und zog alles ins Lächerliche. Aber er bestand darauf und erzählte mir die Geschichte bis ins kleinste Detail. Natürlich hielt ich es für einen vorübergehenden Spleen. Aber ich irrte mich. Er blieb dabei und erklärte das auch jedem, der es hören wollte. Selbst seiner Frau, die mich eiligst zum Kaffee bat. Natürlich wusste sie genau wie ich, dass er diese Geschichte zwar auslebte, doch daran nichts Wahres war. Sie war bestürzt über seinen Gesundheitszustand und wollte gute Miene zum bösen Spiel machen, bis sie eine Lösung finden konnte. Noch immer ging er täglich ins Büro. Gott weiß, wie er das gemacht hat.

»Ich möchte Sie auch darauf aufmerksam machen, dass Ihr Mann jede Menge Geld ausgibt. Ungeheure Summen, um ehrlich zu sein.« Ich verschonte sie nicht und erzählte alles fast bis ins letzte Detail. Sie tat mir leid, war so eine richtig nette Omi, eine Frau zum Gernhaben.

»Ich weiß, ich weiß«, erwiderte sie. »Die Bank hat mich schon angerufen, es steht schlecht auf dem Konto.« Sie tat mir wirklich leid. Wir überlegten, was zu tun war. Eigentlich ging mich das alles nichts an, aber die letzten Abende war er regelmäßig in mein Zimmer gestürzt und hatte die Männer von mir runtergezogen. »Das ist meine Tochter, sofort raus hier.« Er störte meinen Betrieb empfindlich. Den Barbesitzer störte das jedoch nicht wirklich, er kassierte ja jeden Abend dick ab. Er beschwor mich: »Dann sei eben seine Tochter. Um Himmels willen, kassier ihn ab.«

In der Tat, ich ließ nichts anbrennen. Ich fühlte mich vom Leben bestraft und gedemütigt und zahlte es, wem auch immer, zurück. Am meisten mir selbst. Ich nahm jede Mark von jedem an und ging auch für den letzten Rest in der Börse nach oben. War es zu wenig, dann zog ich nur meinen Slip zur Seite, und wir machten es im Stehen. War es etwas mehr, dann zog ich mein Oberteil dazu aus. Hatte der eine wenig, nahm ich vom Nächsten mehr. Verweigern tat ich mich niemals. Mein Chef wusste das und freute sich über meinen Eifer. Wir kassierten beide ab in diesen Monaten. Aber das ging mir zu weit. Ein offensichtlich kranker Mensch. Auch an die liebe Omi dachte ich. Aber wie so oft kann man gar nicht alles beeinflussen. Auch in diesem Fall lag letztendlich nicht alles in meiner Hand.

Schließlich kam mir die Idee, einen Vaterschaftstest durchführen zu lassen. Ich verabredete das gemeinsam mit seiner Frau. Wir hofften, ihn dadurch stoppen zu können, während sie daran arbeitete, ihm ärztliche Hilfe zu suchen. Er ging sofort darauf ein. Zusammen ließen wir uns Blut abnehmen. Ich kam mir total bescheuert vor. Aber das war das kleinere Übel für mich, und ich konnte zeitweilig wieder in Ruhe arbeiten. Er verstand, dass ich auf den Beweis warten wollte, und zog sich zwischenzeitlich zurück.

Die Tage flossen dahin. Mein Dienst begann um 10.00 Uhr morgens und endete um 16.00 Uhr, was die Drehscheibe betraf. Es gab einen Stundenplan, und man hatte regelmäßige Zeiten, »die Platte zu beheizen«, wie wir es nannten.

Um jedes Mädchen bildeten sich Stammgucker. Jeder Mann hatte seine Vorlieben, und bald waren es häufig dieselben, die mich durch die Fensterchen anstarrten. Ihre Gesichter konnte ich nicht sehen, es war eine Art Spiegelglas. Aber ich sah anhand eines beleuchteten Streifens, welche Fenster besetzt waren und welche nicht. Denen wendete ich mich dann zu. Es kostete jeweils ein paar Mark, die Scheiben zu öffnen, und oft standen die Männer wie an einem Glücksspielautomaten mit ganzen Münzrollen vor dem Kasten. Geöffnet wurden die Scheiben durch einfachen Geldeinwurf. Die Kabinen der Männer waren klein, winzig. Es befand sich nichts darin außer einem kleinen Automaten, an dem man die Taschentücher nach unten herausziehen konnte, sowie einem Mülleimer für das vollgewichste Papier. Denn genau das spielte sich hinter den Scheiben ab. Während man sich darbot, an sich rumspielte und verführerisch in die Fenster lächelte, nahmen die Spanner ihr Glied aus der Hose und massierten es kräftig.

Es ist eine eigene Art der »Freier«, selten, ganz selten waren sie auf richtigen, körperlichen Kontakt aus. Es waren eher Voyeure, mehr scheu als laut. Waren sie fertig, verließen sie die Kabine und verdrückten sich schnell durch die Tür.

Von dem Raum, in dem sich die Scheibe befand, gingen zwei weitere Türen ab. Die eine führte ins Kino, in dem den ganzen Tag Schmuddelfilme liefen.

Es gab nur drei Sitzreihen, in denen niemals mehr als vier oder fünf Typen saßen und starrten, wichsten, manchmal schliefen. Oft war der Boden übersät mit benutzten Tempos, und es roch immer nach Schweiß und alter, abgestandener Luft. Es gab kein Fenster in diesem Raum. Die zweite Tür führte in die Bar. Es war eine einfache Bar, mit einer großen Theke sowie mehreren Kuschelbänken. Dort saßen die Mädchen, während sie auf ihren Auftritt warteten oder in den Pausen. Natürlich waren wir alle leicht bekleidet. Über unserer Dienstkleidung trugen wir meist nur einen Bademantel. Die Männer, die dort hineinkamen, wollten Sex, aber meist nur schnellen. Dementsprechend einfach waren auch die Zimmer eingerichtet.

Es gab fünf davon im ersten Stock. Den Schlüssel bekam man von der Hausdame. Sie kassierte 20 DM für fünfzehn Minuten. Den Preis für die Liebesdienste sprach man mit dem Gast selber ab. Dafür säuberte sie anschließend die Zimmer. Es gab keine Duschen, nur Waschbecken, um sich frisch zu machen.

Bei mir richtete sich der Preis ausschließlich nach dem Barvermögen der Typen, mit denen ich hochging. Notfalls ging ich auch mit zum Geldautomaten, wenn die Möglichkeit bestand. Man ging immer mit. Das war ein Garant dafür, dass die Männer es sich nicht anders überlegten.

Die Bar öffnete für Publikumsverkehr jedoch erst gegen 16.00 Uhr, wenn meine Schicht auf der Scheibe schon um war. Dann wechselten auch die Mädchen. Viele taten nur eines von beiden.

Ich aber nicht. Um 16.00 Uhr ging ich hinüber und blieb oft bis 22.00 Uhr oder länger. Ich hatte mein eigenes Tagessoll und ging, wenn möglich, nicht, bevor ich die mir vorgenommene Summe in der Tasche hatte. Für die Scheibe bekam man Festgeld. Es spielte keine Rolle, wie viele Männer sich eingekauft hatten.

Reichte dem Wirt der Umsatz des Mädchens nicht, tauschte er sie aus oder setzte sie eben am Nachmittag in die Bar. Frei nach dem Motto »Auf jeden Topf passt ein Deckel« konnte hier jedes Mädchen sein Glück versuchen. Und Abwechslung war willkommen, auch bei den Männern. So kam es, dass man oft neue Gesichter sah und eigentlich nie eine feste Freundschaft geschlossen wurde. Hier herrschte starker Konkurrenzdruck, und jede arbeitete für sich.

War man mit den Typen erst auf dem Zimmer, ging die Feilscherei los. Viel Zeit hatte niemand von ihnen, und wir waren bemüht, die 15 Minuten nicht zu überschreiten, um nicht noch einmal das Zimmer zahlen zu müssen. Um mein eigenes Soll zu erfüllen, hatte ich mir nun angewöhnt, auf die ordinäre Art zum Ziel zu kommen. Was mir als visueller Reiz an Oberweite fehlte, ersetzte ich nun durch vulgäres Reden und ordinäres Verhalten. Damit hatte ich Erfolg.

Die Männer, oft angeheizt von den billigen Filmen im Nebenraum, wollten schnell zur Sache kommen. Schamlos griff ich beim ersten Hallo schon in ihren Schritt, knetete die Eier meines Opfers, während er noch sein Bier austrank. Wischte seine vom kalten, nassen Glas feuchten Finger alsbald an meine nur durch einen Tanga bekleidete Ritze. Ich ließ mir hier und da auch einen Finger einführen, um zu testen, wie eng die Muschi war.

Oben angekommen, rechnete ich dann hoch. Thekenfummelei kam immer dazu. Und sie zahlten anstandslos. Dann ratterte ich los: »Einfach im Stehen, Slip zur Seite«, oder »im Stehen, ohne Slip«, dazu kam »mit oder ohne Oberteil« und auch »ohne Anfassen oder mit Befummeln«, »mit Fingereinführen oder ohne«. Im Liegen war alles teurer, und ganz nackt im Bett war das Bestbezahlte. Die Feilscherei vergnügte mich, die angespannten Gesichter der schon aufs Äußerste erregten Männer heizten mir ein. Ich genoss ihre Unschlüssigkeit, ihre Berechnungen und ihre ungezähmte, primitive Geilheit.

Was dann folgte, war meist ein schnelles Schwanzanblasen, Kondom überstreifen und Einführen in das gewünschte Loch. Natürlich war Analverkehr etwas, worauf sie ganz besonders scharf waren. Das war eine heikle Sache für mich, zu oft hatte ich erlebt, dass der Freier beim Bumsen völlig hemmungslos zustieß. Natürlich wusste ich um die Gefahren eingerissener Schließmuskel und ließ mich nur selten dazu überreden. Inspektion der Größe und des Durchmessers der Schwänze meiner Kunden gehörten für mich genauso dazu, wie das Kennenlernen meines Gegenübers etwa durch mehrere Besuche.

War ich überzeugt, dass der Analfreudige über die Risiken Bescheid wusste und sich jederzeit durch mich bremsen lassen würde, erlaubte ich diese seltene Freude und belohnte mich mit kräftigem finanziellem Aufschlag. Meist wurde jedoch im Stehen das Geschäft durch Mösenreiterei abgewickelt. Die Scheine rollten in diesen Monaten unaufhörlich in meine Tasche. Ich kaufte mir einen schwarzen, schnellen Sportwagen und richtete meine Wohnung nur vom Feinsten ein. Private Kontakte erlaubte ich mir in dieser Zeit nicht zu Männern. Zu weiteren Liebesspielen war ich in meiner Freizeit kaum aufgelegt. Mein Leben verlief schnell, hektisch, rasant.

Natürlich hatte ich noch immer meinen Erstgeborenen, Christopher, für den ich sorgen musste, und das nicht nur finanziell. Meine ganze Liebe vergab ich nur an ihn. Vergöttert und verwöhnt blieb er die meiste Zeit an meiner Seite. Verhätschelt und vertätschelt, und wenn ich keine Zeit für ihn hatte, war er bei seiner Oma.

Was nie aufhörte, niemals pausierte, war seine grenzenlose Liebe, die er mir schenkte. Sein Vertrauen zu mir war übermächtig. Er hatte keinerlei Problem, sich auf jeden Gemütszustand, in dem ich mich wechselweise befand, einzustellen. Er ging zur Schule, entwickelte sich enorm rasant und war schon als kleiner Junge extrem klug. War ich krank, versorgte er mich mit Brot und Kaffee, las mir aus seinen Bilderbüchern vor und wechselte meine kalten Umschläge auf dem Kopf. Er ordnete meine Schuhe, räumte den Müll aus dem Wagen und sah mit mir Fernsehen. Er sprach mit mir über alles, verheimlichte mir nie etwas und wann immer ich zurücksehe, sehe ich nur sein strahlendes, glückliches Lächeln.

Es war phänomenal, wir wuchsen zusammen und wurden wie eins. Er war jetzt sieben, und ich hatte ihm viele große Städte gezeigt. Ich reiste mit ihm nach New York, zeigte ihm die berühmte Skyline, um wenig später mit ihm nach Florida zu fliegen, als Besucher des großen Disneyland. Ich legte ihm alles zu Füßen, was ich mit meinem Geld kaufen konnte. Wir wanderten durch London und spazierten unter dem Eiffelturm entlang. Wir besuchten die Wale in der Karibik und badeten in Fort Lauderdale. Aber eines konnte ich ihm nicht kaufen: Freunde. Er wuchs nun als Einzelkind auf und hatte Fragen nach dem Verbleib seines Bruders in Ermangelung des wirklichen Begreifens einfach mit den Worten »Der ist tot« beantwortet. Häufig befanden sich Traueranteilnahmekarten in meinem Briefkasten. Auch von der Grundschule, die Christopher besuchte, meldete sich eine Gruppe von Lehrern samt Direktor an, um mir ihr Beileid persönlich auszusprechen.

Ich versuchte Christopher zu erklären, dass sein Bruder nicht tot war. Entweder ich fand nicht die richtigen Worte, oder ich machte ihn nervös mit dem Gedanken, dass man Kinder einfach zu anderen Eltern geben konnte. Also ließ ich es. Wir sprachen überhaupt nicht darüber. Das hatte zur Folge, dass ich zwar jeden wahrheitsgetreu aufklärte, meinen Sohn jedoch dadurch zum Lügner stempelte. Irgendwann hatte er einfach keine Lust mehr, sich mit dem Thema auseinanderzusetzen und schwänzte die Schule. Ich sprach mit ihm darüber, und er erklärte mir, dass alle doof seien und er da nicht mehr hinwolle. Niemand würde ihn verstehen, und Freunde hätte er da auch keine. Nur bei Oma, da war es lustig, da kannte er viele.

Trennen wollte ich mich nicht von ihm, aber auch sein Leben nicht unnötig komplizieren. Deswegen gab ich nach, und wir schulten Christopher bei Oma ein. Nun war es umgekehrt, holte ich ihn jetzt in den Ferien und oft am Wochenende, lebte er den Rest der Zeit bei meiner ersten Schwiegermutter. So war ich nun häufig ganz alleine und fuhr ständig von Bar zu Bar. Bis ich schließlich auf Jürgen, meinen durchgeknallten Vater, traf.

Der Vaterschaftstest war natürlich negativ. Seine Frau, mit der ich häufig telefonierte in jenen Tagen, war erleichtert. Wir hatten nun etwas schwarz auf weiß, um ihn zu beruhigen. Sie versuchte ihn derweil in eine Anstalt einzuweisen sowie ihm einige Vollmachten zu sperren. Aber da er nach wie vor regelmäßig und gut seine Arbeit verrichtete und sich in Gesprächen einsichtig und unauffällig verhielt, konnte ihm kein Gericht verbieten, sein Geld auszugeben, wie es ihm Spaß machte.

Die Mühlen der Behörden waren jedoch in Gang gesetzt worden und taten langsam, aber beständig ihren Dienst. Er fühlte das ganz genau, manchmal sah er mich an und sagte: »Ich weiß schon, wo die Reise hingeht, Lisa.« Dann lachte er, um sofort wieder manisch loszulegen und sich auf Teufel komm raus zu amüsieren. An einem Wochenende ließ er mich wissen, dass er weg müsse, und fragte, ob ich ihn begleiten wolle. »Wo soll es denn hingehen, Jürgen?«, fragte ich neugierig.

»Ans Mittelmeer«, sagte er aufgeregt.

»Ich hoffe, du hast nicht wieder eine Tochter gefunden?«, witzelte ich.

»Nein, das nicht, aber eine neue Frau!«

»Eine neue Frau?«, antwortete ich verstört, »du bist doch verheiratet!« Er schwieg und lächelte verliebt. Ich dachte bei mir: »O weh, die arme Frau!«, konnte das gar nicht glauben und vermutete das Schlimmste. Tatsächlich handelte es sich um ein sehr junges Mädchen aus einem Striptease-Club. Wie und wo er sie kennen gelernt hatte, verschwieg er mir. »Ist es eine Deutsche?«, versuchte ich ihn auszuquetschen, aber er blieb stumm. Einzig seine Bitte, ihn zu begleiten, wiederholte er.

Das aber wollte ich auf keinen Fall. Mir wurde das langsam alles zu dumm. Auch, dass ich kein Geld an ihm verdienen konnte und viel Zeit mit ihm verbrachte, regte mich auf. Sicher hätte ich was nehmen können, aber die nette Omi und dann der kranke Mann. Nein! So weit wollte ich nicht sinken.

Seine Frau sah das dann leider ganz anders. Komischerweise mochte sie mich leiden, obwohl ich eine aus dem Gewerbe war. Sie selbst bat mich, mit ihm zu fahren, da sie Angst um ihn hatte. Sie wollte in der Zwischenzeit alles unternehmen, damit ihm bald geholfen wurde.

Ich sagte ihr, dass ich kein Kindermädchen sei und zudem einen eigenen Sohn hätte, den ich ernähren müsse. Ich fand, mit dem Vaterschaftstest hatte ich allem Genüge getan, und wollte mich nicht weiter verwickeln lassen. Doch er gab keine Ruhe, sie gab keine Ruhe. Schließlich überredete er eine Arbeiterin aus der Autofabrik, die er flüchtig kannte. Er würde ja alles zahlen, hatte er ihr versichert, und das reichte ihr.

Also sagte ich auch zu. Die Omi zahlte meinen Verdienstausfall, es waren Osterferien, und ich packte Christopher gleich mit ein. So flogen wir zu viert ans Mittelmeer und landeten nach zwei Stunden auf einer wunderschönen kleinen Ferieninsel. Das Erste, was uns erwartete, war ein großes, schwarzes Auto. Ein Spanier stieg aus und rannte direkt auf Jürgen zu. Sie sprachen spanisch, und ich verstand kein Wort. Später sah ich, wie Jürgen Geld in einen Umschlag packte und dem Mann übergab. Langsam dämmerte es mir, aber ich wollte es nicht glauben. Jürgen hatte tatsächlich von Deutschland aus angerufen und seine neue Frau in spe mit allen Köstlichkeiten per Telefon ausgehalten. Die Summe war so riesig, dass sie persönlich am Flughafen abgeholt wurde. Ich war perplex, war viel gewöhnt in dem Geschäft, aber so etwas hatte selbst ich nie erlebt.

Wir nahmen dann ein Taxi zum Hotel. Aus Rücksicht auf Christopher hatte ich keine Lust, bei Fremden einzusteigen. Chrissi und ich hatten ein Zimmer, die Frau hatte auch ein eigenes. Jürgen verschwand direkt ins Bett und richtete mir aus, ich solle ihn gegen 22.00 Uhr wecken. Wir gingen sofort zum Strand und machten uns einen schönen Nachmittag. Chrissi war begeistert, baute Burgen und lief barfuß durch den feinen Sand. Gesprächen mit der Frau konnte ich entnehmen, dass sie Jürgen wirklich nur flüchtig kannte. Von seinen Problemen hatte sie keine Ahnung. Er hätte sie einfach eingeladen, und das traute ich ihm durchaus zu.

Spät am Abend, als Christoph schlief, machte ich mich mit Jürgen allein auf den Weg zum Club. Ich war gespannt, wie es wohl hier wäre, in einem anderen Ferienort wäre sicher eine Menge los. Und ich hatte mich nicht getäuscht. Der Laden platzte aus allen Nähten! Aber nicht nur Männer, auch an die 50 Frauen waren dort.

Durch einen Vorhang gelangte man an die Bar. Es war nur ein einziger Raum, und am Ende war eine große Spiegelwand. Davor gab es ein hohes Podest mit einer silbernen Tanzstange, wie man sie vom Table-Dance her kannte. Die Menschen wuselten wie verrückt durcheinander, alle Tische waren besetzt. Vereinzelt sah man Männer mit dunkelhäutigen Schönheiten auf dem Schoß sitzen. Es waren eindeutig Freier mit den Mädchen. Auch die Theke war brechend voll. Wir drängten uns dazwischen, und sofort gab es ein riesiges Hallo auf Spanisch. Der Barmann, die Kellner, alle begrüßten Jürgen, und ich fragte mich einmal mehr, wie oft er wohl schon hier gewesen war.

Auch eine Mädchentraube wurde sofort um Jürgen sichtbar. Man starrte mich mehr neugierig als feindselig an. Es war keine Deutsche darunter, und ich hätte mich nicht unterhalten können, also hielt ich mich abseits und war sehr neugierig auf die neue Frau von Jürgen. Bis jetzt war sie nicht aufgetaucht.

Es wurden Getränke ausgegeben, Flaschenkorken knallten. Die

Mädchen bekamen bunte Chips, die sie wohl nach Dienstschluss an der Theke gegen Geld eintauschen konnten. Bei der Anzahl von Frauen konnte man es wohl auch kaum anders machen. Die Gäste zahlten ausnahmslos alles an der Theke. Festpreis für die Nummer, schoss es mir durch den Kopf. Dann wurde es dunkel. Jemand machte eine Ansage, und die Show begann, eine einfache Stripshow. Circa zehn Mädchen tanzten nacheinander zu unterschiedlicher Musik und in verschiedenen Kostümen. Alle Männer grölten, klatschten wie verrückt, und alles starrte nach vorn zur Tanzfläche. Beim zweiten Song zogen sich die Mädchen dann unter Getöse und Pfiffen der Männer aufreizend aus. Sie verschwanden dann im Spiegel, und da waren auch die Zimmereingänge. Es gab jedoch nur drei Zimmer, und ich sah die Mädchen teilweise ewig auf ein freies Bett warten. Jürgen stupste mich aufgeregt an. »Jetzt kommt sie!« Mir wurde klar, das letzte Mädchen wurde angekündigt, der augenscheinliche Star der Show.

Langbeinig, schlank, braun gebrannt, hellblond und mit einem Wahnsinnsbusen, hoch geschnürt und spitz herausragend, dazu in schwarzer, sexy Countrykluft betrat sie die Bühne. Tina. Die Männer hielten sich das Herz. Es war wirklich ein gnadenlos sexy Auftritt.

Sie lächelte und wandte ihr schönes, ebenmäßiges Gesicht dem rasenden Publikum zu. Dann begann ihre Show. Schnelle Musik und ihre eingespielten Bewegungen verzauberten den Raum. Hocherotisch schlängelte und drehte sie sich auf der Bühne. Ich konnte durchaus verstehen, dass Jürgen seinen Kopf verloren hatte, aber sie war ganz sicher nicht wirklich an ihm interessiert. Nicht, dass er nicht attraktiv gewesen wäre. Aber seine Halbglatze verriet sein Alter und dazu sein kleiner Bierbauch an dem sonst eher schmächtigen Körper.

Während sie sich rollte und robbte, die Beine spreizte und ihren Busen zur Musik wippen ließ, starrte er verzückt auf sie und hob die Hände. Er johlte, rief laut ihren Namen und war völlig außer sich. Als sie unter künstlichem Nebel schließlich im Spiegel verschwand, knuffte er mich in die Seite. »Und? Wie findest du sie? Ist sie nicht schön?«. Er lauerte regelrecht auf meine Worte.

»Jürgen«, ich lächelte, »sie ist atemberaubend.« Und ich war gespannt, wann sie zu uns kam. Lange dauerte es nicht. Sie kam auf uns zu, schwebte eher durch den Raum, und hatte ihr Kostüm jetzt gegen einen aufreizenden Wickelrock und ein goldenes Paillettenoberteil getauscht. Sie war auf den Schuhen mindestens 1,85 m groß und sah von nahem noch hübscher aus. Sie strahlte: »Jüüüüüürgen!« Sie zog das Wort ganz lang durch ihre riesigen weißen Zähne und küsste ihn rechts und links auf die Wangen. Wir setzten uns zu dritt an einen jetzt frei gewordenen Tisch. Nach der Show verzogen sich mehr als die Hälfte der Männer. Alle, die blieben, wollten ficken. Davon ging ich wenigstens aus.

Wir orderten Champagner, und ich staunte über die absolut gigantisch hohen Preise. Die erste Flasche, die wir bekamen, wurde mit über 1000 DM vermerkt. Schnell durchschaute ich. Hier wurde getan, was ich in Deutschland selbst nicht wollte. Er wurde gnadenlos abgezogen, ausgenommen. Fast tat er mir leid.

Später erzählte mir Tina, dass sie anfangs auch gezögert hatte. Aber mittlerweile würde er ihren Betrieb dermaßen stören, dass sie nicht anders konnte. In gewissem Sinne konnte ich sie sogar verstehen und erzählte ihr meine Story dazu. Ich erklärte aber auch, dass es finanziell schlecht um ihn stünde, verheimlichte auch die nette Omi nicht und hatte bald eine Verbündete. Wir würden ihn nach Hause schaffen.

Tina war Holländerin und lebte mit ihrer ganzen Familie hier. Sie ernährte alle. Ich zog im Innern den Hut. Sie war eine starke Frau, zwei Jahre jünger als ich und Mutter eines behinderten Kindes. Ich war baff. Nicht nur mir hatte das Schicksal übel mitgespielt, auch andere erwischte es.

Sie war jetzt das dritte Jahr hier, ließ sie mich wissen, und sprach natürlich perfekt spanisch. Aber sie war auch die Einzige, die hier deutsch sprach und nicht aufs Zimmer ging. Sie bekam Festlohn für ihre Shows, die sie viermal am Abend abhielt. Ansonsten trank sie nur mit den Gästen. Erst dachte ich, sie lügt mich an, glaubte ihr nicht. Später wusste ich es dann besser. Sie ist nicht einmal mit einem Gast mitgegangen, versucht haben es sicher alle.

Ich mochte sie gern, fand sie sehr schnell nett. Sie selbst war erschrocken, dass sich Jürgen so sehr reingesteigert hatte und dabei über alle Grenzen ging. Wir schmiedeten einen Plan, und schon drei Tage später saß Jürgen unter Vorspiegelung falscher Tatsachen wieder im Flieger nach Hause. Zweimal traf ich Tina dann nachmittags, und wir bummelten und lachten uns durch den Tag. Sie war so bezaubernd, dass sogar mein Chrissi sie anhimmelte. Die Osterferien neigten sich dem Ende zu.

Als ich mich am letzten Abend von Tina verabschiedete, besuchte ich sie im Club. Der Chef, dem längst klar war, dass auch ich aus dem Gewerbe kam, fragte mich, ob ich Lust hätte, dort zu arbeiten. Ich wiegelte ab. Wie sollte das gehen? Ich dachte an meine kleine Schmuddelbar zu Hause, meine Scheibe und alles, woran ich mich nur schwer gewöhnt hatte. Aber jetzt war es mein Heim, irgendwie mein Leben; es verkörperte meinen Alltag. Ich hatte mich längst damit identifiziert. Ich war ermüdet vom Rumreisen in Deutschland, dem Abklappern der Puffs und froh, dass ich mich erneut etabliert hatte. Aber auch Tina ließ nicht locker, schwärmte vom Wetter, dem guten Verdienst, und angefreundet hätten wir uns ja auch schon. Ich überlegte dann auch nicht mehr lange, und als ich am Morgen den Laden verließ, hatten wir alle abgemacht, dass ich in zwei Wochen wieder da wäre. Ich fuhr ins Hotel und frühstückte mit Christopher. Den letzten Tag wollten wir noch am Strand ausklingen lassen. Ich sprach mit ihm über meine Pläne, und er war begeistert. Am Meer wohnen! Ich dämpfte ihn sogleich und erklärte, ich müsse erst mal alles abklären und schauen, ob ich mit der neuen Arbeitsstelle auch genug Geld verdienen würde.

Die Sprachbarriere musste überwunden und Schulsysteme mussten durchleuchtet werden. Im Hotel konnten wir schließlich auch nicht ewig wohnen und so erklärte er sich bereit, es mich vorläufig allein versuchen zu lassen, während er bei Oma die zweite Klasse abschloss. In den Sommerferien wäre er ja wieder da, und alles sollte vorerst unser Geheimnis bleiben. Mir war klar, dass Oma richtig am Rad drehen würde, sollte sie von diesen Plänen erfahren! Gut gelaunt und braun gebrannt flogen wir zurück.

Nachdem ich Christopher das eiserne Versprechen abgenommen hatte zu schweigen, fuhr ich zurück in meine Bar. Jürgen tauchte nicht mehr auf, und bald wusste ich von der Omi, dass sie alles geklärt hatte. Erst fünf Jahre später sah ich Jürgen wieder am Flughafen. Er steuerte jetzt eine andere Insel an, aber er sagte kein Wort, als er mich sah. Sicher hatte er mich erkannt. Er sah gut aus, auch alt, jetzt aber ruhig und abgeklärt, sehr gepflegt und ordentlich. Ich hoffte, dass er geheilt und lediglich auf dem Weg in den Urlaub wäre. Aber ich kam nie dahinter. Letztendlich war das Kapitel für mich abgeschlossen.

INSELNÄCHTE

Die letzten 14 Tage vergingen wie im Flug. Zu meiner Sadomaso-Lektüre kamen jetzt Home-Videos von Tanzshows. Mal mit Cowboyhut und Fransenrock, dann wieder in seidige Tücher gehüllt, swingte und übte ich, mit den 14 cm hohen Absätzen ein einigermaßen sexy Bild abzugeben. Letztendlich entschied ich mich für Frack und Zylinder. Ein silberner Stock war mein Accessoire, mit diesem konnte ich Pausen überspielen, ihn aber auch zur Sicherheit als Stütze benutzen. Ich übte, was das Zeug hielt, während ich zusätzlich SM-Filme laufen ließ. Auch meine Arbeit vernachlässigte ich nicht, und von vielen wollte ich mich noch verabschieden. Meinen Wagen brachte ich zurück zum Autohaus und bekam einen lächerlichen Preis dafür erstattet. Das störte mich jedoch nicht, denn dieser Wagen hatte mir extrem viele kleinere Unfälle beschert und meine Versicherung gigantisch in die Höhe schnellen lassen. Dauernd fuhr ich irgendwo auf, kratzte mit den Fiberglasverkleidungen gegen andere Autos oder hatte »Rechts vor Links«-Probleme. Manchmal kam es mir vor, als sei das Auto verflucht.

Als ich ihn einmal nach erfolgreicher Reparatur beim Autohaus abholte, krachte ich direkt beim Verlassen des Hofes in ein anderes Fahrzeug. Die Mechaniker schoben daraufhin den Wagen rückwärts wieder in die Garage, und ich betrank mich mit einem Sechserpack Bier an der nächsten Tankstelle. Oder mir lief am Tag nach Abholung ein Hase mit Schwung in den Wagen und verbeulte meinen aufgestylten Flitzer. Nein, dieses Auto zurückzugeben machte mir wirklich nichts aus.

Ich rief Laura an und ging das letzte Mal mit ihr frühstücken. Mitkommen wollte sie nicht, sie arbeitete an ihrer Verlobung und war in einem kleineren Club in der Nähe geblieben. Sie nahm einiges aus meiner Wohnung, und erneut schmiss ich, bevor ich zum Flughafen fuhr, die Schlüssel direkt beim Vermieter in den Briefkasten.

Ich fuhr noch einmal alle Plätze und Wege ab, die ich gegangen war, als meine Familie noch vollständig und heil war. Schwermut überkam mich, und bei meinem Bruder habe ich sogar ein wenig geweint. Aber diese Entscheidung hilft mir über alles hinweg – dachte ich –, mal was anderes sehen, mal was anderes hören und erleben. So saß ich alsbald im Flugzeug und flog dem Glück direkt in die Arme – das hoffte ich zumindest. Angekommen, stieg ich aus und freute mich über das tolle Wetter. Der Himmel war blau, kein Wind milderte die Hitze, und ich konnte das Meer und die Palmen riechen. Gut gelaunt wartete ich auf meine beiden Taschen, mehr hatte ich letztendlich nicht mitgenommen. Ich würde neue Garderobe brauchen, denn es war klar, dass der Sommer hier viel länger und wärmer sein würde als in Deutschland. Auch für den Laden würde ich mich einkleiden müssen. Ich hatte gesehen, dass fast alle Mädchen halbnackt waren; manche hatten als Oberteil nur einen Outgoing-BH getragen.

Als Erstes charterte ich ein Taxi und ließ mich in der Nähe des Clubs absetzen. Mit meinen Taschen, rechts und links schwer auf den Schultern liegend, ortete ich ein kleineres Hotel ganz in der Nähe. Der Zimmerpreis war der Saison entsprechend hoch. Aber ich war erschöpft, die Aufregung hatte an mir gezehrt, es war warm, und das Gepäck schnitt mir ins Fleisch. Für eine Woche buchte ich mich ein, schleppte mich ins Zimmer und fiel sofort in einen tiefen, zufriedenen Schlaf.

Als ich wach wurde, war es später Abend. Nach kleinerer Orientierung rief ich im Club an und teilte Tina meine Ankunft mit. Ich verabredete, dass ich in drei Tagen anfangen würde. So lange hatte ich Zeit, mich einzuleben und mich einzukleiden. Der

Hunger trieb mich schließlich aus dem Bett, und ich schlenderte in Shorts und Shirt die Strandpromenade entlang. Es war nach 23.00 Uhr, aber die Straßen waren gefüllt mit Touristen und Musik. Überall saß man draußen auf großen Terrassen, trank und feierte seinen Urlaub. Alle Geschäfte entlang der Straße waren geöffnet, und ich fing hier und da an mich umzusehen.

Es war wunderbar warm, trotz der späten Stunde, und ich setzte mich in das nächste Café, das eine Speisekarte auf dem Tisch hatte. Die Menschen johlten und grölten an mir vorbei oder gingen bedächtig und verträumt Hand in Hand. Ja, ich fühlte mich gut, fühlte mich fantastisch und frei, alle meine Probleme waren auf ein Minimum zusammengeschrumpft.

Und das lag auch bald an Leon. Leon war Franzose und verbrachte seinen Kurzurlaub jedes Jahr hier auf der Insel. Sein Akzent war sehr niedlich, er sprach deutsch sehr gebrochen, aber, wie ich fand, sehr sexy. In Ermangelung freier Plätze saß er an diesem Abend bald neben mir am Tisch. Wir aßen zusammen, tranken gemeinsam und plauderten über die Insel und das Leben. Er war 26, genau wie ich, und hatte dunkle, kurze Haare. Seine Augen, ebenfalls braun, passten wunderbar zu seiner tiefbraunen Haut.

Später schlenderten wir gemeinsam weiter, mittlerweile Hand in Hand. Ich war nicht verliebt oder extrem an ihm interessiert. Aber es gefiel mir, an meinem ersten Abend nicht alleine zu sein. Und so willigte ich ein, die In-Disco zu besuchen. Natürlich hatte ich meinen Besuch ebenfalls als Kurzurlaub ihm gegenüber getarnt und genoss es, eine Touristin von vielen zu sein. Leon war ein angenehmer Unterhalter, nicht zu laut, nicht zu leise, und es machte mir viel Spaß, ihm zuzuhören.

Er war eher klein als groß, eher schmächtig als kräftig, und doch hatte er das gewisse Etwas. Wir nahmen unendlich viele Drinks und fingen an zu tanzen. Wir hoppelten und rockten zu der allgemein bekannten deutschen Discomusik über die spiegelglatte Tanzfläche. Wir lachten und alberten, und dann stürzte ich. Stürzte am Rand der Tanzfläche und riss im Fallen einen kleinen Stehtisch mit, auf dem andere Gäste ihre Getränke abgestellt hatten. Zwei Aschenbecher flogen mir um die Ohren und Orangensaft plätscherte in meine Haare. Es muss irre komisch für alle ausgesehen haben.

Ich saß auf dem Arsch und rappelte mich hoch. Meine Augen brannten, der Orangensaft lief an mir herunter, und mein weißes Shirt war völlig von Bacardi durchnässt. Unter dem Gelächter der anderen half Leon mir hoch. Auch er war völlig aus dem Häuschen und lachte mit den anderen. Aber er lachte auch mich an, und mit seiner Hilfe verließ ich das Lokal. Mein Fuß war umgeknickt, und es schmerzte ziemlich beim Auftreten.

Als wir draußen waren, lachte ich schließlich mit. Ich schwor mir, diesen Laden nie mehr zu betreten nach dieser endlosen Peinlichkeit. Sein Hotel war näher als meins, und so humpelte ich neben ihm her. Gegen 4.00 Uhr morgens saß ich auf seinem Bett. Meine Schuhe hatte ich ausgezogen, und ein dicker, weißer Wickel zierte meinen leicht geschwollenen Knöchel. Leon setzte sich neben mich, und wieder lachten wir in Erinnerung an das peinliche Szenarium. »Du bist ein guter Krankenpfleger, vielen Dank, Leon«, säuselte ich ihm zu. Im Zimmer war es angenehm kühl, er hatte aus der Minibar nun zwei kleine Flaschen Wein gezaubert, die wir direkt aus dem Flaschenhals leersaugten. »Chérie«, er sprach es sehr französisch aus und ließ das »R« rollen. »Ich bin noch in vielem anderen gut«, schmeichelte er nun etwas billig zurück. Es begann ein Wortgeplänkel. Beide klopften wir ab, was der andere wohl davon halten würde, wenn ...

Viele Worte waren nicht nötig! Er begann meinen Wadenwickel fester zu drehen und streichelte sich dann an meinem Bein hoch, beugte sich vor und küsste jetzt abwechselnd die Knie und die Oberschenkel. Ich lehnte mich zurück, schloss die Augen. Er war sehr zärtlich, seine Zunge huschte wie ein Hauch über meine Haut, und sämtliche Härchen am Körper stellten sich vor Entzückung nach oben. Langsam strich er mit seiner Zunge am Rand meiner Shorts entlang, schob mein T-Shirt nach oben und leckte mir meinen Bauchnabel aus. Ich streifte mein noch immer nasses, verschmutztes Shirt über den Kopf. Es war uns egal, angetrunken und erregt ließen wir den Dingen ihren Lauf.

Seine Hände waren klein, irgendwie weich und fein. Aber sie entfachten eine Musik auf meinem Körper, wie ich sie lange nicht gehört hatte. Nach der ganzen billigen Rumhurerei auf meiner Scheibe genoss ich es und gab mich ihm hin. Meine Hände wuschelten sich durch seine Haare, als er meinen Hintern anhob und mir die Shorts abstreifte. Den Slip riss er gleich mit runter. Vorsichtig balancierte er meinen geschundenen Fuß aus dem Stoff. Ich war jetzt ganz nackt und schaute zu ihm. Er stand auf und drehte an den Radioknöpfen neben dem Bett. Leise Musik erklang. Er stellte sich hin, lächelte, verbeugte sich galant und begann zu tanzen. Er wiegte sich hin und her und knöpfte sein Hemd dabei auf. Wie ein Grashalm im Wind, so hektisch wedelte er plötzlich herum und drehte sich dabei. »Moment, Chérie.«

Wieder ließ er das »R« rollen und suchte einen anderen Musiksender. Bald erklang das Passende, er begann erneut mit seinem Liebestanz. Wir lachten beide über diese komische Szene, doch bald herrschte wieder erregtes Schweigen. Fasziniert sah ich ihm zu, wie er seine Bekleidung austanzte. Sein Körper war schlank und fest. Auf seinem Rücken und auf seiner Brust hatte er drei kleine Tätowierungen. Es sah aus, als wären es chinesische Zeichen oder so was. Schwarze Haare an Armen und Beinen, die sich bis über die Füße zogen. Der Mensch stammt sichtlich vom Affen ab, feixte ich innerlich, und dann begann unser Liebesspiel.

Er legte sich neben mich, und wir begannen, unsere Körper mit den Händen zu erkunden. Seine Haut war warm und weich. Ich kruschelte durch seine Haare und saugte mich an seinen Ohren fest. Ich leckte ihm über die Augen und die Nase, saugte an seinen Lippen und Brustwarzen. Er machte sich nun an meiner Muschi zu schaffen und drehte sich dabei um. Während seine Zunge meine Ritze kraulte, saugte und liebkoste ich seinen Ständer. Ich knabberte an seinen Eiern und spielte mit meiner Zunge an seiner

Eichel. Sanft massierte er mein Inneres mit den Fingern. Schon zuckten seine feinen Glieder in meinen beiden Löchern, und gierig nahm ich seinen Schwanz in meinen Mund auf.

Bald fesselte er mich mit seinen Halstüchern und dem Laken an sein Bett. Meine Scham jetzt offen und schutzlos vor ihm, zitterte ich in höchster Erregung. Er vögelte mich mit allen möglichen Sachen, die er im Zimmer fand. Mit kleinen, kalten Flaschen aus der Minibar, mit seinem Deostick und seinem Feuerzeug. Er verband mir die Augen, und schon bald flossen Sonnencreme und geschmolzene Eiswürfel über meinen Körper und sammelten sich im Rinnsal meiner Lust.

Zwischendurch fingerte er meine Löcher und leckte meinen Kitzler rot und prall. Er verglich meine Scham mit einer Auster, die er ausschlürfen müsse. So und ähnlich sprachen wir dabei und vertieften uns mehr und mehr in uns selbst. Als wir schließlich erschöpft übereinander lagen, war es längst hell. Es war auch der Tag seiner Abreise, und so verabschiedeten wir uns und erfreuten uns beide an den Erinnerungen an diese komisch-sinnliche Nacht.

Die nächsten Tage verbrachte ich mit dem Einsalben meines Fußes und Einkaufen. Ich zog durch die Sonne, durch die ungewohnte Atmosphäre, und rief oft zu Hause an. Ich sprach mit Chrissi, erzählte ihm, wie schön alles war, telefonierte mit Laura und meldete Bedenken wegen der ungewohnten Arbeitsweise an und redete auch viel mit Stefan. Wir hatten uns noch einige Male getroffen, beide hofften wir, gemeinsam mit diesem Schicksalsschlag besser fertig werden zu können. Aber so richtig wollte es uns nicht gelingen, immer wieder verhakten wir uns in gegenseitigen Vorwürfen. Sprachen wir nicht über unseren Sohn, so lagen wir schnell zusammen im Bett.

Die körperliche Anziehungskraft war noch immer animalisch und unerklärbar groß zwischen uns. Jedes Mal fielen wir wie Halbverhungerte übereinander her und gestanden uns unsere Liebe, unser Verlangen, um bald darauf still und beschämt auseinander zu gehen. Er wusste von meinem Umzug und hoffte, dadurch auch selber Abstand und Klarheit in sein Leben zu bringen. Aber er hatte mir versprochen, immer für mich da zu sein, und so machte er mir Mut am Telefon.

Auch Rolf rief ich an. Später kam er das eine oder andere Wochenende, und wir verbrachten viel Zeit damit, gemeinsam die Insel zu erkunden. Seit der Zeit in Frankfurt hatte ich ihn als einen lieben und guten Freund gekannt. Leider hatte er für meine berufliche Laufbahn keinerlei Verständnis, und so trafen wir uns letztendlich nur noch selten.

Mein erster Tag im Club verlief ziemlich unspektakulär. Ich merkte schnell, dass es harte Arbeit war, in einer Gemeinschaft von 50 Mädchen genügend Männer zu ergattern. Dazu kam die Zeit, die man mit Tanzen und Umziehen verbrachte. Oft kostete das genau den Gast, dem man vorher schon näher gekommen war. War der Mann erst einmal alleine, warf sich sofort ein anderes Girl an ihn ran. Teilweise konnte man sich nicht mal auf die Toilette trauen, ohne Angst zu haben, den Gast zu verlieren.

Die Männer, in Urlaubsstimmung und mehr als angetrunken, machten oft keinen Unterschied, in welcher Möse sie letztendlich versanken. Nur die, die sich auch unterhalten wollten oder bestimmte Wünsche hatten, waren mir sicher. Ein Problem war auch die begrenzte Zimmerzahl. Waren es eher Butzen mit einer kleinen Liege und karg eingerichtet, so waren sie doch immer belegt. Oft musste man mit einem Typen, der schon bezahlt hatte, mehr als 30 Minuten warten, bis man das Zeichen vom Koordinator bekam, dass jetzt frei war. In der Zwischenzeit saß man daneben, ließ sich befummeln und verpasste andere gute Gelegenheiten, Geld zu machen. Es war schwierig und ungewohnt für mich.

Auch das Strippen machte mir zu schaffen. Die hellen Lampen leuchteten direkt in die Augen, und oft konnte ich nichts sehen außer dem grellen Strahl. Der künstliche Nebel, der eingespielt wurde, sobald man nackt die Bühne verließ, legte sich auf meine Bronchien und verursachte mir Übelkeit.

Freitags war es am schlimmsten. Große Gruppen, auf Junggesellenparty, stürmten das Lokal. Sie grölten und versuchten, nach einem zu grabschen. Oft musste man sie sich von den Füßen halten, bis ein paar Türsteher sie im Griff hatten. Dazu kam meine persönliche Angst, mir unter Alkohol da oben mal was zu brechen. Es war spiegelglatt, und richtig angeheitert kam man zwar besser in Schwung, aber die Standfestigkeit machte zumindest mir zu schaffen. Ich hatte nicht genügend Routine, und zeitweilig quälte ich mich in den Umkleideraum.

Schnell waren Tina und ich ein Team. Meist griffen wir uns eine Zweiergruppe und schleppten sie in eine ruhige Ecke. Dann begannen wir zu trinken und zu flirten. Natürlich verschwieg Tina anfangs, dass sie nur Tänzerin war. Waren die Männer auch fasziniert von ihrer natürlichen Schönheit, so wollten sie dennoch vögeln.

Nach dem teuren Champagner wollten sie auch bald mehr, und oft verließ meine Beute, mit dem angesäuerten Freier von Tina, ebenfalls das Lokal. Wir stellten unsere Taktik um. Nun war es ihre Aufgabe, möglichst viel allein zu trinken, während ich mit beiden flirtete. Oft genug landete ich dann auch mit beiden im Zimmer.

Es gab nur eines der Zimmer, in das wir überhaupt hineingehen konnten. Es war das einzige Doppelbett im ganzen Haus. Es war gar nicht so einfach, die Kontrolle über zwei völlig angetrunkene, losgelöste Urlauber zu behalten. Oft kamen sie aus England oder Amerika, aus Italien oder vom Festland. Dann kam ein Sprachproblem dazu. Ich tat, was ich konnte, und bald ackerte ich wieder wie gewohnt. Ich sagte zu gar nichts nein, mutete mir gegen hohen Aufschlag alles zu. Während mich einer von hinten stopfte, blies ich dem anderen die Stange. Während mich einer leckte, versenkte der andere seine Lanze in meinem Mund. Oft saß ich mit beiden Händen wild wichsend zwischen zwei Typen im Bett. Manchmal vögelten sie mich abwechselnd, und ich rieb den Schwanz des einen, wartend, dass der Erste fertig wurde. Auch das wurde durch den wahnsinnigen Alkoholgenuss erschwert, den sich manch einer schon während des Tages zumutete. Teilweise war ich schweißüberströmt, fix und fertig, wenn beide gespritzt hatten.

Oft hatte Tina, wenn ich zurückkam, schon weitere zwei gefangen, und manchmal tat mir auch der letzte Muskel weh, wenn ich endlich ins Bett fiel. So ritt und vögelte, tanzte und trank ich mich wund und müde. Und stapelte die Geldscheine im Tresor des Hotels.

Noch immer war ich nicht umgezogen und genoss den vollen Service des Hauses. Und manchmal auch den der männlichen Animateure. Hatte ich im Grunde keinerlei Defizite, so reizten mich die ungeheuer gut aussehenden, sportlichen Typen doch oft. Aus diesem Grund, und weil ich ab und an auch seelisch verwöhnt werden wollte, führte ich oft eine kleinere, zärtliche, romantische Liaison mit ihnen nebenher.

Tage und Nächte reihten sich aneinander. Ich begann, mich aufs »Sandwich machen« zu spezialisieren, lernte schnell, dass ich doppelt so schnell dadurch wurde. Ließ mir von zwei Männern gleichzeitig die Gruben füllen und ruhte mich während ihres »Gehoppels« und »Geschiebes« in der Mitte aus. So richtig tief rein kamen sie nie dabei, waren zu angetrunken, zu fremd und geil erschien ihnen die Situation, ein Mädchen zu zweit zu ficken. Manchmal hatte ich auch nur eine der beiden Stangen in meiner angewinkelten Hand zwischen den Beinen, und sie merkten das nicht einmal. Während ich mich hingab und stöhnte, was das Zeug hielt, überlegte ich, wie alles weitergehen sollte. Ich wollte Chrissi bei mir haben. Meinem Leben wieder Sinn und Glück geben. Auch er vermisste mich »ganz doll«, wie ich am Telefon immer wieder hörte.

Der Sommer kam. Meine Schwägerin besuchte mich für eine Woche und brachte mir meinen Sohn mit. Ich nahm mir frei. Die Haut meines Kindes färbte sich braun, seine Haare wurden heller, und aus seinen Augen schoss mir die pure Lebensfreude entgegen. Den ganzen Tag rannte er barfuß durch die Gegend, spielte Fußball mit irgendwelchen Hotelkindern oder krümelte vorm Fernseher die spanischen Backwaren ins Bett.

Wieder waren wir eins, wieder verschmolzen wir, und es war, als wäre er nie weg gewesen. Er plauderte über die Schule, wo er »bombastisch gut« war, und über sein Leben bei Oma. Das Dorf, in dem sie lebten, war klein, es gab kein Schwimmbad, keine Bücherei. Er hatte ein Fahrrad und fuhr damit durch die Gegend. Abends saß er zwischen Oma und Opa auf dem Sofa und sah fern. Er kannte alle deutschen Volksmusiker, alle Filme mit Romy Schneider und konnte zwischen Mozart und Beethoven unterscheiden. Und er hatte angesetzt. Munter wippten die Fettröllchen, verursacht durch Omas gute Hausmannskost, an seinen Hüften. »Speckröllchen« nannte ich ihn scherzhaft. Er wurde dann immer wütend. Aber er erzählte mir auch von der Sehnsucht, die er nach mir hatte, von seinen »Einschlafgedanken«, dass ich weit weg und sehr alleine wäre. Schließlich wäre ja niemand mitgekommen, und ich müsste doch furchtbare Langeweile haben so allein. Oft kuschelte er sich nachts an mich und nannte mich »seine allerliebste und hübscheste Mami«, die er »nie mehr verlassen« würde. Ich versprach, ihn Weihnachten zu besuchen und dass ich ihn danach mitnehmen würde. Er war begeistert, und wir machten so viele Punkte auf ein Blatt, wie es noch Tage waren. Damit war er zufrieden, und wieder spiegelte sich grenzenloses Vertrauen in seinen Augen.

Nachdem alle wieder unter Tränen abgereist waren, machte ich mich auf die Suche nach einer Wohnung für mich und meinen Sohn. Mit Hilfe meines Chefs wurde ich fündig. Ein Zimmer richtete ich bunt mit neuem Spielzeug und HSV-Bettwäsche ein. Hier sollte Chrissi wohnen. Das Badezimmer war eine Katastrophe, in der kleinen Dusche blätterte der Lack ab, und die Wasserhähne waren alt und verrostet. Ich nahm mir vor, sobald der Wohnungsmarkt sich entspannt hatte, etwas anderes zu suchen, und gab mich vorerst damit zufrieden.

Der erste Sommer ging zu Ende, und mit ihm verließen die Urlauber die Insel. Es wurde ruhiger, und ich war dankbar dafür. Meine Kraft war aufgebraucht, und mein Körper schrie nach Ruhe und Schlaf. Ich beschloss, mich weiter auf der Insel umzusehen, und fand bald einen Reitstall für Touristen. Dort wurden Pferde vermietet für Stunden oder Tage, mit Lehrer oder ohne. Die Tiere schienen alt, klapprig und viel zu dürr und ausgemergelt für die tägliche Arbeit. Aber der Besitzer erklärte mir, dass hier auch die Tiere für ihren Unterhalt arbeiten müssten und er sie über den Winter wieder aufpäppeln würde. Ich dachte an Heike und ihre blank geputzten Ställe, an die herrlichen Pferde mit ihrem glänzenden, gepflegten Fell. An die dicken, kräftigen Leiber ihrer Tiere und an die lustigen Reitstunden, die ich dort verbracht hatte. Ich dachte an Lady, meine zierliche, stolze Lipizzanerstute. Wie es ihr wohl ergangen war?

Ich mietete mir für zwei Stunden ein Pferd und suchte mir das klapprigste aus. Esmeralda, so hieß die Stute, trottete los. Erst mal zog ich auf der »Außenbahn« ein paar Runden, um dann meiner sicher das Stallgelände zu verlassen. Ich ritt in die Berge. Eigentlich kroch ich mehr, denn außer langsamem, trägem Gehen war nichts herauszuholen aus meinem Reittier. Ständig blieb es stehen, um karges Gras zu rupfen, und ging erst wieder weiter, wenn es alles runtergeschluckt hatte. Mich störte das nicht. Ich saugte mich an dem Geruch des erwärmten Leders unter mir fest, streichelte sein zerrupftes Fell und sang und pfiff alte Pippi-Langstrumpf-Lieder vor mich hin. Weitere Lieder fielen mir ein: »Es hängt ein Pferdehalfter an der Wand«, oder »Mein Schimmel wartet im Himmel auf mich«. Es waren uralte deutsche Schlager von Gus Backus, und ich fragte mich, woher ich die kannte.

Ob sie noch von meinem Vater waren? Ganz sicher, denn er hörte früher auch immer »Theo, wir fahren nach Lodz«. Ich lachte, als mir das jetzt einfiel. Saß wie eine Königin auf einer völlig verklepperten Mähre und zog meine Runden mit solchen Gedanken im Kopf.

Auf dem Heimweg stellte ich fest, dass ich mich richtig wohl gefühlt hatte in den stillen Bergen und auf dem Rücken des Pferdes. Gleich am nächsten Tag besorgte ich mir Stiefel, Reithosen und mischte eine Tüte altes Brot mit Möhren. Diesmal mietete ich die Stute für vier Stunden an und »schlich« auch ein paar Meter weiter. Ich saß ab und schaute in die Sonne, öffnete meine Bluse und ließ mich bescheinen. Das Pferd mampfte genüsslich die Tüte leer und stand dann ebenfalls mit einem angewinkelten Bein träge da. Ich glaube, es mochte mich; es fuhr ab und an mit seinen Nüstern über mein Haar. Es zupfte dran, aber vielleicht wollte es nur mehr Leckereien. Ich sagte ihm Nachschub zu und trottete zurück. Es war herrlich, friedlich, romantisch und anheimelnd. Mir war klar, dass ich nun sehr oft hier sein würde.

AUSGEBRANNT

René war das, was man unter einem rassigen Spanier versteht. Schwarze, dicke Haare, dunkelbraune Augen und rotbraune Haut. Weiße Zähne zeigten sich, wenn er grinste, und das tat er oft. Ständig in alten Gummistiefeln und mit mistbeschmierten Hosen unterwegs, war er fröhlich bei der Arbeit. Dauernd schleppte er alte Eimer hin und her, karrte Strohballen durch die Gegend oder saß auf einem Halm kauend auf der Absperrung zur »Außenbahn« und sah den Touristen beim Reiten zu. Oft gab er Anweisungen, oder er ließ die Pferde im Kreis um sich herum an der Longe laufen, um Anfängern behilflich zu sein. Er sprach nur spanisch, und so waren unsere Unterhaltungen begrenzt. Bald schon schleppte ich ein Wörterbuch mit mir rum, und so begann unser Herbst.

Von der Figur war er groß, fast drahtig. Seine sehnigen Arme waren muskulös und straff. Meist mit freiem Oberkörper, leicht verschwitzt und nach Stall riechend, empfing er mich. Immer in Hektik, immer in Eile. Ich war nun so oft da, dass ich mir selber die Stute holte und sie sattelte. Ich wusste, wo alles war, und putzte sie häufig, bevor ich ausritt. Auch danach säuberte ich sie erneut, und schon bald sah man kleine Stellen glänzenden Fells an ihr. Ich entwirrte ihre dicke Mähne, stutzte ihren Schweif und verwöhnte sie mit allem, was meine Küche hergab und was Pferde liebten. Fast täglich ließ ich mich nun von ihr träge, gemütlich durch die Landschaft tragen und gab ihr bald keine Richtung mehr an. Sie lief, wie sie wollte, kreuz und quer, immer auf der Suche nach fettem Gras.

Aber immer mal wieder schafften wir es auch in die Berge. Ich ging dann vor ihr her die manchmal fast steilen Anhänge hinauf, und oben wurden wir mit einem traumhaften Blick über Buchten und Häuserreihen belohnt. Dann futterten wir die Tüte leer, ich schlürfte mitgebrachten Tee aus meiner Thermoskanne und ruhte mich im Schatten aus. Diese Nachmittage machten mich irgendwie prickelnd und erweckten die Sehnsucht nach mehr Geborgenheit und Ruhe in mir. Bald, dachte ich dann immer, sehr bald schon wird alles richtig gut. Manchmal sahen wir René. Er selber hatte einen prachtvollen Andalusier, einen schönen Hengst, wild und ungestüm. Wann immer er Zeit hatte, tobte er mit ihm über die Felder und versuchte mich zu animieren, ihn zu begleiten. Aber dann hätte ich die Stute gegen ein jüngeres, kräftigeres Tier austauschen müssen, und das wollte ich nicht. Der Gedanke, dass dann ein womöglich fetter, unausgeglichener »Touri« das Pferd »bespringen« könnte, war mir nicht recht. Wir hatten uns gesucht und gefunden, und ich glaube, es genoss diese Ausflüge genau wie ich.

Zeitweise ritt er dann im Schritttempo neben uns her, erklärte mir die spanischen Worte für Pferd, Gras, Sattel usw., um dann wieder im wilden Galopp davonzupreschen. Er war glücklich, das sah man ihm an. Auch wenn er hier recht einsam lebte, wie ich festgestellt hatte.

Es wurde Herbst und im Laden immer stiller. Die Hälfte der Mädchen zog mit der Sonne weiter auf die nächstgelegene Urlaubsinsel. Ich konnte nicht mit, wollte ja Chrissi holen, aber ich hätte auch nicht gewollt. Des ewigen Rumziehens leid, freute ich mich, länger an einem Fleck zu bleiben.

Ich fuhr weiterhin fast täglich zum Gestüt. Oft saß ich mit René beim Essen zusammen oder mistete mit ihm die Ställe aus. Noch immer hatten wir große Verständigungsschwierigkeiten, aber trotzdem viel Spaß miteinander. Nach wenigen Wochen landeten wir auch im Stroh. Er bemühte sich dabei und danach sehr um mich. Er pflückte mir Blumen, kochte uns was zum Essen, putzte meine Stiefel, schenkte mir sehr viel Aufmerksamkeit. Obwohl ich die Schäferstündchen sehr mochte und es mir gut tat, mit ihm zusammen zu sein, wollten sich bei mir einfach keine Gefühle einstellen. Ich fragte mich selbst, was mit mir los sei, immerhin sah er blendend aus und war sehr charmant. Liebe machte er höflich und vorsichtig, war freundlich und zärtlich. Er war nie grob oder ungeduldig, zerrte niemals an meinen Sachen und drängte mich auch nie. Er war verliebt. Er spürte, dass es mir leider nicht genauso ging, und mich ärgerte das am meisten. Ich hätte ihm gern mehr Wärme geschenkt, aber ich konnte nicht aus meiner Haut heraus. Ich glaube, mein Körper und meine Seele waren selbst für die Liebe zu müde, viel zu erschöpft, um zu lieben.

Ein paar Mal picknickten wir zusammen in den Bergen, liebten uns auf einer alten Stalldecke und massierten uns gegenseitig die Körper rot. Und so sehr ich das alles genoss, so sehr ich mir wünschte, mehr in ihm zu sehen, ich konnte nicht, war blockiert. Er fing an zu leiden, sprach niemals offen darüber, beklagte sich nicht. Aber ich konnte es sehen, konnte es spüren. Ich bat ihn, mir Esmeralda zu verkaufen. Ich hatte einen Bauern gefunden, der ihr für ein paar Mark Unterschlupf auf seiner Wiese mit zwei Eselinnen und einem Schaf gewähren und ihr das verdiente Gnadenbrot spendieren wollte. Er willigte ein, sie wäre sowieso beim Seifenhändler gelandet. Es tat mir selbst am meisten leid, aber ich spürte, dass es Zeit war zu gehen. So wie das Jahr ging, so ging auch das Verhältnis mit René zu Ende.

An dem Wochenende, an dem wir die Stute dann transportieren wollten, konnte er nicht weg. Er hatte zwei neue Pferde eingekauft, und eines war scheinbar erkrankt. Wir warteten tagelang, er pflegte es und rief den Tierarzt. Aber es war schon zu spät. Neun der fünfzehn Pferde hatten sich angesteckt, unter ihnen auch Esmeralda. Zwei der Tiere konnten sie retten, der Rest wurde erschossen. Ich war sehr, sehr traurig, und für René bedeutete es das Aus. Er verkaufte die Pferde einzeln, schnappte sich seinen Andalusier und war verschwunden. Gott allein weiß, wo ihn das Leben hingespült haben mag. Das Gestüt gibt es noch immer.

Sogar eine kleine Bar steht auf dem Hügel, René bereitete dort Kaffee und Baguettes für die Gäste oder Eltern reitender Kinder. Wann immer ich dort vorbeifahre, steige ich kurz aus und sehe die Straße hoch, die staubig und unwegsam zu den Bergen hinaufführt. Und manchmal wünsche ich mir dann, die Zeit ließe sich wenigstens kurzfristig zurückdrehen. Zu gern würde ich noch einmal auf der alten Stute den Berg hinaufreiten.

Im November wurde der Club für drei Monate geschlossen. Es waren kaum noch Urlauber da. Das Partyviertel lag verwaist. Kneipen und Stände waren verrammelt und verriegelt. Der Wind pfiff durch die Lattenzäune der Terrassenumrandungen. Die Sonnenhütchen und die Liegen wurden mit großen Treckern vom Strand gezogen. Die Hotels schlossen. Nur sehr vereinzelt konnte man Musik vernehmen, aus kleinen Straßen, wo Pubs lagen, die ganzjährig jetzt für die »Einheimischen« geöffnet hatten.

Ich machte einige Wochen Urlaub, flog nach Deutschland, um meinen Sohn zu treffen, und besuchte meinen Bruder. Auch Stefan traf ich. Er lebte in einer neuen Beziehung, aber noch immer sah man ihm die Vergangenheit an. Ich sah sie ihm an, und obwohl wir uns nicht allzu viel zu sagen hatten, verbrachten wir einige Abende – meist schweigend – am Flipper oder nebeneinander im Café, nur um einfach so zusammen zu sein. Während er versuchte zu verarbeiten, zu akzeptieren, war ich noch immer dabei, alles zu verdrängen. Ich ließ keinerlei Gedanken zu, die mich irgendwie an unsere gemeinsame Zeit hätten erinnern können. Die Tage mit Chrissi verliefen sehr harmonisch.

Nun weihten wir Oma doch in unsere Pläne, dass mein Sohn zu mir auf die Insel ziehen sollte, ein. Sie flippte aus. Wies das weit von sich und erklärte sich damit nicht einverstanden. Beide, auch der Opa, hatten sich mittlerweile an »ihr Kind« gewöhnt. Ich sollte alleine fahren und der Junge bei ihnen die Schule abschließen. Christopher bekam den Streit mit und fühlte sich ziemlich zerrissen. Also beließ ich es bei der Diskussion und vermied vorläufig weitere Gespräche. Trotz allem wurde es ein sehr schönes, feierliches Weihnachten. Ich verbrachte die Tage bei meinen ersten Schwiegereltern. Ich liebte Weihnachten sehr und fuhr mit meinem Kleinen so oft es ging zum Weihnachtsmarkt. Da waren wir gerne, sogen den Duft der gebratenen und gezuckerten Köstlichkeiten ein, kauften allerlei Schnickschnack und ließen uns danach in einem Straßencafé nieder, um becherweise heiße Schokolade zum Aufwärmen in uns reinzuschütten. Wir spielten »Malefiz« und »Mensch, ärgere dich nicht« an den Tischen.

Ich besuchte Tanja, die mittlerweile fest in ihrer Beziehung zum Vater ihres letzten Kindes lebte. Traf Laura in unserem altem Stammcafé und fühlte mich, als käme ich vom Mond zurück.

Überlegungen, wie es weitergehen sollte, drängten sich mir bei jedem Gespräch auf. Wenn Christopher bei mir lebte, war mein jetziger Lebenswandel nicht länger möglich. Das war mir klar. Nach langem Hin und Her einigten wir uns in der Familie darauf, dass der Junge auch die zweite Klasse dort abschließen sollte. Christopher war einverstanden unter der Voraussetzung, dass er dann umziehen durfte. Es war für ihn in Ordnung, denn er war auch gern bei seinen Großeltern, und die Sehnsucht nach mir war nach den vielen Wochen, die ich dort verbracht hatte, fürs Erste gestillt.

So flog ich erneut zur Insel und beschloss, mich weiter umzusehen. Ich fand einen kleinen Club, der über den Winter geöffnet hatte. Es war nur ein winziger Raum, eine kleine Theke mit wenigen Barhockern und einer einzigen Bank. Vom Gang zur Toilette gingen dann die Zimmer ab, es waren nur zwei, und sie waren noch spärlicher möbliert als die aus dem »Touristenschuppen«. Die Gäste waren durchweg kleine, schmierige Typen, die hier für Pfennige ihr Bier tranken. Es gab nur Flaschenbier und nur kleine Gläser Sekt. Die Preise waren so tief, dass ich erschrak. Die Mädchen, durchweg dunkelhäutig und füllig, beneideten mich jetzt um meine große, schlanke Figur und meine blonden Haare.

Obwohl ich auf Grund der Verständigung eigentlich eher wenig Gäste hatte, bekam ich keinen Anschluss an sie. Ich fühlte mich immer wie eine Fremde und stand fast nur alleine herum. Ich zählte die Tage bis zum Frühjahr. Auch hatte ich eine Menge Zahlungen in Deutschland tätigen müssen, Sachen und Rechnungen, die liegen geblieben waren, als ich einfach Hals über Kopf das Land verließ. Der Urlaub hatte mich ebenfalls sehr viel gekostet, und so sah ich der nächsten Zukunft eher betrübt ins Auge. Hier würde ich nicht lange wie gewohnt überleben können. Das machte mir Angst. Manchmal überkam mich solche Angst vor dem nächsten Tag, dass ich wie gelähmt im Bett lag. Das hielt jedoch nie lange an, und so reihten sich Nacht an Nacht und Tag an Tag, ohne dass ich eine Alternative gefunden hätte.

Nebenbei hatte ich zwei oder drei Liaisons mit Türstehern der großen Discos, die jetzt auf »Ruhe und Gemütlichkeit« machten und auf den Sommer warteten. Ich ging auch viel spazieren und so fand ich eines Tages die kleine Videothek in einer abgelegenen Straße. Der Inhaber, ein Grieche, hatte einen Gyrosstand aufgemacht, und seinen ehemaligen Videoverleih hatte er auch gleich mitgebracht. Wir befreundeten uns, er hatte seine Frau sowie seine kleine Tochter dabei, und bald war ich dort Stammgast. Saß viele Nachmittage dort, quatschte und »betrank« mich mit Kaffee. Gäste kamen nicht viele, das Viertel war wie leergefegt, und so saßen wir in den beheizten Räumen, aßen Gyros und erzählten uns gegenseitig dies und das aus unserem Leben.

Es war das zweite Jahr, das sie hier verbrachten, und seiner Frau bekam das Klima nicht. Sie war häufig krank, fuhr ständig nach Deutschland, um den Arzt aufzusuchen. Und ihren Freund, aber das wusste zu diesem Zeitpunkt noch keiner. Sie war 15 Jahre jünger als ihr Mann, und obwohl ich etwas vermutete, verurteilte ich sie nicht. Genauso wenig wie die beiden an meiner »Tätigkeit« Anstoß nahmen. Bald kam ein weiterer Gast dazu, Andreas. Er war Deutscher, lebte jedoch schon von Kindesbeinen an hier auf der Insel und war dadurch eigentlich eher spanisch. Er war wohlbeleibt und liebte das Essen. Seine Freundin war immer nur monatsweise dort, da sie nebenbei noch ihre halbwüchsigen Kinder aus erster Ehe in Deutschland versorgte. So hatte er oft Langeweile und gesellte sich zu uns. Tagsüber betrieb er einen florierenden Elektrohandel. Sein Geschäft lief immer gut, er kannte jeden und alle. Er erzählte mir viel von den Menschen, die hier regelmäßig her- und wieder wegzogen. Von den ganzen »verkrachten« Existenzen, die hier noch an ihr Glück glaubten und bald darauf völlig desillusioniert abreisten. Mit großen Plänen, meist die Gastronomie betreffend, strömten sie auf die Insel. Aber auch Vertreter, Handelsreisende oder »Pyramidenbauer«, Anlageberater und Immobilienhändler stapelten sich jedes Jahr aufs Neue in den Inseraten der ansässigen Zeitungen. Nach wenigen Wochen schon wurden die Anzeigen kleiner und bald darauf durch andere ersetzt. Die Verlockung, mal »auszusteigen«, in der Sonne zu leben, hatte eine enorme Anziehungskraft. Mit Kind und Kegel kamen sie an, und viele haben hier ihr Leben erst richtig kaputtgemacht. Aber mich ging das alles nichts an, hatte ich doch selber genügend Probleme.

Mit Hilfe von Andreas fand ich dann eine andere Bar. Sie war in der nächsten Stadt, und ich musste nun jeden Abend 20 Kilometer fahren, um zur Arbeit zu kommen. Die Bar war größer und es waren an die 20 Mädchen dort. Endlich traf ich wieder auf deutsche Frauen, mit denen ich mich anfreunden konnte. Oft haben wir uns abends zusammen Essen bestellt und wie eine große Familie an dem riesigen Küchentisch gespeist. Aber auch die spanischen oder dominikanischen Frauen waren nett und lustig, und es war kein großes Problem mehr, sich einzuleben. Der Club öffnete um 16.00 Uhr und war geöffnet bis 05.00 Uhr morgens. Ich schob wieder ewig lange Schichten und verdiente erneut ausreichend Geld. Die Gäste waren gut situiert, Spanier vom Festland oder ansässige Anwälte und Ärzte.

Die Bar war einfach, aber gemütlich eingerichtet. Musik gab es nur aus einer Musikbox, die man mit Münzen füttern musste, um dann die Titel selbst zu wählen. Aber das störte nicht, einer der Gäste hatte immer Münzen in der Tasche. Die Preise lagen noch immer unter dem, was ich gewöhnt war, aber es war o.k. Erneut machte es die Masse. Zu meiner SM-Lektüre kamen jetzt auch immer wieder Spanischbücher.

Die Zimmer befanden sich im Nachbarhaus. Es war etwas unangenehm, man musste auf die Straße raus, um dann am Nebenhaus zu klingeln. Durch eine große Kamera wurde man begutachtet und dann eingelassen. Es ging schmale Stiegen hoch, und oben erwartete einen dann die »Mummy«. Bei ihr zahlte man die »Zimmermiete«. Den Rest ließ man sich vom Gast im Zimmer persönlich geben. Getränkeprozente bekam man nach Feierabend an der Bar ausgezahlt. Kondome gab es im Dreierpack im Automaten, und auch sonst war für alles gesorgt. Die Zimmer hatten kein eigenes Bad, aber aus jedem Zimmer kam man in ein angrenzendes Badezimmer. Die zweite Tür musste man nach Betreten verriegeln, sonst riskierte man, das »Pärchen« aus dem Nachbarraum zu treffen.

Auch hier sprach man die Männer selber an. Sie saßen an der Theke, und nach wenigen Höflichkeitsminuten konnte man »angreifen«. Erschwert wurde das durch einige Mädchen, die sehr offenherzig und freizügig anfingen, die Männer schon beim »Hallo« zu küssen. Auch den Preis zu halten war schwierig, da jedes Mädchen ihren eigenen Preis verabredete, und somit hohe Schwankungen auftraten. Verlangte ein Mädchen beim zweiten Besuch des Mannes im Club plötzlich nur die Hälfte oder aber das Doppelte, das er beim ersten Mal gezahlt hatte, war der Ärger vorprogrammiert. Natürlich gab es allgemeine Richtlinien, wenn jedoch der finanzielle Druck auf einzelne Mädchen hoch war, gaben sie sich schnell mit weniger zufrieden.

Vielleicht lag es auch am Drogenkonsum. Ich stellte bald fest, dass es hier einfach war, Drogen zu kaufen. Überall wurde was angeboten. Ich habe jedoch niemals Drogen genommen, meine einzige Sucht war die nach Zigaretten. Unter anderem konnte ich nie verstehen, wie man so schwer arbeiten konnte, um dann so »teuren Stoff« einzukaufen. Sicher verprasste auch ich leichtfertig mein Geld, aber ich dachte niemals daran, etwas wie Drogen dafür einzukaufen.

Auch »ohne Gummi«-Diskussionen waren hier an der Tagesordnung. Komischerweise waren es oft die Ärzte, die »Blasen ohne« bevorzugten. Nach 30 Minuten klopfte die Mummy an die Tür. Kam man nicht direkt heraus, konnte sie richtig wütend werden! Sie hämmerte dann wie wild an das Holz und meckerte wie ein Rohrspatz. So bemühten wir uns sehr, die Zeiten einzuhalten. In dieser Bar konnten wir auch in Begleitung den Laden verlassen. Die Männer zahlten »Auslöse« für uns, und wir konnten sie vier Stunden oder länger begleiten. Leider endete das nicht immer gut.

Einmal wurde ich regelrecht aufs »Land« verschleppt und nicht wie verabredet in ein Stadtappartement. Später wurden ich und ein anderes Mädchen von riesigen Hunden durch den Wald gehetzt, die Typen machten sich einen wilden Spaß daraus. Stundenlang waren wir in der Einöde unterwegs, um zurückzufinden, liefen mit zerrissenen Klamotten an der Autobahn lang oder krabbelten durch den Schmutz, nahe an den Boden gepresst, damit kein weiteres Auto womöglich voll mit Angetrunkenen uns in diesem Zustand sah. Aus Furcht vor weiteren gewalttätigen Übergriffen bemühten wir uns, unerkannt und versteckt den Weg zurückzufinden. Es war grauenvoll, die Angst nahm uns jeden Atem. Auch ein älterer Herr, der sich mit zwei »Damen« in sein Bett kuscheln wollte, täuschte uns. Im Haus angekommen, fielen plötzlich acht junge, kräftige, vollgekokste Typen über uns her, und wir kamen erst Stunden später, völlig erschöpft und missbraucht, von dem Anwesen herunter.

Der schlimmste solcher Ausflüge endete in einem brutalen Übergriff auf eine meiner Arbeitskolleginnen, die grün und blau geschlagen draußen in der Mülltonne lag, während wir drinnen Sekt und Wein auf der Terrasse zu uns nahmen und dachten, wir seien in »angenehmer« Gesellschaft. Dass eine von uns inzwischen nicht im Nebenzimmer vögelte, wie wir dachten, sondern um ihr Leben kämpfte, haben wir erst beim Gehen bemerkt, als wir sie fanden.

An diesem Tag wurde mir klar, dass ich mein Leben ändern musste, wenn ich mit meinem Sohn leben wollte. An diesem Tag wusste ich, dass in meinem Geschäft durchaus immer die Möglichkeit der äußerst brutalen Gewalt gegeben war. Das war mein letzter Tag im Club, ich wollte »aussteigen«. Ich verschenkte meine gesamte »Arbeitsgarderobe« und ging.

EIN NEUER ANFANG

Irgendwann hatte sich unsere kleine Clique »beim Griechen« um zwei ältere Herren, gleichsam gute Freunde, erweitert. Beide hießen Kurt, so nannten wir einen Kurt, den anderen Kurtchen. Es waren beide »Weltenbummler« im Ruhestand, die mal hier und mal dort überwinterten und im Sommer mit Segelboot oder Jeep die Länder durchreisten. Ziemlich schnell wurden beide auch meine »privaten« Gäste. Wann immer wir Zeit, Lust und Platz hatten, besuchte mich einer von ihnen zum Schäferstündchen, oder ich ging zu ihnen ins Hotel. Es waren wirklich aufgeschlossene ältere Herren, immer einen Witz auf den Lippen, rüstig sowieso und auch abgeklärt, wie mir schien. Einer der beiden jedoch sehnte sich anscheinend nach mehr Ruhe, suchte einen Platz, um dort endgültig zu leben und die verbleibende Zeit zu genießen. Er kam mich bald viel häufiger besuchen als sein Freund, lud mich sehr oft zum Essen ein und erzählte mir von seinen Plänen, »einfach hier zu bleiben«.

Er war ein angenehmer Zeitgenosse, klein von Statur, überaus nett und höflich und auch redegewandt. Er pflegte sein schütteres Haar, als wäre es heilig, trug eine dicke, schwarz umrandete Brille auf der Nase. Seine »Dritten« legte er immer so ins Glas, dass es niemand sah. Nicht dass er reich gewesen wäre, aber er hatte eine üppige Rente und etwas auf der hohen Kante. Froh, dass ich meine jetzt fehlenden Einnahmen wenigstens teilweise abdecken konnte, verbrachte ich sehr bald viel Zeit mit ihm. Der andere zog sich zurück. Wir hatten keine feste »Preisabsprache«. Es war verschieden; er gab mir mal diesen und mal jenen Betrag. Aber für mich war es in Ordnung, und auch sonst hatte ich nichts gegen seine Gegenwart einzuwenden. Bezahlte er mich auch für den Sex, waren wir ansonsten doch auch so etwas wie Freunde geworden.

Die Situation für den netten Griechen verschlimmerte sich. Seine Frau war jetzt nur noch selten da, und er wollte zurück nach Hause. Im Winter standen viele Bars zum Verkauf, und in dieser abgelegenen Ecke war es schwierig, einen Käufer zu finden. Obwohl der Preis günstig schien, fand er keinen geeigneten Interessenten. Verzweifelt bemühte er sich, jeden Pfennig zusammenzukratzen, und wollte so schnell wie möglich mit seinem VW-Bus nach Hause. Ich selbst hatte nun keinen »Job« mehr und überlegte immer wieder, wie es weitergehen sollte.

Irgendwann kam Kurt auf die Idee, diese Bar gemeinsam zu übernehmen. Wenn wir zusammenschmeißen würden, könnte es gehen. Es wurde nicht mehr lange überlegt, wir setzten Verträge auf und waren bald gemeinsame Besitzer der ehemaligen Gyros-Videothek am Rande des Vergnügungsparadieses. Ich erzählte von meinem Sohn, fand diese Entwicklung mehr als günstig, und schon bald renovierten wir, was das Zeug hielt. Wir lachten und alberten herum, verspritzten die Farbe auf uns und freuten uns auf den Sommer und die ersten Gäste.

Kurt hatte sich in der Zwischenzeit mehr als heftig in mich verliebt. Zuerst ignorierte ich seine romantischen Anwandlungen. Dann ließ ich ihm dies und das durchgehen. Zur Aussprache kam es, als er mir stolz seine Wohnung präsentierte, die ausreichend Platz bot, auch für meinen Sohn. Ich war baff. Das wollte ich auf keinen Fall. Die Diskussionen begannen. In einem Punkt hatte er Recht, und das war das Finanzielle. Es wäre mit einer Wohnung für alle natürlich besser »zu tragen« gewesen. Große Umsätze würden wir vorerst kaum erwarten können, und meine Mittel waren in jedem Fall fast aufgebraucht. Aber ich blieb stur und erklärte immer wieder, dass ich auf keinen Fall eine gemeinsame Wohnung oder gar Lebensgemeinschaft anstrebte.

Meinen Sohn würde ich erst recht nicht in solch eine Gemeinschaft einbringen. Es gab Streit, es gab Versöhnungen, irgendwann renovierten und planten wir lustlos und wortlos nebeneinander her.

Der andere Kurt kam zur Vermittlung, aber die Fronten waren verhärtet. Ich wurde dessen gewahr, dass »mein Kurt« seine Entscheidung, hier zu leben, eigentlich nur meinetwegen getroffen hatte. Die ganze Sache mit der kleinen Gaststätte beruhte lediglich auf dem Ziel, mit mir eine Gemeinschaft zu gründen. Aber das nicht nur geschäftlich, sondern auch privat und am besten »so richtig in Liebe« und gleich »mit Familie«. Ich ärgerte mich nun über meine Dummheit, die Sache wurde richtig verfahren. Zusätzliche Zahlungen leistete er nicht mehr, spielte immer darauf an, dass ich keine Miete zahlte, und wurde auch sonst bockig und unleidlich.

Als Krönung hatten wir noch einen »Kneipenhund« aus einem Tierheim »befreit«. Der belgische Schäferhund war fortan stets an meiner Seite und trug stolz sein Halstuch zur Schau. Kurt fing nun an, an dem Hund rumzuzergeln, wollte ihn »ausbilden« und »dressieren«. Immer öfter schleppte er ihn, anstatt zu malen und zu pinseln, aus der Kneipe, um ihm im Freien etwas beizubringen. Mich regte das furchtbar auf. Ich war zufrieden, wenn der Hund seinen Bauch auf der Diele der Kneipe in die fast schon wärmende Sonne hielt und bei mir war.

Natürlich konnte ich Kurt nicht auszahlen, wollte das auch gar nicht, sah nicht ein, wieso es nicht wie besprochen funktionieren sollte. Kurt war und blieb starrsinnig, und so kam es, dass er überhaupt nicht mehr kam. Nie mehr, er war und blieb verschwunden. Irgendwann tauchte sein Freund im Laden auf und ließ mich einen Zettel unterschreiben, auf dem ich mich verpflichtete, die von ihm investierte Hälfte bei Gelegenheit zu überweisen. Damit verschwanden beide aus meinem Leben. Ich war also nun »Alleinbesitzerin« des Hundes und der Kneipe.

Es wurde Frühling. Die Sonne kam und blieb immer länger, ein reges Treiben um mich herum ließ die Insel erwachen wie Dornröschen aus dem Schlaf. Überall wurde nun gepinselt, gehämmert und lackiert. Die Trecker rollten mit den Liegestühlen an und stellten die Sonnenschirme zurück an ihren Platz. Die Straßenbahn kam frisch mit Werbung beklebt aus ihrer Garage, und die Promenade füllte sich täglich mit mehr Menschen. Wintersachen wurden eingemottet, Fenster geputzt und neue Speisekarten in Auftrag gegeben. Es war schön, wie das Leben auf die Insel zurückkam, es hatte etwas Hektisches und doch Beruhigendes an sich.

Ich lernte einen deutschen Gastwirt kennen, der mir seine Wohnung über dem Lokal vermietete. Die Miete war so billig, dass ich staunte. Es war eine schöne, große Wohnung mit einer großen Dachterrasse und auch sonst sehr gemütlich – rustikal eingerichtet. Er hätte immer wochenweise an Touristen vermietet, erklärte er mir, aber dazu nun keine Zeit und Lust mehr. Ich hatte oft bei ihm gegessen, und ihm war schnell klar geworden, aus welcher »Branche« ich kam. Aber er spielte niemals darauf an, und so war ich zufrieden und fühlte mich sicher. Nun war es auch nicht mehr so weit bis zu meinem Laden, und tagein, tagaus spazierte ich mit dem Hund die Promenade hinauf und hinunter, um die Kneipe für die Eröffnung vorzubereiten.

Endlich war es so weit. Die Videos hatte ich verkauft, um ausstehende Zahlungen leisten zu können, alles war neu gestrichen und sogar die Küche war neu gemacht und gleichzeitig versetzt worden. So hatte die Theke nun mehr Raum. Die Tische und Stühle standen wie bunte Würfel quer durcheinander, und ich hatte sogar einen alten Dartautomaten aufgetrieben. Obwohl hier unüblich, glaubte ich, die Leute hätten Spaß daran, und ich irrte mich nicht. Überall standen Gläser mit Smarties, Luftballons hingen an der Decke, und die Scheiben waren, genau wie die Kärtchen, mit bunten Sternen und Bällen verziert. Es sollte farbenfroh und bunt sein, und genauso ist es auch geworden.

Den Namen hatte ich geändert und nannte es nun so wie ein mir gut bekanntes Comicbuch. Lichterketten zierten den Eingang und ersparten mir die teuren Leuchtreklamen. Es war sehr nett, sehr bunt und sehr gemütlich, wie ich fand, und stolz betrachtete ich mein Werk. Vor der Tür lag eine dicke Matte für meinen Hund, der mit seinem Liebreiz und seinem Charme die Menschen nicht nur zum Streicheln oder Füttern aufforderte, sondern oft sogar zur »Einkehr« bewegte.

Andreas und andere ehemalige Gäste des Griechen halfen mir, wo sie konnten. Sie schleppten täglich neue Gäste an. Es gab Frühstück ab 6.00 Uhr morgens. Tagsüber ging es weiter mit Fleischröllchen und Kartoffelsalat, Leberkäse oder was ich sonst noch im Angebot auftreiben konnte. Ich ließ nichts aus, vom Dart-Turnier über Skatrunden bis zur »Happy-Hour« gab es bei mir alles. Und ich hatte Erfolg. Bescheiden, denn die Räume waren klein. Aber ich konnte gut überleben.

Die Umstellung meines Tagesrhythmus machte mir zu schaffen, und die drei Stunden Ruhepause, die ich mir über die eher trägen Nachmittagsstunden gönnte, verbrachte ich fast immer im Bett. Alles hätte so weit schön sein können, aber ich hatte die Rechnung ohne den Wirt gemacht. Und zwar den Wirt unter mir. Wann immer er Lust und Laune hatte und seine Frau nicht in der Nähe war, spazierte er mit seinem Zweitschlüssel in meine Wohnung. Er lüftete die Räume, stellte Blümchen auf den Tisch oder einen Teller mit Suppe in die Küche. Er öffnete ungeniert die Badezimmertür, wenn ich duschte, und ließ sich auf »meinem Sofa« nieder, wenn ich fernsah. Sprach ich darüber, wiegelte er ab, knuffte mich und nannte mich »sein Mädchen«, einer müsse sich ja »drum kümmern«.

Ich war besorgt, es war fast Sommer, und wie schon im letzten Jahr war es unmöglich, eine passende, bezahlbare Wohnung zu finden. Also ließ ich den Dingen ihren Lauf, steckte, wenn ich zu Hause war, meinen Schlüssel von innen ins Loch und hoffte, er würde nach Dienstschluss direkt nach Hause fahren. Aber ich irrte mich immer öfter. Schon bald fing er beim »Kuscheln« an zu »fummeln«. Immer öfter musste ich mich aus seiner Umarmung drehen und winden, und immer öfter wurde mir mulmig, wenn ich nach Hause musste. Argwöhnisch sondierte ich vorher, ob unten noch Licht brannte oder ob schon alles zu und leer war.

Bald fing ich an, überhaupt erst heimzugehen, wenn ich mir sicher war, dass sein Betrieb längst eingestellt war. Zudem hatte der Tierarzt bei meinem Hund eine unheilbare Krankheit entdeckt, die zwangsläufig in Qualen und dann im Tod enden würde. Ich war erschüttert. In den Wochen und Monaten war er mir stets ein freundlicher Begleiter gewesen, und ich hatte mir vorgenommen, alles zu tun, um ihm vielleicht doch noch helfen zu können. Leider vergeblich, in den letzten Wochen, bevor ich ihn einschläfern musste, litt er des Öfteren an Juckreiz und Atemnot und wurde hektisch, grimmig und oft auch laut.

Als wir eines Nachts nach Hause kamen, war unten alles dunkel und leer. Dafür brannte in meiner Wohnung Licht. Ich dachte, dass ich vergessen hätte, es auszuschalten, und schlich müde mit dem grimmigen Hund hinter mir die Treppen hoch. Was ich fand, ließ mir das Atmen schwer fallen. »Mein Wirt« lag in meinem Bett! Ganz selbstverständlich hatte er sich komplett ausgezogen und lag splitternackt, seitlich, schnarchend in meiner Bettwäsche. Genervt setzte ich mich aufs Sofa. Ich wusste gar nicht, wie ich mich verhalten sollte. So was gibt es ja gar nicht ... ich wurde sauer.

Todmüde hatte ich mich so auf meine Ruhestätte gefreut und jetzt das. Der Geruch im Zimmer ließ mich schlimmsten Alkoholmissbrauch vermuten, und jetzt stieg auch Angst in mir hoch. Seit den jüngsten Vorfällen in meinem »Clubleben« war ich gewarnt und übervorsichtig. Was, wenn er mich einfach packen würde? Ich überlegte und seufzte. Es war schließlich der Hund, der ihn weckte. Er knurrte vor der Tür, kratzte sich auffallend laut und beschnupperte argwöhnisch Gesicht und Füße des Mannes. Er wurde wach. »Hallo, mein Mädchen, muss eingeschlafen sein«, murmelte er verkatert und verschlafen.

»Das sehe ich und besonders gut finde ich es ehrlich gesagt

nicht!« Ich versuchte, fest zu klingen, hart, aber es war vergebens, und ich wusste es. »Ja, entschuldige, aber in meinem Zustand konnte ich unmöglich fahren«, nuschelte er weiter und drehte sich jetzt genüsslich im Bett. Ich konnte sehen, dass sein Glied halbsteif an ihm runterhing. Ich verdrehte die Augen. »Hör mal«, sagte ich nun, »so geht es nicht, Karl-Heinz! Ich bin selber müde und möchte mich jetzt hinlegen. Ich rufe dir ein Taxi«, sagte ich und wendete mich zum Telefon.

»Ach Quatsch! Taxi, leg dich doch zu mir«, grinste er nun mit halboffenen Augen und sah an mir herunter. Ich beschloss, jetzt einen ernsthafteren Versuch zu wagen, ihn zu vertreiben. »Natürlich werde ich dir ein Taxi rufen, ganz sicher schlafen wir nicht beide hier!«, sagte ich jetzt schon lauter und bestimmter. »Dann musst du gehen«, meinte er nur lapidar, »oder hast du einen Mietvertrag?«

Ich biss mir auf die Lippen, so doof war ich gewesen! Natürlich hatte ich keinen, jedenfalls keinen gültigen, und mein gesamtes Hab und Gut befand sich in der Wohnung.

»Jetzt zick nicht weiter rum und leg dich her, kommt auch nicht wieder vor!«, vernahm ich seine Worte und fühlte mich zum Kotzen. Ich sondierte die Alternativen. Zum einen konnte ich gehen, und es war nicht sicher, ob ich wieder hereinkam. Aber meinem Hund ging es schlecht, ich sah, dass er nur mühsam atmete, und wusste, dass ich sehr bald den Tierarzt benötigen würde. Zum anderen konnte ich Alarm schlagen. Dann wäre ich schneller draußen als er. Oder ich blieb und hoffte, dass es danach nie wieder vorkommen würde. Wohl oder übel müsste ich mir dann eine andere Wohnung suchen; zur Not eine Pension auf die Schnelle.

Ich entschloss mich dazu, doch mir war klar, dass es mit »nebeneinander liegen« nicht getan wäre. Ich ergab mich in mein vermeintliches Schicksal und legte mich zu ihm. 20 Minuten später hatte ich ihm einen geblasen und ihn mit der Hand fertig gewichst. Sofort danach sprang er wie ein junger Gott in seine Klamotten. Dreimal noch musste ich ihn »bedienen« und zweimal dazu seinen erwachsenen Sohn, bevor ich endlich eine neue Wohnung hatte. Als ich alles ausgeräumt hatte, ging ich in die Kneipe und gab seiner Frau die Schlüssel mit den Worten: »Ihr Mann stinkt um den Sack herum, schlimmer als Ihr Sohn. Wenn Sie schon zusehen, wie beide ihre weiblichen Mieter abwechselnd im Suff missbrauchen, sollten Sie wenigstens Seife in Ihr Bad stellen. Wobei es auch an Ihnen liegen kann. Riechen Sie doch mal an Ihrer Möse. Könnte ja sein, dass es eine familiäre, interne Ansteckungssache ist.« Damit verließ ich das Restaurant und die anwesenden sprachlosen Gäste.

Ich fühlte mich nicht wirklich gut, aber erleichtert. Es hatte vier Wochen gedauert, bis ich die neue Wohnung gefunden hatte. Obwohl ich eine unverschämt hohe Kaution hinterlegen musste, sowie zwei Monate im Voraus die Miete, war ich unendlich glücklich über mein neues Domizil. Es lag direkt am Strand, hatte herrlichen Meerblick und war ebenfalls großzügig und schön geschnitten.

Gemietet hatte ich sie von zwei Deutschen, die hier lebten und eine Pension betrieben. Einer von ihnen half mir manchmal hinter der Theke aus. Beide hatten mir sofort die Wohnung angeboten, als ich von meinen Schwierigkeiten erzählte. Nachdem ich einen richtigen Mietvertrag unterschrieben hatte, zog ich angstfrei und selig in meine neue Wohnung ein.

Und noch etwas Schönes war passiert. Ich hatte nach einem traurigen Ende meines tierischen Begleiters einen neuen Hund. Und ich hatte Thomas kennen gelernt!

Thomas, kurz von allen Tommy genannt, kam eines Tages in mein Lokal. Er hatte an diesem Tag Geburtstag und Freunde zu einer kleinen Feier eingeladen. Vorher wollte man noch eine Kleinigkeit essen, direkt an meiner Theke. Thomas hatte gerade eine Niederlassung einer Baubedarfsfirma gegründet und war noch nicht allzu lange auf der Insel. Ursprünglich war er mit Freundin gekommen, man war aber heftig in Streit geraten, und so blieb Tommy alleine da, während es sie zurück nach Deutschland zog.

Er sah gut aus, war riesig. Ich schätzte ihn auf gut zwei Meter, schlank, mit langen schwarzen Haaren. Sie fielen ihm über die Schultern, und ständig strich er sie mit seinen Fingern zur Seite. Braun gebrannt natürlich, immer in Jeans, die er lässig unter dem Knie abschnitt. Er trug weite Hemden, um seine eher schlaksige Figur zu verstecken, schwarze Brustbehaarung, die man darunter erkennen konnte. Keine Strümpfe und Mokassins an den Füßen. Um seinen Hals trug er seine teure Sonnenbrille am Lederband, und sein Auftreten hatte etwas von: »Achtung, hier komme ich.« Er hatte braune Augen und dazu einen Dreitagebart. Er erinnerte mich etwas an die Typen aus der »Axe-Deo«-Werbung. Ich war sofort verliebt in seine Erscheinung, doch ärgerte ich mich darüber, roch förmlich seine Oberflächlichkeit. Und war es dennoch.

Den Müll von seinen Geburtstagspäckchen ließ er einfach auf dem Boden liegen. Auch sonst machte er den Eindruck eines sehr verwöhnten, eingebildeten Mannes. Und das war er auch. Aus einer angesehenen Kölner Familie, mit einer liebevollen Mutter, die stets alle Sorgen von ihm fernzuhalten wusste, und einem finanziellen Rahmen, der mehr als ausreichend war, sein neues Leben hier und jetzt zu beginnen. Aber er hatte noch mehr. Seine Ausstrahlung, sein Charme konnten phänomenal sein. War ihm etwas wichtig, setzte er sich durch.

Probleme perlten an ihm ab. Musste er sich mal entscheiden, wählte er niemals die falsche Alternative. Er hatte einfach immer Recht, und sein Leben und seine Person standen immer in der Sonne, niemals sah ich Schatten. Er war ruhig, ausgeglichen und dennoch ständig in »Action«. Er arbeitete unermüdlich und sprudelte förmlich über vor neuen Ideen. Er kannte jede Ecke auf der Insel, wusste, wer wo »in« war. Kannte die Ecken, »wo man sich traf«, war immer »hip«, immer dabei. Er war jemand Wichtiges, auf dessen Anwesenheit Wert gelegt wurde. Er fehlte auf keinem größeren gesellschaftlichen Vergnügen, taumelte von einem »Glücksfall« in den nächsten und liebte das Leben und saugte daran. Und das Leben nährte ihn an seiner Mutterbrust, ließ ihn niemals hungern. Er war ein Kind des Glücks und der Freude, man sah es ihm an, und er strahlte es aus.

Nachdem ich wieder allein an meiner Theke stand, dachte ich über ihn nach. Er hatte mir gefallen, war frech, überheblich und anmaßend gewesen, »irgendwie ...«, er taumelte durch meine Gedanken. Ja, ich würde ihn gern näher kennen lernen. Wenigstens mal auf »'ne Nummer«, witzelte ich in mir, das wäre mal eine schöne Abwechslung, dachte ich. Sex hatte ich schon länger keinen mehr gehabt, und meine »Starre« hatte sich gelöst. Ich war mir sicher, fühlte ab und an wieder »die Frau« in mir. Dachte, »wieso eigentlich nicht«, und ließ es darauf ankommen. Und handelte umgehend.

Ein Date, ich raste bei nächster Gelegenheit los und kaufte mir ein sexy »Ausgehkleid«. Noch am selben Abend betrat er erneut mein Lokal. Beugte sich siegessicher grinsend über das Holz. Wusste, er hatte in jedem Fall Aussicht auf Erfolg. Und ich zögerte nicht und griff umgehend zu. Nachdem ich mein Lokal geschlossen hatte, machten wir uns »on tour«. Er führte mich von einer Neueröffnung zur nächsten, und wir schütteten uns mit Drinks voll. Er war ein geistreicher, witziger Unterhalter. Ein aufmerksamer dazu, und ich fragte mich, ob ich ihn falsch eingeschätzt hatte. Er war höflich, behutsam und nett. Ich amüsierte mich wie schon lange nicht mehr und plauderte harmlos über meine imaginäre »normale« Vergangenheit.

Er strahlte Charme und Sexappeal auf mich aus, und ich wollte ihn unbedingt. Der Gefahr, dass meine schon jetzt intensive Verliebtheit mich direkt in einen One-Night-Stand führen könnte, der mir danach gefühlsmäßig schwer zu schaffen machen könnte, war ich mir bewusst. Aber der Alkohol fegte solche Zweifel weg. Ich genoss, ließ mich führen, ließ mich gehen. Es gab keine Fragen, keine Antworten. Wir wussten beide, das Ziel ist sein Bett.

Er wohnte »schickimicki«, natürlich im abgelegenen Bergdorf, aber mit allen Schikanen. Eindeutig Junggeselle, schoss es mir durch den Kopf. Seine Einrichtung spiegelte seine Persönlichkeit wider. Schwarzes Leder, Chrom, Marmor und klassische Musik. Sein Bett war eine eigene Insel, eine Extraanfertigung. Riesig, kuschelig und frisch bezogen. Sein Badezimmer mit allem, »was Mann so braucht«. Eine Ansammlung der edelsten Marken und, wie ich richtig vermutete, Geschenke verflossener Damen, denen er das Herz gebrochen hatte. Und obwohl alles da war, war es doch angenehm leer, nichts Überfülltes oder Enges.

»Wein oder Prosecco?« Wir entschieden uns direkt für das Bett.

Es war ein Fiasko. Nur ein Kondom ließ sich finden, und das war kaputt. Wir bemühten uns redlich, aber es war ein gemeines »Herumgewürge« und »Rumgemache«.

Nichts ging wirklich, und wir gaben frustriert auf. Während er bald selig in tiefste Träume fiel, dachte ich nach. Nach Hause konnte ich nicht, hatte mir nicht mal den Namen des Dorfes gemerkt. Das Auto hatte ich eh nicht mit, und ich wäre auch viel zu betrunken gewesen. Meine Strümpfe waren im Eifer der Nacht zerrissen, mein Make-up über mein Gesicht verschmiert. Keine Zahnbürste und auch sonst nichts, um mich herzurichten. Egal, ich war müde. Mein Welpe würde den Weg auf die Terrasse finden, und so beruhigte ich mich und schlief alsbald neben ihm ein.

Als ich erwachte, fühlte ich mich grässlich, und ein Blick in den Spiegel ließ schlimmste weibliche Albträume wahr werden. Ich wollte nur nach Hause und das schnell. Natürlich fuhr er mich direkt. Als Frühstück waren nur Joghurtdrinks und Müsliriegel zu finden, danach wortlos die Fahrt.

Irgendwie gab es nichts zu besprechen, ich fühlte mich gehemmt und hatte kaum noch Erfahrung in Gefühlsangelegenheiten. Nach einem erneuten Treffen wagte ich nicht zu fragen. Ich war sicher, er war genau wie ich genervt und uninteressiert an einer weiteren Kampfhandlung wie letzte Nacht. Und trotzdem wollte ich ihn gern wiedersehen. Vor meiner Kneipe setzte er mich ab.

»Mach's gut, tschüss«, und schon war er in seinem Mercedes

davongebraust. In gewisser Weise erniedrigt, betrat ich mein Geschäft. Es war sonntags, und ich ließ das Lokal zu; ging nach Hause und fütterte den Welpen und wusste schon, ich würde es noch einmal probieren.

Bekannte von mir hatten ein paar Tage vorher den Welpen vor mir abgesetzt. Er sollte ein Geschenk sein, erst ein paar Wochen alt, aber schon so groß wie ein ausgewachsener Cockerspaniel. Schwarz mit weißem Fleck auf der Brust, riesigen Schlappohren. Die Größe seiner Pfoten ließ einen wahren Goliath vermuten, und das wurde er auch, groß wie ein Fohlen. Er sollte mich trösten über den Verlust meines verstorbenen Hundes, und ich freute mich darüber. Glücklich umsorgte und verwöhnte ich den neuen Hund, nannte ihn Ben. Ein Rüde, ein Allesfresser und ein richtiger Freund. Er wurde mein Schatten, war immer da, immer neben mir, und endlich hatte ich einen Beschützer.

Erneut rief ich Andreas an, und erneut verabredeten wir ein Treffen. Diesmal klappte alles, wir kamen uns näher und auch ineinander. Es war eine ruhige Begegnung, wir hatten nichts getrunken und vertieften uns bei Kaffee und Keksen ins Gespräch. Er plauderte über sich, sein Leben vor der Insel, und ich fing an, ihn zu beneiden. Leichtfertig taperte er durchs Leben und griff in jeden Goldtopf, der am Rande stand. »Liebe« machten wir später bei ihm auf dem Sofa. Ich nahm das knarzende, erwärmte Leder unter mir wahr. Roch Tommys feines Parfüm, roch seine Hitze und seine Haut. Schmiegte mich unter ihn und gab mich ihm hin. Es war berauschend.

Der Wind strich durch die geöffnete Balkontür leicht ins Zimmer. Im Hintergrund lief klassische Musik, leise, beständig. Seine Haare kitzelten mich, seine sehnigen Hände überall auf und in mir. War er auch schlaksig, schlank, so war er doch fest und sehnig am ganzen Körper. Er liebte mich sanft und bestimmt, es hatte nichts Hektisches oder Ordinäres an sich. Ich streichelte seinen Rücken, streckte ihm meinen gut durchbluteten Unterleib entgegen und schwamm seicht dem Höhepunkt entgegen. Ich fühlte mich geborgen und sicher, und ich spürte mehr. Er hatte sich ebenfalls verliebt.

Glücklich nahm ich diesen Umstand wahr, von dem Moment an verging kein Tag, an dem wir uns nicht sahen und uns nicht in gleicher, ruhiger, hingebungsvoller Weise liebten. Es war wunderbar entspannend für mich. Ich sah der Zukunft wieder etwas zuversichtlicher entgegen, trotz seiner Aussage: »Schön, dass ich dich hier getroffen habe. Weißt du, die meisten Frauen hier sind doch entweder Nutten, haben Kinder im Schlepptau oder führen ein Rudel Haustiere mit sich. Mit all dem kann ich überhaupt nichts anfangen!« Ich lächelte über diesen Satz! Wir würden eine glückliche Familie werden.

Zwei Wochen vergingen. Waren wir auch sehr unterschiedlich, so gewöhnten wir uns doch sehr schnell aneinander. Ich telefonierte oft mit meinem Christopher und bestätigte ihm, dass er in den Sommerferien umziehen könne. Er war glücklich, schmiedete Pläne mit mir am Telefon. Ich erzählte von meinem neuen Hund, und er konnte es kaum erwarten, mit ihm am Strand herumzutollen. Thomas half mir jetzt etwas in der Kneipe. Wir engagierten freitags Vorstellungen, kleinere Tanzgruppen, Sänger oder andere Mini-Shows. Die Bar florierte. Wir verteilten Poster und Flyer in der Gegend.

Die beiden Männer, die mir die Wohnung vermietet hatten, kamen jetzt öfter. Plötzlich wurde der eine von ihnen krank, und zudem, wie sie mir gestanden, hatten sie schwerste finanzielle Probleme. Sie suchten einen Pächter für das Hostel, brauchten aber vorher dringend Geld. Ich fuhr mit ihnen in ihr Haus, sah mir Gartenmöbel und Geschirr, CDs und Satellitenschüssel an. Kaufte schließlich große Mengen davon, Lampen, Bilder, Vorhänge und alles, was mir in meiner kleinen Bar zu fehlen schien.

Natürlich war ich dadurch wieder pleite, aber die beiden versicherten mir, bei einem Umbau unentgeltlich zur Hand zu gehen. Die Theke rissen sie noch raus, dann waren beide verschwunden! Ich konnte mir keinen Reim darauf machen und suchte vergeblich nach ihnen. Thomas meinte, die wären nur faul und würden sich schon melden. Immerhin wohnte ich ja in ihrer Wohnung. Ich gab ihm Recht, und anstatt lange zu jammern, half mir Tommy mit einem seiner »Bauteams« aus, und wir beendeten den Umbau zügig. So konnte ich nach 14 Tagen wiedereröffnen und hatte jetzt endgültig eine wunderschöne, nette, gut geschnittene Kneipe.

Vier Wochen, nachdem ich Thomas kennen gelernt hatte, und nur zwei Monate, nachdem ich in die Strandwohnung umgezogen war, überschlugen sich die Ereignisse. Es war mein letzter Tag in der Bar, bevor ich nach Deutschland fliegen wollte, um meinen Sohn zu holen. Thomas wusste natürlich mittlerweile Bescheid, und fast schien es mir, als freue er sich schon auf das Kind. Immer wieder fragte er mich, wie groß ein Achtjähriger sei und ob er »mit so was umgehen könne«. Auch meinen Hund hatte er nun kennen gelernt, und dieser »schlabberte« und »schleckte« sich direkt in Thomas' Herz.

Gebeichtet hatte ich erst kurz vor meiner Reise nach Deutschland. Natürlich hatte er den verspielten, aufdringlichen Hund schon öfters gesehen. Aber ich hatte ihn als »Pflegetier« getarnt, als etwas »Vorübergehendes«. Die Frage, wer das Tier versorgen sollte, solange ich in Deutschland war, stellte ich mir schon seit Tagen. In fremde Hände wollte ich meinen neuen Freund auf keinen Fall geben. So beichtete ich Tommy alles, und zu meiner Überraschung sagte er mir zu, sich um den Hund zu kümmern. Er war auch nicht sauer, dass ich es ihm verschwiegen hatte. Er hätte sich »sowieso schon alles denken können«, gestand er mir lächelnd.

Ich war erleichtert, verliebte mich direkt ein wenig mehr in ihn. Ich versprach einen sauberen Hund, der artig und wohlerzogen sei. Doch die Blamage konnte nicht größer sein: Ben hüpfte aus dem Auto und sprang direkt in den Wassergraben, der vor dem Haus gezogen war. Klitschnass und verschlammt rannte er die Treppe zur Wohnung von Tommy hoch. Dieser hatte die Tür geöffnet, als er meinen Leihwagen hörte. Der Hund rannte an dem verdutzten Mann vorbei, einmal quer über alle Möbel, um dann ins Bett zu springen und seine Nässe und seinen Dreck direkt in die Kissen zu reiben. In Panik herausgejagt, pinkelte er, bevor er wild und vor Freude laut bellend die Räume wieder verließ, schnell noch mal in den Flur. Ich war entsetzt, Tommy sprachlos. Und dann lachten wir los, wir lachten uns kaputt und konnten uns kaum beruhigen.

»O weh, o weh, was habe ich mir da bloß eingefangen«, scherzte er, um mich kurz darauf »durchzuküssen«. Wir landeten direkt auf dem Boden im Flur. Dieses Mal nahm er mich hektisch und besitzergreifend. Er liebte mich, ich hatte keine Zweifel. Das Glück schoss aus meinen Poren, und so rammelten wir uns ungestüm zum Höhepunkt.

Ich hatte mich »fein« gemacht, von morgen an war die Bar für sechs Tage geschlossen, bis ich mit meinem Sohn wieder hier war. Wir hatten beschlossen, so etwas wie eine Party zu geben, luden alle ein, die wir kannten, und die kleinen Räume brachen vor Menschen fast auseinander. Es war laut, es war lustig, es wurde getrunken, gescherzt und gelacht.

Zwei Autos hielten vor der Bar, und vier Männer, die ich nie zuvor gesehen hatte, betraten das Lokal. Augenscheinlich Spanier, sie hatten alle Pferdeschwänze und sahen wirklich furchteinflößend aus. Zwei von ihnen blockierten den Eingang, die anderen beiden hielten Polizeimarken hoch und fingen laut auf Spanisch an zu reden. Einige holten ihre Papiere hervor, aber die Männer suchten nicht irgendwen, sondern den Besitzer der Bar. Eingeschüchtert, auch angeheitert, trat ich vor. »Ich bin der Besitzer«, ließ ich sie wissen und hatte im selben Moment Handschellen um.

Die Männer drängten mich hinaus in den Wagen, und die anderen schickten die Anwesenden nach Überprüfung der Personalien nach Hause. Tommy versuchte, Informationen zu bekommen. Man erklärte ihm in wenigen Worten, ich sei wegen Raubüberfalls festgenommen. Ich atmete auf.

Man brachte mich auf ein Revier, und ich wartete, noch immer eingeschüchtert, aber auch sauer über den verpatzten, blamablen Abend, im Minirock auf der kalten, harten Bank im Flur.

Immer wieder machte ich darauf aufmerksam, dass ich Deutsche sei, wollte meinen Pass zeigen. Sie tuschelten auf Spanisch. Eine Frau kam herein und nahm mir meine Kette und meine Uhr ab. Auch meinen kleinen Gürtel sowie meine Handtasche. Sie tat alles in einen Umschlag und schrieb meinen Namen darauf. Ich war völlig perplex, bekam keine Antworten, und langsam kroch wirkliche, panische Angst in mir hoch.

Ich verlangte schließlich mit Nachdruck einen Anwalt, wie ich es aus dem Fernsehen von *Dr. Quincy* kannte. Man versprach mir, dass ich sofort telefonieren könne. Aber erst würden wir noch einmal »wegfahren«. Wieder stieg ich in ein Auto, diesmal konnte ich überhaupt nicht aus dem Fenster sehen. Ich fing an zu heulen, war besorgt und mittlerweile völlig verängstigt. In der Tiefgarage angekommen, zerrte man mich unsanft aus dem Auto und brachte mich in einen »Fotoraum«. Eine Beamtin kam, drehte mein Gesicht und schoss Fotos. Meine Fingerabdrücke wurden genommen. Niemand sprach mit mir. Ich fragte mich, wo Tommy blieb, und versuchte nicht durchzudrehen.

Man brachte mich drei Treppen tiefer in eine Einzelzelle. Ich war jetzt völlig panisch und konnte mich nur mühsam zusammenreißen. Mir gegenüber befand sich eine Sammelzelle. Es waren an die acht Männer darin, alle grölten und schlugen gegen das Gitter, als sie mich sahen. Anscheinend war ich die einzige Frau hier unten. Meine Zelle war ein vier Quadratmeter großer, komplett in Weiß gekachelter Raum. Selbst die Liege war ein weiß gekacheltes Podest, man drückte mir eine richtige alte Pferdedecke in die Hand. Das war es. Tür zu, Licht aus. Ich saß im Knast!

Die Wände meiner Zelle waren nicht aus Gittern, sondern aus Stein. Lediglich die Tür hatte oben im Plastik ein kleines Guckloch. Wann immer ich verheult herausschaute, begannen die Gefangenen mir zuzuzwinkern, und einige fingen an zu tuscheln und bewarfen mich mit »fremdländischen Koseworten«. Einige wichsten ungeniert, während sie mich anstarrten, und einer urinierte schamlos durch die Stäbe auf den Flur hinaus. Nach der Panik kam der Schock. Er ließ mich unbeweglich und steif werden. Ich kuschelte mich in die stinkende Decke und versuchte, die Augen zu schließen. Mein Herz hämmerte. Was, wenn die Beamten die Türen öffnen würden? Was, wenn all die Männer meine Zelle stürmten? So und ähnlich fantastisch kreisten meine Gedanken in jener Nacht. Irgendwann wurde es heller, draußen war Licht gemacht worden. Die Luft hier unten war schwül. Dicke, mit Tropfen behängte Rohre zierten die Decke. Es war ein Keller; so viel war mir klar. Anhand der Stufen, die ich gegangen war, musste er zwei bis drei Stockwerke unter der Erde liegen. Jede Treppe war wiederum mit Gittertüren versperrt, und im Traum malte ich mir die schlimmsten Feuerszenarien aus, stellte mir Rettungsaktionen vor, die nicht durchführbar waren, und wähnte mich schließlich dem Tode nahe.

Dem Lichtschein folgte ein Brötchen mit Käse, das mir durch den Spalt in der Tür gereicht wurde. Es war trocken und hart, ich hatte Durst und verlangte ungehört etwas zu trinken. Nach einer Zeit, die mir ewig erschien, wurde ich wieder nach oben gebracht. Endlich ein Polizist, der Deutsch konnte und nett zu sein schien. Er bot mir eine Zigarette an. Da unten in meinem »gekachelten Kabuff« hatte ich mich noch gewundert, dass ich seit Jahren überhaupt keinen Drang zu rauchen verspürt hatte. Ich griff zu und versuchte erneut zu erklären, dass hier ein schlimmes Missverständnis vorliegen müsse. Doch der Polizist wiegelte ab: »Ja, das ist immer allen klar: Ich war nur ein Opfer! Aber auch Unwissenheit schützt vor Strafe nicht.« Endlich begann er, mir alles zu erklären.

Die beiden mir bekannten Herren, meine »Vermieter«, waren nicht die rechtmäßigen Besitzer. Der wirkliche Eigentümer befand sich derzeit in Deutschland und hatte keine Ahnung, dass noch Schlüssel im Umlauf waren. Die Sachen, die ich gekauft hatte, gehörten ihnen nicht. Es war somit Hehlerware, die ich erworben hatte. Des Weiteren war auch die Wohnung nicht ihr Eigentum. Sie hatten sie für den Zeitraum von vier Monaten von einer Spanierin gemietet, und diese hatte, auf Grund fehlender Mietzahlungen, jetzt die Tür öffnen lassen. Was sie fand, war meine Habe, und sie rief die Polizei, aus Angst vor Betrug und vor Einbrechern.

Ich schlug die Hände vors Gesicht. Ich hatte Verträge gesichtet, Hausschlüssel gesehen und war trotzdem geleimt worden. Zudem hatte ich alles verloren, die Sachen mussten natürlich zurück, und mein Flugtermin war geplatzt. Ich konnte niemandem Bescheid geben und war inhaftiert. Ich konnte es kaum glauben. Aber die Qual war noch nicht zu Ende. Es wurde eine Durchsuchung der Gaststätte sowie der Wohnung angeordnet. Auch meine persönlichen Sachen mussten inspiziert werden, alles sollte aufgelistet werden.

Und ich kam nicht frei. Musste mitgehen und Dinge benennen, die ich gekauft hatte. Und das alles in Handschellen. Tommy durfte nicht zu mir, hatte eine Tüte mit Keksen und Wasser abgegeben. Das Wasser bekam ich, und durstig trank ich alles aus. Dann fuhren wir los.

Der Spuk dauerte drei volle Tage. Ich musste bleiben, wo ich war, bis alles »gelistet und geklärt« war. Einen Anwalt konnte ich nicht einschalten, es war die Maximumgrenze, die hier ausgeschöpft wurde. Als ich endlich frei kam, wurde meine Kneipe geräumt und war wie leergefegt. Die alten Sachen hatte ich natürlich verkauft, um Platz zu haben, somit blieben mir nur leere Regale, leere Räume und eine total verwüstete Küche ohne Elektrogeräte. Die Eigentümerin der Wohnung, eine sehr, sehr nette Frau, gestand mir zwei Wochen zu, ehe ich ihre Räume zu verlassen hatte. Die beiden »Verbrecher« waren weg, geflohen, und ich hatte zudem keinen Pfennig Geld mehr. Mein Flugticket war verfallen, Christopher weinte am Telefon, und auch Tommy sparte mit Vorwürfen nicht. Ja, glücklich war ich dieser Tage wirklich nicht!

Ich war nahe dran, meine Pläne total zu ändern und wieder nach Deutschland umzusiedeln. Aber ich hatte noch immer Tommy, ich war sehr verliebt in ihn. Auch den Monsterhund hatte ich jetzt zu versorgen und konnte ihn mir nicht recht in einer Stadt vorstellen. Mein Sohn bestand auf meinem Versprechen, dass er wenigstens eine Zeit lang am Meer wohnen könne. Tommy nahm mir schließlich die Entscheidung ab. Er bot mir einen »Job« als Sekretärin in seiner kleinen Firma an, und die Kneipe sollte ich verkaufen. Meinen Sohn sollte ich holen, er spendierte die Tickets, und wir würden zu dritt im Dorf bei den Bergen wohnen. Ich willigte ein. Nur zu gerne.

Überraschenderweise fanden wir fast umgehend einen Käufer für die doch sehr ramponierte Kneipe. Ein freundlicher Mann aus Hamburg, das Geld brachte er direkt und vollständig mit. Ich war erleichtert, beruhigt, alles war gesichert. Zusatzeinnahmen von der Arbeit bei Tommy garantierten mir mindestens zwei ruhige Jahre. Ich war jetzt fast 27 und fühlte mich schon wie 40. Ich überlegte nicht mehr lange, glaubte, meinen Weg nun gefunden zu haben. Die Insel hatte sich mir in allen Farben gezeigt, sich vor mir gedreht, mir gedroht, mich gewärmt und mir Angst gemacht. Aber ich hatte sie bezwungen, und so stieg ich nach einigen arbeitsreichen Tagen erschöpft, aber glücklich ins Flugzeug. Nun wäre ich endlich wieder mit meinem Christopher zusammen. Nach der ganzen Katastrophe – ich freute mich wahnsinnig auf ihn.

ATEMNOT

Leider war nicht alles so einfach, wie ich es mir dachte. Meine Schwiegermutter gab den Pass des Jungen nicht heraus und wandte sich mal wieder ans Jugendamt. Der Rückflugtermin verschob sich auf unbestimmte Zeit. Ich reagierte genervt und gestresst. Christopher bei mir, jetzt zusammen in der Wohnung meines Bruders, wollte unbedingt abreisen. Natürlich liebte er seine Oma und seinen Opa sehr, aber jetzt wollte er wieder bei Mama sein. Aussicht auf langfristigen Erfolg hätte meine Schwiegermutter nur, und das ebenfalls ziemlich unwahrscheinlich, durch die Hilfe von Jörg gehabt. Aber der stellte sich für mich völlig überraschenderweise auf meine Seite und verweigerte ihr die Unterstützung. Auch Zahlungen leistete er jetzt, bescheidene und mit den Worten verziert: »Ich tue, was ich kann.«

Ich war ihm dankbar, erschien er mir doch nicht mehr völlig als unsensibles Monster. Mittlerweile hatte er seine langjährige Freundin geheiratet und war wohl glücklich. Ausgeglichen, wie er derzeit war, stand ihm ganz sicher nicht der Sinn nach einem erneuten, und wie er sehr wohl wusste, aussichtslosen Streit um das Kind. Erst recht nicht seiner Mutter zuliebe, mit der er nach wie vor zerstritten war.

Trotzdem meldete sich das Jugendamt, und ich konnte mit meinem Sohn nicht ausreisen, bevor ich den Pass hatte.

Zu der Zeit waren offene Grenzen noch nicht »passlos« passierbar. Ich kürzte ab, meldete mich beim Jugendamt und bat darum, meinen Sohn anzuhören, in Abwesenheit von mir und der Oma. Sollte sich mein Sohn wirklich dazu entscheiden, hier zu bleiben, wäre ich die Letzte gewesen, die ihn »weggerissen« hätte. Das machte ich deutlich, und es kam zu dem Termin. Meine Schwiegermutter erzählte wahre Horrorgeschichten, »von einem weinenden Kind, das sich an ihre Beine geklammert hätte«. Ich verdrehte die Augen, sie war wirklich völlig verzweifelt, und fast tat sie mir leid. Ich wusste, dass mein Sohn ihr Lebensinhalt und der ihres Mannes geworden war. Trotzdem ich ihr fast alles vergab, konnte ich nicht vergessen, dass niemand dieses Kind hatte haben wollen!

Die Sachbearbeiterin entließ ein absolut ausgeglichenes Kind aus dem Zimmer. Sie teilte meiner Schwiegermutter mit, dass sie sich mit dem Gedanken anfreunden müsse, dass jedes Kind einmal dem »großelterlichen Leben« entwuchs und nun anderes für ihn wichtig wurde. Endlich konnten wir nach Hause fliegen. Unser Leben in dem spanischen Bergdorf konnte beginnen!

Genauso, wie Tommy letztendlich sein Herz für meinen »schwer erziehbaren Hund« geöffnet hatte, genauso auch nahm er meinen Sohn an. Kompromisslos ersetzte er ihm fortan den Vater. Unser Leben verlief erst einmal ruhig und beschaulich.

Chrissi wurde in die Dorfschule eingeschult und mit der fremden Sprache konfrontiert. Es gab überhaupt kein deutsches Kind in der Nähe, und er verbrachte seine Zeit mit den Jungen, von denen er keinen verstehen konnte.

Er blühte trotz allem auf, lernte rasant die spanische Sprache in all ihren Dialekten und plapperte kaum ein Jahr später genau wie seine Freunde. Vormittags verbrachte ich jetzt meine Zeit in Tommys Büro. Nachmittags fuhr ich mit Chrissi zum Supermarkt, wir kauften ein, kochten oder liefen stundenlang mit dem Hund in den Bergen umher. Tommy war immer in Bewegung.

Er nahm jeden Termin persönlich wahr und war ständig unterwegs. Ich hüllte mich in ihn, seine Geradlinigkeit, seine Ehrlichkeit und sein Erfolg waren mir Gewissheit genug. Ich war zu Hause. Genoss es seit langem mal wieder auszugehen. Genoss es einzuschlafen, auch wenn er nicht da war, ohne Angst, durch

Streitereien geweckt zu werden. Genoss es, keinerlei Eifersüchtelei über mich ergehen lassen zu müssen, und gab ihm selbst auch jede denkbare Freiheit. Wir lebten zusammen und nebeneinander. Keiner kreuzte beengend die Wege des anderen, wir entwickelten uns zu einer Einheit und setzten jeden Plan erfolgreich um.

Ich begann wie besessen am Computer zu arbeiten, studierte die dicksten Handbücher und entdeckte erneut den Spaß am Kreativen. Tommy unterstützte mich, machte mir Mut und feuerte mich an. Alles, was ich in frühen Jahren auf dem Papier gelernt hatte, konnte ich nun auch »online« umsetzen. Ich begann auf diesem Gebiet zu »arbeiten«, stellte Webdesign zum Verkauf und war mir sicher, ganz sicher, dass mein Glück bald in einer dritten Ehe gipfeln würde.

Christopher fand sich bald als festes Mitglied einer großen spanischen Clique und war in der Schule immer einer der Besten. Er verwandelte sich direkt vor unseren Augen in ein unbeschwertes spanisches Kind und ist es bis heute geblieben.

Meine SM-Pläne hatte ich völlig aufgegeben, auch meine »Hurenzeit« lag weit hinter mir. Tommy hatte bis zu diesen Tagen niemals etwas herausgefunden, und wenn doch, sprach er nicht darüber. Wir liebten uns, gingen schwimmen, jagten im Jetski über das Meer. Wir grillten mit Freunden, durchstreiften des Nachts etliche Discos und Cafés. Er zeigte mir schöne Plätze, wir besichtigten alles, wozu ich vorher nie Zeit gefunden hatte. Wir waren alle sehr glücklich, und keiner hatte das Gefühl, etwas zu vermissen! ... dachte ich ...

Die Veränderung in mir begann unmerklich und schleichend. Immer öfter strengte mich Tommys gute Laune an. Immer öfter war ich zu müde, um mit ihm mitzuhalten. Immer öfter verkroch ich mich lieber zu Hause.

Mein Appetit sackte auf ein Minimum, es stellten sich körperliche Beschwerden ein. Immer wieder suchte ich den Arzt auf: Ich war kerngesund! Es war immer das Gleiche, und die Arztrechnungen verbesserten meinen Zustand nicht. Tommy wurde ungeduldig. War er am Anfang sehr liebevoll mit der »komischen« Situation umgegangen, nervte es ihn nun doch. Er wollte leben, wollte raus, wollte tausendundeine Sache erledigen. Langfristige Verabredungen, gemeinsame Pläne ließ ich platzen, weil ich »mich nicht wohl fühlte«. Immer öfter war die Wohnung nun unordentlich, immer öfter lag ich bis mittags im Bett. Bleierne Müdigkeit nahm mich gefangen, und hämmernde Kopfschmerzen raubten mir nachts den Schlaf. An körperliche Liebe zwischen uns war jetzt nach zwei Jahren ausgefüllter Beziehung nicht mehr zu denken. Immer öfter wies ich ihn ab, bis er schließlich nicht mehr fragte.

An meinem 28. Geburtstag verlangte er dann eine Entscheidung. Wir waren eingeladen, es war Abendgarderobe erwünscht. Als Geschenk schmiss er mir ein Bügelbrett und eine Haarkur ins Zimmer, so könne man mit mir ja unmöglich mehr losgehen. Er hatte Recht, ich ließ mich gehen. Ging schon lange nicht mehr ins Büro. Kümmerte mich um wenig und lebte ausschließlich von dem Erlös der Kneipe. Und der ging rapide zu Ende. Immer da war mein Sohn. Bald räumte er wieder hinter mir her, las mir erneut Geschichten vor und kochte für mich Suppe und Kakao.

Wenn ich ihm erklären wollte, wie leid es mir täte und dass ich selber nicht wüsste, was mit mir los sei, wiegelte er ab: »Egal, Mama, ich pass auf dich auf.« Ich wusste nicht, woher er immer wieder diese grenzenlose Liebe zu mir nahm, selbstverständlich für mich da war. Diese unerklärbare tiefe Verbundenheit, die zwischen uns herrschte.

Ich wusste, ich laufe direkt in ein gemeines Ende meines Glücks, aber ich kam gegen mich selbst nicht mehr an. Immer wieder raffte ich mich auf, bat Tommy um Verzeihung, bat um mehr Zeit, bat um seine Liebe. Und er gewährte sie mir – wie auch alles andere.

Aber sein Interesse ließ dennoch deutlich nach. Ich spürte, dass ich dabei war, ihn zu verlieren, was mich direkt noch tiefer in mich fallen ließ. Er begann mich zu betrügen, ich wusste es. Er tat es, wie er dachte, unmerklich, leise und im Verborgenen. Aber dennoch merkte ich es, und ich war ihm nicht mal böse. Ein gesunder junger Mann. Gefesselt in einer Beziehung mit einer Depressiven und ohne Sex. Klar, das konnte nicht gut gehen auf Dauer. Und es waren Monate vergangen, seitdem wir uns so richtig ineinander gleiten ließen.

Ich bekniete jeden Arzt, mir zu helfen. Bekam schließlich starke Antidepressiva und davon immer mehr. Mein Glück rutschte mir durch eigene Schuld aus den Händen, und ich konnte es nicht mal mir selbst erklären. Und bald begann ich mich dafür zu hassen!

Als ich das Bügelbrett und die Kosmetika sah, wurde mir klar, dass es eine Entscheidung für ihn war. Er hatte eine Grenze gesetzt. Ich stopfte mir die Tabletten rein und schaffte es, mich zurecht zu machen. Es würde schon gehen, ich war auf dem Weg, mich zu überlisten, und ich wollte mein Leben nicht kampflos aufgeben.

Im Wagen zu dem Fest war es dann so weit. Ich bekam Herzschmerzen und wahnsinniges Herzrasen. In meinem Kopf spielten tausend Trommeln ihre schmerzhafte Melodie, und ein Stich in der Brustgegend ließ mich zusammenknicken. Tommy handelte sofort, bog von der Autobahn direkt zum nächsten Krankenhaus ab. Die Ärzte behandelten mich zuerst auf einen, wenn auch unwahrscheinlichen, Herzanfall hin. Und es war keiner. Nur kurze Zeit nachdem wir in Panik dorthin gefahren waren, ließen meine Symptome nach. Ich fühlte mich erlöst. Frei und doch »verschreckt«. Man verschrieb mir Beruhigungsmittel, Tommy brachte mich nun doch besorgt nach Hause. Versprach mir, mich nicht mehr unter Druck zu setzen. Blieb bei mir den ganzen Abend und kuschelte mich in den Schlaf.

Nach diesem Tag zog das Schicksal seine Schlinge unaufhörlich zu. Immer öfter bekam ich nun solche Attacken, gemischt mit Schweißausbrüchen, Ohnmachtsanfällen und Herzrasen.

Kein Arzt konnte was finden, und immer, wenn ich dort ankam, verflogen die Anzeichen von selbst. Die Wohnung zu verlassen war mir oft unmöglich. Mein Bewegungsradius schränkte sich täglich mehr und mehr ein.

Mein Leben verwandelte sich in eine Hölle. Hatte ich keine Attacken, verfiel ich in tiefste Depression. Sagte kein Wort, starrte stundenlang auf einen Punkt, nahm nichts mehr um mich herum wahr. Nachts schreckte ich geweckt von diesen Anfällen aus dem Schlaf hoch, lief raus auf die Straße und hielt rufend und winkend alle Autos an. Tommy war machtlos und hilflos. Mein Sohn war immer da. Er schlief mit mir im Bett, streichelte mein Gesicht, wiegte mich in seinen kleinen Armen hin und her. Mein Hund kroch zu mir unter die Decke, schmiegte sich an mich, wärmte und suchte mich zu beschützen. Ich krallte mich in Todesangst in seinem Fell fest, klammerte mich halb ohnmächtig an meinen Sohn und nahm Tommy fast gar nicht mehr wahr.

Er führte irgendwann sein Leben weiter. Ich sah ihn, sprach mit ihm, schlief manchmal neben ihm. Aber ich war in einer anderen Welt, und er war längst nicht mehr bei mir. Ich hatte ihn verloren.

Als ich endlich begriff, dass ich mir selber auf keinen Fall mehr helfen konnte, dachte ich an Selbstmord. Aber mein Sohn und seine aufopfernde Liebe und immerwährende Fürsorge ließen mich diese Gedanken schnell begraben. So blockierte ich mein Inneres mit Tabletten in immer höheren Dosen und hoffte auf ein Wunder. Und diese Wunder hatten sich bereits auf den Weg zu mir gemacht.

Seit Stunden saß ich nun schon auf dem Stuhl. Mein Körper war steif wie ein Brett. Als es klingelte, konnte ich nicht aufstehen. Bald würde mein Sohn aus der Schule kommen, ich wartete. Wartete auf ihn. Als er kam, rief er auf mein Geheiß sofort den Arzt. Diesmal ein neuer Arzt, er war erst ein paar Tage auf der Insel. Ein deutscher Arzt. Mit Blaulicht und Sirene fuhr er vors Haus. Mit zwei Sanitätern betrat er die Wohnung. Sehr schnell ließ er mich wissen: »Sie leiden an multiplen Phobien, immer schlimmer werdenden Angstattacken, befinden sich im ständigen

Zustand höchster innerer Erregung, egal wie phlegmatisch Sie wirken.«

Ich staunte. Meine Hölle bekam einen Namen, meine Krankheit konnte bezeichnet werden. Ich verliebte mich in den Arzt. Forderte ein Rezept. »Ich und niemand hier kann Ihnen helfen. Was Sie brauchen, ist ein Krankenhaus in Deutschland. Eines, das darauf spezialisiert ist. Ein Nervenkrankenhaus. Eine mehrwöchige Therapie und einen Tablettenentzug.« Er sah mich sehr ernst an. Und füllte schon Papiere aus.

»Bitte helfen Sie mir«, flehte ich. »Ich kann nicht weg, ich habe einen Sohn und einen Freund.« Ich fing an zu weinen, hatte Angst und wollte in keine Nervenheilanstalt. Er gab mir vier Tabletten. Sie würden bis nach Deutschland reichen. Und er gab mir die Telefonnummer eines Freundes, eines Psychiaters. Da würde ich dann weiterführend bis zur Einweisung behandelt.

Wenigstens in einem zeigte sich das Schicksal gnädig. Der Arzt war ansässig in meiner alten Stadt. Ich würde meinen Bruder sehen, Stefan wäre da, Tanja und Laura. Ich hatte sie alle ewig nicht gesehen. »Wie lange wird das alles dauern?«, fragte ich nun ängstlich, aber bereit, mich »zu ergeben«.

»Vier Wochen«, log er, »nicht mehr als vier Wochen, dann sind Sie wieder zu Hause.« Ich glaubte ihm.

Den Rest betuschelte er mit Tommy im Nebenraum. Er war nach Hause gekommen, als mein Sohn ihn telefonisch darum bat. Erschrocken stürmte er in die Wohnung, als er den Krankenwagen draußen sah. Er hatte mit dem Schlimmsten gerechnet. Sie besprachen alles, und Tommy schwor mir, sich um meinen Sohn und um meinen Hund zu kümmern. Ich wusste, ich konnte mich auf ihn verlassen. Weinend begleitete mich mein Sohn schon am nächsten Tag zum Flugzeug. Ich fühlte mich durch die starken Tabletten des Arztes seit langem wieder lebensfähig und tröstete ihn.

»Ich komme bald wieder, in nur einem Monat, und dann ist alles wieder, wie es war.«

»Ja, Mama, Hauptsache, du wirst gesund!«, erwiderte er traurig, aber in seinen Augen sah ich die Hoffnung auf meine Genesung. Und ich schwor mir in diesem Moment, alles, wirklich alles dafür zu tun. Mein Kampfgeist erwachte, und als ich am Flughafen wartete, war ich entschlossen, dieser fiesen Krankheit, die aus »dem Nichts« aufgetaucht war, die Stirn zu bieten.

Mein Bruder empfing mich und brachte mich in seine Wohnung. Er lebte jetzt wieder von seiner Frau getrennt und hatte eine unmögliche rothaarige, völlig durchgeknallte neue Freundin. Nie mehr habe ich einen Menschen getroffen, der dermaßen selbstgefällig und süchtig nach Selbstdarstellung war. Ständig befand sie sich auf ihrer eigenen Bühne, spielte ihr eigenes Drama oder ihre eigene Komödie. Ich war besorgt. Diese Frau war auf keinen Fall das richtige Gegenstück zu meinem eigentlich sehr konservativen, sensiblen Bruder. Aber er lachte mich aus: »Du hast es nötig«, und ich lachte mit. Irgendwie hatte er ja Recht.

Alle kamen. Tanja, Laura und auch Stefan. Es war gut, ihn zu sehen, ich hatte ihn vermisst. Alle hatte ich vermisst, und ich »suhlte« mich in ihrer Aufmerksamkeit, ihren Geschenken und ihrer Liebe, bevor Tanja mich schließlich zum Krankenhaus fuhr.

Es war eine sehr gut geführte Privatklinik. Selbst auf den Tassen und Tellern hatte der Chefarzt, auch Besitzer dieses »Imperiums«, seinen Namen drucken lassen. Wir fuhren durch ein eisernes Tor. Hinter uns wurde alles verrammelt. Erst als ich mit meinen fünf Koffern in der Aufnahme stand, wurde mir wirklich klar, wo ich war. Es war eine geschlossene Nervenheilanstalt! Tanja musste gehen. Wir weinten beide, ich klammerte mich an sie. Beschwor sie, mich zu besuchen, bettelte um Briefe und Anrufe. Dann war sie weg, und ich war allein.

Es folgte ein schmerzhafter, unangenehmer Tablettenentzug. Durch die vielen Monate, gefüllt mit Tabletten jeder Art, war mein Körper süchtig danach. Ich wollte es nicht glauben. Es war doch alles auf Rezept gewesen! Aber ich wurde eines Besseren belehrt. Festgeschnallt auf einem Bett, in einem Zimmer ohne Fenster, kein Licht. Kein Laut war zu hören. Ich war mit mir allein. Die Schwestern konnten nach Belieben hereinschauen. Ich fühlte mich sicher, nur das mit den Gurten um meinen Körper verstand ich nicht. So lange, bis ich die Notwendigkeit begriff. Ich kam auf Entzug. Ich winselte und schrie, ich bettelte und drohte. Ich zerrte an den Fesseln und beschimpfte jeden, der sich mir näherte. Nach drei Tagen war alles vorbei. Schlaff und kraftlos lag ich da und starrte an die Decke. Da stand in großer Schrift: »Bewahren Sie Ruhe. Sie befinden sich in der Privatklinik Dr. Steinhagens.«

Den Namen und jede der geschriebenen Rundungen werde ich niemals vergessen.

Danach wurde ich verlegt, kam nun in ein kleines Häuschen mit nur vier »Mitkranken«. Jeder hatte ein eigenes Zimmer. Es waren alles nette Männer. Sie wussten schon von meiner Ankunft und hatten auch »läuten« gehört, was mir fehlte. Sie waren zauberhaft, hilfsbereit, freundlich und lieb. Der nächste Schock kam beim »ersten medizinisch-therapeutischen Gespräch«.

»Vier Monate werden Sie laut Erfahrungswerten bleiben müssen, Verlängerung nicht ausgeschlossen.« Ich starb innerlich. Wollte telefonieren, durfte nicht. Keine Post, kein Telefon, keine Besuche. Wenigstens die ersten Wochen. Ich wurde mit mir selbst konfrontiert und von der Umwelt abgeschnitten. Mir blieb nichts übrig außer zu akzeptieren. Meine Taschen wurden durchsucht, und alle meine »Notfalltabletten« wurden konfisziert.

»Ab sofort werden Sie wieder ohne das Zeug leben müssen.« Und ungeachtet meiner aufsteigenden Panik brachten sie alles vor mir in Sicherheit.

Es folgte die erste Nacht von vielen, in der ich vorm Fenster kniend den lieben Gott um Hilfe anflehte.

Was folgte, waren drei Monate härtester Therapie. Alle meine Ängste und Attacken wurden durch Situationen, die ich lange gemieden hatte, ausgelöst, und ich musste nun darin ausharren. Man zwang mich, allein mit einem öffentlichen Bus zu fahren. Man ließ mich in einem festgeklemmten Fahrstuhl stecken, brachte mich auf hohe Türme, lange Brücken und ließ mich in dunklen Tunneln allein zurück. Ich schwitzte und weinte, formulierte meine Gefühle und versuchte zu lernen, dass ich nicht sterben würde, wenn ich mich bewegte.

Man verordnete mir Fitness und kalte Duschen zum Wachwerden, Tanzabende und lange Radtouren. In anderen Sitzungen wurde mein Inneres auseinander genommen, jede Kleinigkeit meines Lebens besprochen und hervorgeholt. Ich kaute auf meinem Leben herum und kehrte langsam und mühevoll ins Leben zurück. Gruppentreffen folgten. Ich hörte den anderen und ihren Ängsten zu und konnte teilweise nachvollziehen und manchmal gar nicht verstehen, was da los war.

Ich lernte Menschen kennen, die Angst hatten, in der Öffentlichkeit zu essen. Ich traf welche, die Angst hatten zu sprechen. Menschen, die beziehungsunfähig waren, Menschen, die mit dicken Krankenordnern unter dem Arm selber Analysen und Blutbilder anforderten, um eine verheerende Krankheit zu entdecken. Suchtkranke jeder Art kreuzten meinen Weg und berührten meine Seele. Alkoholabhängige, Drogenkranke, die ausgemergelt und grauenvoll verkommen bereits zum zehnten Mal hier waren. Menschen, die sicher waren, eines Tages ein Feuer zu legen, und Menschen, die einfach nicht mehr leben wollten. Ich sah sie umherschleichen mit totem Blick, auf der Suche nach einer Chance, es endlich zu beenden. Schwer Depressive und Hochmanische sah ich genauso wie Menschen, die vor Angst schrien, weil sie sicher waren, jeden Moment qualvoll ersticken zu müssen.

All das nahm ich in mir auf, schloss Freundschaften, spielte mit ihnen Schach, las mit ihnen Bücher und trieb mit ihnen gemeinsam Sport. Und wollte nicht mehr dazugehören. Wollte mein Leben zurück. Brauchte meinen Sohn und wollte alles gutmachen. Immer wenn einer entlassen wurde und alles von ihm abgefallen war, wurde ich neidisch. Immer wenn jemand erneut zurückkam, bekam ich große Angst. Angst, nun dazuzugehören, Angst, einer von denen zu sein, die immer wieder kamen. Denn diese seelischen Krankheiten konnten leider nicht immer geheilt werden. Es gab Traumata und andere Auslöser.

Mein ganzes Leben war voll davon, und eine Zeit lang suchten wir den »alles entscheidenden« Moment. Es gab unterschiedliche Methoden, und wir beschlossen, mein Leben nicht weiter auseinander zu nehmen, sondern dafür zu sorgen, dass mein Leben zurückkam. Eine genaue Analyse hätte womöglich Jahre gedauert, und ich hatte schon viel zu viel Zeit an diese »Sache«, an diese »Krankheit«, verschwendet, wie ich fand. Ich wollte einfach nur gesund sein und zurück nach Hause. Mit dem Willen, gesund zu werden und mich aus meiner Opferrolle zu befreien, begann meine Genesung.

Ein Zwischenfall warf mich zurück. Im Rahmen meiner Therapie schrieb ich einen Brief an Steffens Eltern. Ich bat sie um Informationen und Bilder, um damit zu beginnen, alles zu verarbeiten, was ich bis dato verdrängt hatte. Mir war klar, dass die Adoption im tiefen Zusammenhang mit meinem weiteren Leben stand. Genauso wie die Verdrängung der Situation damals jetzt Auslöser für alles sein konnte. Und ich bekam einen netten Brief, der mich wissen ließ, was Steffen so machte. Es kamen Fragen nach Bildern von mir und seiner »alten« Familie. Die Gewissheit, dass er »aufgeklärt war«, wusste, dass er ein Adoptivkind war. Bilder, die ihn mit Kommunionskerze, lachend mit seinem Pflegebruder, Sand schaufelnd an den Stränden Ibizas zeigten. Ich brach erneut zusammen und bekam einen Zeitzuschlag.

Was nun noch folgte, war die Erkenntnis, dem Glück mit Tommy nicht zu trauen. Im Inneren zu wissen, dass er meine Vergangenheit, sollte er alles herausfinden, nicht akzeptieren würde. Die Angst, alles zu verlieren, nahm mir die Kraft, überhaupt erst etwas aufzubauen. Seine Liebe zum sorgenfreien Leben, seine Art, die Dinge zu regeln und damit fertig zu werden, ließen meine Schwäche und mein Versagen für mich überdeutlich werden. Und noch eines wurde mir klar: Die Krankheit hatte mich geschützt vor der Trennung, die nun unweigerlich bevorstand. Tommy würde gehen, so viel war sicher. Er hätte es längst getan, wenn ich gesund gewesen wäre. In langen Gesprächen wurde mir selbst bewusst, wie verschieden wir und auch unser Leben waren. Dass viel von der Zeit, die ich glücklich und scheinbar unbeschwert neben ihm verbracht hatte, einem Kompromiss entsprang. Einem, den ich mochte, in dem ich meine Vergangenheit verleugnete, viele Jahre meines Lebens in mir vergrub und einfach verdrängte. Jahre, die hinter mir lagen, konnte ich nicht einfach auslöschen oder ungeschehen machen. Nicht mal in Gedanken. Auch das hatte mich krank gemacht.

Tommy wusste nicht viel von meinem Leben, ich erzählte alles nur unwahr oder halb, weil ich instinktiv begriff, dass er mich dann nicht mehr akzeptieren konnte. Nicht mehr als seine Frau. So weit war ich mir sicher.

Nach sechseinhalb Monaten verließ ich nur ungern den mir lieb gewordenen Arzt, die netten Schwestern und die ganzen Menschen, mit denen ich sehr nahe zusammengewachsen war. Ich war »gesund«!

EINE GUTE HURE

Die nächsten zwei Wochen genoss ich meine wiedererlangte Freiheit. Ich blieb noch bei meinem Bruder wohnen und erfreute mich an jedem Tag, ja, genoss jede Stunde. Ich fühlte mich wie neugeboren, und jeder Tag war wie eine kleine Feier für mich.

Am Telefon hatte ich von einer Bekannten erfahren, dass Tommy mit hübschen Frauen gesehen wurde. Er gab es auch direkt zu, spielte es herunter, sprach von Urlauberinnen und One-Night-Stands. Aber auch von seiner Sehnsucht nach mir und seiner Freude, mich bald wiederzusehen. Alles lief wie am Schnürchen, Christopher war gesund und munter und liebte Tommy wie einen Vater, sah zu ihm auf, verehrte und bewunderte ihn. Ich hörte zu und freute mich auf alles.

Aber erst mal noch würde ich Stefan treffen. Die Bilder wollte ich ihm zeigen, und dass ich gesund war, sollte er wissen. Er kam am Abend in die Wohnung meines Bruders, und wir fielen sofort wie zwei Halbverhungerte übereinander her. Liebten uns animalisch, tauchten ineinander und waren von unseren Gefühlen wieder verzaubert wie einst. Dass er an allem letztendlich schuldlos war, auch das hatte ich gelernt, und als er wieder und wieder in mich eindrang, hatte ich ihm endlich alles vergeben. Und er vergab mir. Danach sahen wir die Bilder an, lasen den Brief immer und immer wieder und beschlossen, auch Bilder zu schicken. Aber das haben wir uns dann doch nicht getraut. Ein Schnitt in die endlich verheilende Narbe erschien uns undenkbar. Wir verbrachten dann einige Tage und Nächte zusammen. Stefan schenkte mir zum Abschied eine komplett neue Garderobe, farbenfroh und sportlich, passend zu meiner wieder erstrahlten Seele.

Ich flog zurück ans Meer. Und mit mir flogen meine neuen Pläne. Ich würde nichts mehr verschleiern, würde zu dem stehen, was ich eigentlich war. Ich war eine Hure, eine gute Hure. War es irgendwie ja immer gewesen, und ich war stolz auf mich. Es gab nichts, für das ich mich hätte schämen müssen. Und so landete ich bald darauf wieder auf dem Flughafen der Insel, die jetzt mein Zuhause war.

Die Domina, die jetzt unaufhörlich in meinem Inneren kratzte und geboren werden wollte. Aber noch immer war ich nicht wirklich bereit. Da gab es noch so viel mehr für mich zu tun! Tommy sah ich schon von Weitem und auch meinen Sohn. Ich lief überglücklich die letzten Meter und riss das Kind an mich. Wir weinten, doch es waren Tränen der Freude und des Glücks. Wir waren wieder zusammen, und diesmal würde uns nichts mehr trennen ..., dachte ich ... und irrte mich schon wieder.

Tommy und ich sprachen über alles. Vergeblich. Wir fanden keinen guten Weg mehr, zusammenzubleiben. Ganz schroff reagierte er nicht auf meine Geständnisse, machte aber dennoch kein Hehl daraus, dass ich als Ehefrau auf keinen Fall infrage käme. Und ich war ihm nicht böse. Lernte, dass es Menschen gibt, die nicht alles tolerieren. Ich war ihm dankbar. Er hatte sich um alles gekümmert, was mir am Herzen lag. Meinen Sohn hatte er vorbildlich versorgt, und mein Hund war zu einem riesigen, kräftigen Rüden geworden.

Fürs Erste nahm ich mir eine zufällig frei gewordene Wohnung im selben Haus. So konnte Chrissi bei uns beiden ein- und ausgehen. Viel Zeit hatte ich nicht. Mein Bargeld war zu Ende, und Tommy hatte schon viel zu viel gezahlt. Christopher wollte unter keinen Umständen zurück nach Deutschland. Ich verstand ihn und freute mich an seiner Energie, an seiner guten Laune. Auch in der Schule war er einer der Besten. Er ging nun aufs spanische Gymnasium und hatte einen riesigen Freundeskreis.

Nein, mir war klar, er war hier zu Hause. Auch Tommy hing an dem Jungen. Viele seiner Charakterstärken waren auf das Kind abgefärbt. Sie waren sich ähnlich geworden, und ich wusste, für Christopher ist es gut so. Zu seiner äußerst labilen Mutter hatte er einen gesunden, starken Ausgleich gefunden. Den hatte er gebraucht und einen Vater sowieso. Also rief ich Tina an und war eine Woche später wieder in der Bar.

Aber nicht nur bei mir, auch hier hatte sich alles verändert. Die Männer blieben nach den fetten Jahren aus. Woanders war es günstiger, es gab jetzt viele neue Bars und viele neue Mädchen auf der Insel aus der ganzen Welt. Mädchen vieler Nationalitäten tummelten sich nun in den Clubs und den Puffs. Die Preise für Liebesdienste waren in den Keller gerutscht. Verdiente eine Tschechin zum Beispiel in ihrem Heimatland 300 DM monatlich als Lehrerin, war klar, dass sie bereit war, sich für 50 DM eine Viertelstunde einem Mann hinzugeben. Bis sie alle bemerkten, dass dafür das Leben um sie herum viel teurer war, als bei ihnen zu Hause. Aber da war es schon zu spät.

Es war eine endlose Feilscherei um jede Mark geworden, die Männer stellten Bedingungen und gaben die Preise vor. Sie ließen uns zappeln und betteln um jedes Glas und um jedes Zimmer. Oft gab es jetzt Razzien. Viele Mädchen hatten keine Papiere und wurden inhaftiert; für manche kamen neue. Und andere kamen heimlich zurück. Viele Luden, insbesondere aus Deutschland, brachten ganze Wagenladungen Frauen hierher und nach überall. Aber es waren nicht die, die ich kannte. Nicht die Besonnenen, die Fürsorglichen, die guten »Alt-Luden«, die auch ein »Nein« akzeptierten oder ihre kranke Frau pflegten. Mit denen man auch lachen konnte, die da waren, wenn es »eng« wurde; die ihr Geld längst verdient hatten und auch mal einen Urlaub oder teuren Schmuck springen ließen.

Was jetzt ins Milieu einschwirrte, waren die Jungen, die Aggressiven, Brutalen. Die »Heiermann-Luden«. Die Fünfmarkstypen, die keine Ehre und keine Achtung in sich hatten. Oft nicht älter als Anfang 20 und die meist aus Nachbarländern stammten. Die für 20 DM jeder Frau ins Gesicht schlugen. Sie schickten kranke Frauen, Frauen die aus Liebe kamen, Frauen, die den Job hassten, und Frauen, die gezwungen wurden. Es war ekelhaft und entwürdigend. Und es war schwer, sehr schwer, Geld zu verdienen.

Nach der Arbeit, am frühen Morgen, zog es mich an den Bratwurststand eines alten Bekannten. Dort lungerten dann die jungen Touristen rum, betrunken und geil. Hatten in der ewig langen Disconacht »keine abbekommen« und waren auf Grund ihres starken Alkoholkonsums nicht in die Bars gelassen worden. Dieses war nun mein Hauptgeschäft. Ich nahm sie nacheinander in meinem Auto mit.

Hier einen Fünfziger fürs schnelle Blasen, hier einen Achtziger für eine »Nummer im Stehen« hinter dem Toilettenhäuschen. Manchmal standen bis zu fünf von ihnen Schlange, und ich nahm, was ich bekommen konnte, sagte niemals nein. Und trotzdem reichte es vorne und hinten nicht, ich kam einfach nicht mehr klar.

Kurze Zeit später lernte ich eine Frau kennen. Sie war ein paar Jahre älter als ich. Sie lebte mit ihrem kranken Mann schon seit langem auf der Insel und arbeitete noch länger als ich »im Geschäft«. Meist war auch sie in irgendeiner Bar zum Arbeiten. Sie tingelte, genau wie ich kurze Zeit später schon, von Club zu Club, von Bar zu Bar, um noch einen guten Laden zu finden. Vergeblich. Wir begannen nun zusätzlich zu inserieren, fuhren zu den Urlaubern ins Hotel oder zu den »Residenten« ins eigene Haus. Dinge, von denen ich mich längst verabschiedet hatte. Dinge, an die ich keine gute Erinnerung hatte. Das brachte uns finanziell wieder kurzzeitig nach vorn, bis dann auch andere unserem Beispiel folgten.

In nur sechs Wochen wurden aus unseren beiden Annoncen in der derzeit einzigen deutschen Zeitung weit über 50. Und wieder fielen die Preise. Wieder verlangten die Männer am Telefon schon Zusagen über Praktiken oder andere Dinge. Bis Maike mich darauf aufmerksam machte, dass es noch eine andere Möglichkeit gab. Vor Jahren hatte sie genau in meiner alten Heimatstadt im Puff gearbeitet. Ein richtiger Puff, wo die Türen zu den Zimmern direkt an der Straße lagen und die Mädchen hinter einer Scheibe stehend die vorbeilaufenden Männer animierten. Mir wurde mulmig. Natürlich kannte ich die »verrufenste Straße« in meiner Stadt ganz genau. Sie war an dem einen Ende mit einer hohen silbernen Wand geschlossen worden, die den Mitmenschen, die dort vorbeibummelten, diesen »obszönen« Anblick ersparen sollte.

Zutritt war erst ab 18, wurde jedoch offiziell nicht kontrolliert. Durch einen »Zickzackweg«, wie bei großen Attraktionen, zum Beispiel beim Rummel, konnte man dann durch das Tor gehen. Am anderen Ende dieser Straße waren die übelsten Kneipen und Zockerbuden angesiedelt. Wahre Horrorgeschichten rankten sich um dieses Gebiet, und niemand, der nicht »von dort« war, traute sich da hinein. Dorthin fuhr Maike nun alle zwei Wochen und erzählte mir von ihren tollen Umsätzen und dass es eine wirkliche Alternative wäre. Oder eben hier zu verhungern.

Ich dachte an meinen Sohn. Überlegte, wie ich das machen sollte. Und fand keinen Ausweg. Ich sprach dann mit Tommy. Komischerweise hatte er vollstes Verständnis für meine Lage, zeigte sich großzügig und nett. Ab und an besuchte ich ihn oben in seiner Wohnung, und wir hatten guten Sex. Emotionslos, einfach nur so, weil es uns manchmal gut tat. Weil wir uns kannten, unsere Körper aufeinander eingespielt waren. Manchmal wurde es sogar ein richtig netter Abend mit Wein und gutem Essen.

Bei mir war es jedoch noch mehr. Er fehlte mir doch, ich vermisste ihn derzeit oft und wünschte mir die scheinbare Sorglosigkeit der letzten Jahre fast zurück. Und ich konnte ihm jetzt, da er alles wusste und mich nahm, wie ich war, auch anders begegnen. Die Freundschaft zwischen uns wuchs, und wir beide versuchten sie zu pflegen. Aber manchmal kam es jetzt auch zu offenen Streitigkeiten um Geld. Tommy forderte jetzt immer öfter Beträge zurück, die er ausgelegt hatte, als mein Sohn bei ihm war und ich im Krankenhaus. Er wusste mich arbeitend, und ich hatte ihm vorerst den Ernst der Lage verschwiegen. Ich fing an, ihn zu vertrösten. Erst jetzt, wo sich die Alternative mit dem Puff in meiner Stadt anbot, begann ich, ihm davon in aller Offenheit zu erzählen. Wir besprachen die Lage. 14 Tage hier und 14 Tage in Deutschland »auf dem Puff«. So sollte es laufen. Genau wie bei Maike.

Christopher verstand meine finanziellen Sorgen und Nöte, bekam ebenfalls mit, dass Tommy Forderungen stellte. Es war ihm recht, wie immer verstand er mich und war einverstanden. Mit wollte er auf keinen Fall. Es war unglaublich, wie viel Verständnis er zeigte. Mein Sohn genoss sein Leben und hatte kein Problem damit, bei Tommy zu wohnen.

Wenige Tage später saß ich mit Maike das erste Mal im Flugzeug, um »den Dienst« anzutreten. Ich freute mich direkt, war ausgelassen. Laura war da, Tanja war da und Stefan; auch mein Bruder, und auf den freute ich mich besonders. Er würde »durchdrehen«, wenn er es erfuhr, überlegte ich. Aber das war jetzt egal, alles musste irgendwie weitergehen. Mein Bruder reagierte wie alle anderen auch. Sie hatten sich damit abgefunden, egal wo und wie. Ich war erleichtert, und nach kurzer Anlaufphase betrat ich das erste Mal die verrufene Straße.

Ich mietete mir eine »Schotte«. So nannte man den Gang vorm Fenster, hinter dem in der Regel das Zimmer lag. Der Tagespreis für das Zimmer betrug 120 DM. Ich schluckte. Das war viel. Bezahlt wurde auch, wenn man krank war. Das Zimmer war karg eingerichtet, nur Bett, Stuhl und Kommode befanden sich darin. Zusätzlich ein Waschbecken. In dem Haus waren drei Fenster nebeneinander, ich würde also Kolleginnen neben mir haben.

Natürlich gab es ein richtiges Bad mit Toilette und auch eine große Küche im Haus. In der Straße befanden sich an die 40 oder 50 Häuser. Massenhaft Fenster, massenhaft Frauen, die an die Scheiben klopften. Die Straße und ihre Häuschen darin waren alt. Dicke, verschobene, alte Pflastersteine waren vor ewigen Zeiten gelegt worden. Die Häuser waren teilweise abgesackt, stand doch alles auf einem längst vergessenen Moorgebiet, auf dem schon vor 200 Jahren die Gaukler und Spieler campiert hatten.

Anziehen konnte man sich, wie man wollte, in der Regel höchst wenig, meist nur Unterwäsche und hohe Pumps. Arbeitszeiten gab es nicht, man konnte anfangen und aufhören, wie es beliebte. Auch hier war das ärztliche Attest Vorschrift, und mittlerweile wurde auch der Aidstest verlangt. Unregelmäßig kontrollierte hier jedoch nicht das Gesundheitsamt die Scheine der Mädchen, sondern die »Sitte« ging um. Meist dieselben Polizisten, immer Männer.

Frauen waren hier überhaupt nicht gern gesehen, verlief sich mal eine oder brachten angetrunkene Gruppen eine mit, wurde sie beschimpft und beworfen, bis sie unter Deckung die Straße verließ. War man neu, gab man auch gleich seine Personalien ab und musste das übliche Gespräch auf dem Revier absolvieren.

Viele Häuser gehörten »Alt-Luden«, einige waren verpachtet, die meisten jedoch in einer einzigen Hand. In solch einem Haus begann meine »Straßenkarriere«. Auch eine Peepshow gab es in der Straße, ähnlich wie die, wo ich viele Monate gearbeitet hatte. Auch durch diese Peepshow konnte man zur Straße gelangen. Fast alle Frauen hatten »ihren« Hund dabei, und das Erste, was ich mir überlegte, war, meinen großen Rüden ebenfalls herzuholen, damit ich Gesellschaft hatte.

Nach den ersten Tagen schon zog ich um in ein anderes Haus. Die Zimmermiete war wesentlich günstiger, dafür gab es jedoch keine Heizung. Die Pächterin dort hatte einen völlig verwahrlosten Freund namens Jürgen. Tagsüber hing er am Markt rum und soff sich die Birne zu; abends tauchte er dann auf, schrie alle an und half der sehr alten und kranken Frau, die Miete »einzutreiben«. Diese Frau hatte drei nebeneinander liegende Häuser gepachtet. Besitzer war ein Mann, der im selben Autokonzern wie einst Jürgen in einer Führungsposition saß. Er ließ sich niemals blicken, kassierte die Wochenpacht im Umschlag an einer versteckten Stelle. Die alte Frau musste jede Woche mit einem Umschlag voller Geld ebendiese Stelle aufsuchen und dort den Briefumschlag übergeben. Es wohnten noch vier andere Frauen mit mir in diesen Häusern. Es gab viel mehr Zimmer, aber die waren in einem so schlechten Zustand, dass sie unvermietbar waren. Hinter den Häusern war ein großer Hof, der alle drei Hintereingänge miteinander verband. Eine Küche gab es nicht, und ich war die Einzige, die ganz dort wohnte.

Im Sommer saß die alte Frau mit ihrem Freund und dessen Saufkumpanen draußen auf dem Hof. Ihr Geschrei und ihre asozialen Streitereien haben so manchen Gast vertrieben. Es war teilweise grauenhaft. Aber ich mochte es, lebte mich ein. Selbst den biestigen Säufer wickelte ich um den Finger, und bald schon hatte er mir nicht nur ein Extrazimmer zum Wohnen hergerichtet, sondern auch mein »Arbeitszimmer« gestrichen und neu möbliert.

Neben mir im Haus arbeitete Karla und das seit 40 Jahren. Überhaupt waren alle Frauen, die mit mir dort wohnten, an die 45 oder auch älter. Eine war so dick, dass sie auf keinen Stuhl mehr passte. Sie hatte dritte Zähne und schob sie beim Verhandeln mit den Männern am Fenster so in ihren Ausschnitt, dass sie wie eine Anstecknadel aussahen. Daneben dann Lore. Auch völlig desillusioniert, äußerlich einer Hexe ähnelnd, mit ihren wirren, wilden, fast grauen langen Haaren, ihrem verhärmten, abgemagerten Gesicht. Auch ihre Stimme war keifig, und wir hörten sie ständig. Sie hatte zwei kleine Hunde, die sie permanent zur Ordnung oder zur Ruhe mahnte.

Obwohl sie eine Wohnung und einen Freund hatte, blieb sie die meiste Zeit in ihrem Zimmer. Das war ohne Gang, beide Fenster gingen direkt zur Straße, und wenn sie schlief oder beschäftigt war, zog sie die Vorhänge einfach zu. Neben ihr »stand« Sabrina. Ihr Zimmer war im zweiten Stock. Schwarz gefärbte Haare, pummelig und immer »on stuff«. Entweder war sie schon mittags durch »Jägermeister« und andere Drinks völlig betrunken oder sie warf sich andere Drogen ein. Wenn sie richtig »stoned« war, drehte sie ihre Musikanlage auf, und die Töne von Rammstein flogen allen um die Ohren. Auch war sie ziemlich rassistisch und konnte sich unter Alkohol oft nicht zusammenreißen, wurde ausfallend und bösartig, fast gefährlich.

Nur Karla, die direkt neben mir »stand«, war anders. Ihre Haare weiß und lang, wallten um ihren Kopf. Stets nur mit Schalen-BH und Slip bekleidet, stand sie immer am Fenster. Ich glaube, sie stand täglich an die 14 bis 16 Stunden dort. Die Straße war ihr Leben. Sie kannte jeden und alles dort. War verwachsen mit ihrer Umgebung, und sie trank Bier und das in Massen. Ein richtiger praller Bierbauch wölbte sich an ihrem Körper nach vorne. Aufgrund ihrer weißen, porzellanartigen Haut und des blauen Lichts in ihrem Zimmer nannten sie viele »die Wasserleiche«.

Sie gab mir Rat und Tipps, zeigte mir die Freier, die gut waren, warnte mich vor denen, die »irgendwie kopfkrank« waren und erzählte mir genau, wer auf was stand und wer was zahlte. Und auch sonst beriet sich mich in allem. Und sie war immer da. Weckte mich pünktlich, kochte Kaffee und ordnete meine Sachen. Und bombardierte mich den ganzen Tag mit »Puffweisheiten«.

»Regentage sind Freiertage«, »Handgeld ist am wichtigsten«, »Nichts wird gekauft, bevor die Miete drin ist, das gibt Unglück«, »Blumen in der Vase stehlen dem Haus das Geld« usw. War sie begeistert, nannte sie es »alles Zucker«. Aber war sie böse, und das war sie, wenn die Geschäfte schlecht liefen, dann wurde sie unausstehlich, wütend und grob. Besänftigen ließ sie sich dann nur mit mitgebrachten Zigaretten oder anderem Kostenlosen. Sie war eine echte Straßendirne, wirklich mit Leib und Seele dabei, und sie war es gern.

Aber so verschieden sie auch sonst alle waren, alle hatten ihre Stammgäste, alle arbeiteten, und alle verdienten ihr Geld. Mal mehr, mal weniger. Das Schwerste war das »Handgeld« – Geld, welches der erste Gast brachte. Hatte man es erst mal, war die »Miete drin«, und man sah den Tatsachen leichter und unbeschwerter ins Auge. Manchmal machte man auch einen guten Preis für den ersten Freier, es lag an dem Glauben, dass es danach richtig »flutschte«.

Versorgt wurden wir durch die umliegenden Imbisse. Es gab so genannte »Läufer«, die entweder zu Fuß oder auf dem Fahrrad den ganzen Tag und auch nachts die Straße rauf- und runterfuhren und -liefen. Sie hielt man an und gab in Auftrag, was man wollte. Ob Essen, Kondome oder was vom Supermarkt, ob Sachen aus der Reinigung geholt werden mussten oder das Bier aus war.

Auch die Hunde wurden von ihnen im nahe gelegenen Park gegen Bares Gassi geführt. Einer von ihnen war immer da, und wenn es dunkel und still war auf der Straße, hielten sie für einen kleinen Schwatz am Fenster. Und manchmal ließ man sie auch für kleines Geld »hinein«.

Und so begann ich mich einzuleben, rief täglich in Spanien an oder schickte lange Faxe nach Hause. Natürlich war nach 14 Tagen nicht an einen 14-tägigen Urlaub zu denken, und es sollten zwei Monate werden, bis ich das erste Mal zurück konnte.

Meine Schotte war ca. einen Meter breit und zweieinhalb Meter lang. Hinter mir trennte ein dicker Vorhang die Schotte von dem Gang zu meinem Zimmer. Das Zimmer war ohne Heizung, und die Fenster, alle beide undicht und vermodert im Rahmen, gingen direkt auf den großen Hinterhof hinaus.

Frühmorgens schon wurde ich wach von den Geräuschen. Karin, die Putzfrau, kam immer gegen spätestens sechs Uhr und fegte den Hof. Fegte die Blätter der wohl größten Kastanie, die ich je gesehen hatte, zusammen. Der Stamm war viele Meter im Durchmesser, und die riesige Baumkrone tauchte den ganzen Hof in ihren Schatten und einen betörenden Duft.

Der Preis war variabel, jedes Mädchen konnte verlangen, was immer sie wollte. Aber Tatsache war, dass ein Mann hier ohne Probleme für 30 DM eine Nummer schieben konnte. Auch hier versammelten sich jetzt alle Nationalitäten, und oft hörte man die Mädchen »50 DM« sagen und dabei hielten sie versteckt drei Finger hoch und signalisierten so ihren wahren Preis. In diesem Fall machte es die Masse, und selbst sie kamen zurecht. Oft blieben sie nur zwei oder drei Monate und verschwanden dann für kurze Zeit, tauchten aber immer wieder auf.

Kam die »Sitte«, gab es Warnungen von allen Seiten, und einige Mädchen verließen schnell die Häuser und die Straße. Diesen Umstand nutzten einige Zimmervermieter und schraubten die Zimmerpreise für die Mädchen ohne Aufenthaltserlaubnis brutal in die Höhe. Oft zahlten sie doppelt so viel wie die anderen Frauen oder mussten ihre Schotte gar zu zweit teilen.

Vor das Fenster stellte ich einen ordinären Barhocker und hockte mich in Unterwäsche oder aufreizenden Dessous darauf. Sah ich aus meinem Fenster, konnte ich direkt den Ausgang der »Peepe«, der Peepshow, sehen und hatte keine andere Frau im Fenster gegenüber. Das nahm mir etwas die Hemmungen.

Anfangs tat ich mich sehr schwer, ließ mir von Karla helfen, die Freier ans Fenster zu locken. Alles, was bei ihr »nicht« oder »nicht mehr« hineinkam, schwatzte sie für mich an. Überhaupt schwatzte sie viel aus dem Fenster, schrie auch mal böse quer über die Straße und war immer impulsiv bei der Sache.

Die Männer konnten diese Straße jedoch auch gut als Abkürzung nutzen. Wählte man diesen Weg durchs Zentrum, ersparte man sich eine Menge Fußmarsch. Um mich besser einzuleben, rief ich erst mal alle Männer, deren Telefonnummer ich in irgendeiner Bar eingesammelt hatte, an und meldete mich zurück. Sie waren die Ersten, die mich besuchten, und freuten sich auch mich zu sehen. Teilweise bekam ich sogar noch alte Clubpreise, aber lange funktionierte das nicht.

Ich beobachtete die Männer, die vorbeischlenderten. Viele von ihnen waren völlig schmuddelig, dreckig und ungepflegt. Geschäftsleute verirrten sich niemals hierher. Die meisten von ihnen waren stark angetrunken und hatten überhaupt nicht mehr als 30 oder 50 DM mit. Sehr oft wurde man hier von einzelnen Mädchen bestohlen. Das war bekannt. So pulte nicht selten ein Mann, den ich im Zimmer hatte, sein Geld aus den Socken, unter dem Gürtel oder aus der Unterhose hervor.

Viele von ihnen waren weder deodoriert noch gewaschen, einige kamen direkt vom Bau. Mühevoll war es, sie dann dazu zu bewegen, sich wenigstens etwas am Waschbecken zu erfrischen. Viele schliefen auch einfach »nach der Nummer« ein, ließen sich aufs Bett fallen, und man hatte Mühe, sie wieder hinauszubefördern. In der Regel bekam man, stellten sich Schwierigkeiten ein, direkt Hilfe von den umliegenden Mädchen. Tagsüber war es brechend voll auf der Straße, jedenfalls was die Mädchen anbelangte. Viele von ihnen waren so lange hier, dass sie genau wussten, wann ihre Freier kamen, und richteten sich ihren Zeitplan dementsprechend ein. Abends verließen sie dann ganz normal gekleidet die Straße und kamen erst am nächsten Vormittag zurück.

Das war die Zeit, in der ich meine Arbeit aufnahm. Karla kam immer am Vormittag, blieb aber oft bis spät in die Nacht. Es war phänomenal, welche Ausdauer sie an den Tag legte.

Die Zeit drängte, und ich musste handeln. Mein Zimmer hatte ich mit roten Lichterketten, Kerzen und Räucherstäbchen etwas verschönert. Und eine Kaffeemaschine stellte ich auf. Ich sorgte für ausreichend Betttücher, Handtücher und auch dafür, die Männer sehen zu lassen, dass ich stets alles direkt wechselte. Das machte Eindruck, aber meist wäre es anders sowieso nicht gegangen. Oft zogen sie nicht mal ihre Schuhe aus und rieben den anhaftenden Straßendreck direkt ins Laken.

Über mir und meinen Räumen wohnte die Pächterin der drei Häuser. Wir nannten sie Gitte, und sie führte unsere Mietbücher. Jeden Tag mussten wir die kleinen Hefte mit der Tagesmiete auf ein Fensterbrett legen. Sie nahm das Geld und machte hinter dem Datum einen Kringel. So sah man immer direkt, ob alles bezahlt war oder die Frau »Block schob«. Die Regel war: Nach sieben Tagen ohne Mietzahlungen wurde man hinausgeworfen. Oft aber auch früher, wenn man Pech hatte.

Meine Vermieterin war nicht nur alt und hatte einen kleinen

Buckel, sie war auch starke Alkoholikerin und furchtbar abgemagert. Manchmal lagen ihre Augen tief und dunkel in den Höhlen. Oft erschien sie mir völlig abwesend. Besuch bekam sie niemals, außer von ihrem Freund und dessen Begleitern. Sie wohnte direkt über mir, die Treppe dort hinauf war strengstes Sperrgebiet. Hörte sie nur ein Knarren auf den Stufen, schrie und keifte sie, was das Zeug hielt. Es war schon furchterregend, und so ging niemals jemand hinauf.

Manchmal, wenn ich frierend in meiner Schotte saß, stellte ich mir vor, wie sie jetzt gemütlich vor den Fernseher gekuschelt mit heißem Tee in der Hand ihren Abend verbrachte. Einmal stellte ich ganz kleine Kinderhausschuhe auf die Treppe und sah in Gedanken förmlich ihre kleinen Füße darin verschwinden und wie sie durch die obere Wohnung damit tippelte. Ständig hatte sie Diskussionen mit anderen Hausbesitzern oder Pächtern, die ihr diese Häuser »abnehmen« wollten. Aber sie ließ sich niemals einschüchtern. Zur Not trat ihr immer betrunkener, dicker und auch kräftiger Freund mit lautem Gebrüll und ordinärem Geschrei jedem die Tür ein. Sah ich ihn, dachte ich an »Obelix« aus den »Asterix«-Geschichten und grinste mir so manches Mal einen. Angst hatte ich nicht vor ihm. Im Gegenteil, manchmal saßen wir auf dem Hof zusammen, und er baute meine Einlagen aus den Überraschungseiern mit Freude zusammen. Er hatte mich richtig lieb.

Anfangs kamen viele Männer aus Neugier an mein Fenster. So war es jedes Mal, wenn eine »neue« Frau da war. Grundsätzlich waren es ja auch immer dieselben Männer, die hier immer und immer wieder, manchmal stundenlang, ihre Runden zogen. Einige hatten es sich angewöhnt, nach Sexpraktiken und Preisen zu fragen, um sich dann aufs Höchste erregt hinter der nächsten Ecke einen zu wichsen. Eingetreten sind die niemals. Mit der Zeit kannte man jedoch seine »Pappenheimer«, und sie zogen weiter, eben zu den »neuen« Frauen.

Die Missgunst unter den Frauen dort war im Großen und Ganzen groß und konnte auch gefährlich werden. Verdiente eine

Frau mal mehr, was man an den »Ein- und Ausgängen« sehen konnte, wurden die schlimmsten Verdächtigungen angestellt. Sofort war klar: »Die macht es ohne Gummi.« Sie wurde bespitzelt, man schickte seinen vertrauenswürdigsten Stammfreier zum Gespräch, um alles »auszuloten«.

Dann folgten Beschwerden bei dem Vermieter. War die Miete nicht zusammengebracht worden, beschuldigte man ebendieses Mädchen des unlauteren Wettbewerbs und führte das als Grund ins Feld, nicht zahlen zu können. Der Vermieter war dann genötigt, zum Vermieter der anderen »Dame« zu wandern und seine Sachen vorzubringen. Je nachdem, wer mehr Einfluss hatte, blieb die »Angeklagte«, und die »Anklägerin« verschwand oder das Mädchen wurde Opfer einer Verschwörung und musste tatsächlich ausziehen. Oft mischte sich dann noch der Lude des Mädchens ein, wenn sie einen hatte.

Komplizierte Angelegenheit, aber grundsätzlich wurde sie von den Männern geklärt, die Frauen hatten irgendwann nichts mehr zu melden. Bei den neuen, kleinen, schmierigen Luden war jede Frau sowieso nur »eine dumme Fotze«, und genauso sprachen sie darüber und behandelten sie auch.

Es waren zwar immer Zimmer frei, und jeder wollte seine Fenster voll haben, aber es kamen auch immer neue Frauen, und lange Zeit war niemals eine Schotte, wo auch immer sie war, wirklich frei.

Zögernd begann ich ans Fenster zu klopfen, meist hatte ich »keine Traute« dazu. Ich saß und las die neuesten Disney-Comics, an die ich mich während der Monate im Krankenhaus so gewöhnt hatte. Oft schreckte ich hoch, wenn es plötzlich bei mir klopfte. Ich bat die Männer immer für 50 DM herein und versuchte dann im Zimmer den Preis hochzutreiben. Natürlich nicht ohne vorher Kekse und Kaffee anzubieten. Manchmal auch ein Glas Wein.

Ich stimmte die Freier auf die Tatsache ein, dass wir alle Zeit der Welt hätten und er der »Letzte« des Abends wäre. Sie entspannten sich schnell, viele fingen an zu plaudern, zu scherzen, und fast alle erhöhten den Preis von alleine. All diese wurden dann auch meine Stammgäste. Bei einigen ergab es sich so, dass sie zwar »den Service« schätzten, aber zukünftig doch lieber woanders schnell und billig ans Ziel wollten. Obwohl ich Erfahrung mit diesen schnellen Nummern im Stehen hatte, war es nicht das, was ich am besten konnte.

Mir fehlte der persönliche Kontakt, wenigstens der Vorname des Typen, und war es auch ein falscher. Je nachdem, in welchem Umkreis die Mädchen die Arbeit begonnen hatten, war dies immer am nachhaltigsten. Bei mir war es der Club. Ich war sozusagen eine »ausgebildete Clubfrau«, eine »Unterhaltungsdame«, eine, die »Männer verwöhnte« und davon lebte, sie »an sich zu binden«. Jetzt hier auf die Schnelle war wieder etwas ganz anderes gefragt, und immer wieder kam meine »Ausbildung« durch. Am ekligsten empfand ich, dass viele Mädchen mit den Freiern wie Krankenschwestern mit Patienten sprachen, oft in dritter Person.

Die Kundenwünsche waren sehr unterschiedlich. Volker beispielsweise lief einmal im Monat von Fenster zu Fenster und fragte nach Kondomen. »Na klar, kannst welche haben«, lächelte ich und ließ ihn herein. Im Zimmer kramte ich aus der Schublade zwei heraus und hielt sie ihm hin. Er sah mich ganz entsetzt an. »Nein, ich meinte gebrauchte!«

Ich zeigte auf den Papierkorb. Meist lagen dort ein oder zwei erkaltete, verklebte Gummis – in Tempos eingewickelt – drin. Zu meinem Erschrecken wühlte er nun darin herum und förderte das verwickelte Papier zutage.

Er schmiss 20 DM pro gefundenen Gummi auf das Tischchen und begann, seinen Schwanz mit der einen Hand zu bearbeiten. Mit der anderen aber schob er die gebrauchten Kondome tief in seinen Mund und lutschte sie aus. Er kaute darauf herum und spritzte ab, bevor er sie ausspuckte.

Manfred brachte immer drei weiße Gummimäuse in seiner Tasche mit. Es waren diese Schaumgummitiere, die es an jedem Kiosk für ein paar Pfennige als Naschzeug für Kinder gab. Alle

Frauen aus dem Haus bestellte er nach draußen, meist auf den Hinterhof. Dann holte er seine Videokamera heraus und hielt sie auf das Mäuschen, welches er auf den Boden legte. Vorher jedoch bemalte er das Gesicht des Tieres mit Augen und Mund. Nun pissten wir abwechselnd über das süße Tier, und er hielt die Kamera auf den Strahl, filmte niemals weiter nach oben. Das Mäuschen verlief langsam und wurde doppelt so breit. Er packte danach alles in eine Tüte, und wir wussten, er würde es verspeisen, sobald er die Videokassette in seinen Rekorder steckte.

Rudolf war ungepflegt, stank wie ein Misthaufen, hatte völlig verfaulte Zähne. Er legte sich neben mich und erzählte mir eine Geschichte. Eine von dicken Pferdeärschen, die langsam und muskulös im Kreis gingen. Dabei berührte er sich selber, denn allein dicht neben ihm durchzuhalten, war eine Qual. Anfassen konnte ich ihn nicht vor Ekel. Danach musste ich grundsätzlich lange lüften, um den Gestank hinauszubringen. Ihn erregten die kräftigen Pferdearschbacken und die Vorstellung, diese schwerfälligen Tiere mit der Peitsche anzutreiben. Aber er zahlte immer gut, und so war er sicher, überall hineinzukommen, egal, wie sehr er auch äußerlich verfaulte.

PUFFMUTTER

So vergingen meine Tage mit »Perversem« oder der »Nummer im Stehen«, und ich hatte mich eingelebt. Irgendwann sah ich mein Mietbuch Stunden später noch immer am selben Fleck liegen. Spätestens morgens, wenn die »Alte« ihre Zeitung vom Kiosk holte und damit das einzige Mal am Tag die Häuser verließ, sammelte sie es ein. Sie schlurfte dann im verschlissenen Morgenrock an mir vorbei und erwiderte oft nicht meinen Morgengruß.

Ich hatte mir angewöhnt, ihr vom Bäcker süße Teilchen auf die Treppe zu stellen; sie wirkte so hager, so krank, und es erinnerte mich an den Anblick meiner Mutter, Tage bevor sie starb. Aber immer wieder fand ich den verpackten Kuchen kommentarlos im Mülleimer draußen. Und tat so, als hätte ich es nicht gesehen.

Auch am nächsten Tag lag alles unberührt auf dem Fenstersims. Nachfragen bei den Frauen wurden mit »geh da ja nicht hoch«, »wahrscheinlich ist sie voll«, »die schmeißt dich raus, wenn du da schnüffelst« usw. kommentiert. Schnell sammelten sie ihre Mieten wieder aus den Büchern und wollten erst zahlen, wenn Gitte das nächste Mal auftauchte. Könnte ja was wegkommen!

Aber noch etwas war komisch.

Die Alte hatte eine Katze, ich hatte sie manchmal auf den Dächern herumschleichen sehen. Aber niemals gehört. Lag ich nun in meinem Bett, hörte ich sie furchtbar greinen und weinen wie ein Kind. Auch ihr Freund ließ sich nicht blicken, was gewöhnlich bis zu zwei Wochen dauern konnte, ehe er wieder versoffen und pleite auftauchte, um sich Bares von seiner »Freundin« zu holen.

Bevor ich diese Nacht die Augen schloss, dachte ich bei mir: »Sie ist ganz sicher tot.«

Am nächsten Morgen, noch bevor Karla oder Karin kamen, schlich ich leise mit Herzklopfen die Treppe hoch. Zuckte bei jedem Geräusch zusammen und zitterte vor Angst. Ich wartete auf ihr Gebrüll, aber es war nichts dergleichen zu hören, nur das jämmerliche Geschrei der Katze, die sich jedoch auch nicht blicken ließ. Oben angekommen, packte mich das Grauen.

Der Flur, die Räume waren völlig vergammelt und längst unbewohnbar. Es gab überhaupt keine Küche, kein Bad. Ich fragte mich, wo sie sich wusch oder kochte. Alles sah aus wie in einem ewig verschlossenen Dachboden, es war staubig, voller Laub und Dreck und Spinnweben. Mäuse suchten sich ihren Weg an den Zimmerecken entlang, und der Gestank war fast unerträglich.

Und vor mir auf dem Boden, zwischen all diesem Dreck und diesem Durcheinander, standen die kleinen Plüschhausschuhe. Sie hatte sie in Klarsichtfolie gewickelt und unter eine Kommode gestellt. Nur ein Raum hatte eine noch funktionierende Tür, und die war geschlossen. Ich klopfte, rief leise. Nur die Katze antwortete, und ich war mir jetzt sicher, beide in diesem Zimmer zu finden. Sie musste tot sein.

Ich ruckelte jetzt mutig an der Tür, aber sie war abgeschlossen. Ich rannte die Treppe runter und riss das Fenster meiner Schotte weit auf. Pfiff laut nach einem »Läufer«. Ich drückte ihm einen großen Geldschein in die Hand und beauftragte ihn, alle Plätze abzusuchen, wo sich der versoffene Bertie befinden könnte, und ihn herzubringen.

Nervös wartete ich, und er kam schon 30 Minuten später um die Ecke. »Gott sei Dank, dass du da bist, Bertie. Wo warst du so lange?« – »Was issen los?«, fragte er mich mürrisch, »hab noch schön gepennt.«

»Gitte ist tot«, schockte ich ihn, und das gelang mir. Er schien jetzt nüchtern und wach. »Waaas? Bist du sicher?«

»Nein, die Tür ist abgeschlossen, aber sie war seit drei Tagen nicht mehr unten, und die Katze jault jämmerlich.«

Wir gingen jetzt beide nach oben, und mein Herz hämmerte wieder. Er beauftragte mich, bestimmtes Werkzeug aus dem Schuppen vom Hof zu holen. Ich lief und holte, was er wollte. Wir öffneten die Tür. Da lag sie auf dem Sofa, dem einzigen heilen Möbelstück im Zimmer. Auch dieser Raum ähnelte im Zustand den anderen, aber er hatte Gardinen vor den kleinen Fenstern und einen kleinen Ofen. Der Tisch, der noch halbwegs auf drei Beinen an die Wand gelehnt stand, quoll von alten Zeitungen über. Sie war tot.

»Die ist hin.« Bertie sprach es aus, und ich traute mich kaum hinzusehen. Sie lag auf dem Rücken, ihre Hose halb heruntergezogen, mit nackter Scham. Vielleicht wollte sie gerade pinkeln gehen, schoss es mir bescheuerterweise durch den Kopf. Die Augen offen, die Hände herunterfallend. Es gab keinen Trost in diesem Anblick, es war kein Frieden in ihrem Gesicht. Sie wirkte verkrampft und hilflos. Die Leichenstarre hatte längst eingesetzt, und ihr Körper sah blau und steif aus.

»O Gott«, jammerte ich, »wieso habe ich nur so lange gewartet?« Ich hatte große Schuldgefühle und konnte mich selbst nicht begreifen, auf andere gehört zu haben, obwohl ich mir meines Gefühls so sicher war.

»Keine Sorge«, sagte er jetzt, »das wussten wir lange schon, dass es sekündlich passieren könnte, und Hilfe war da auch sicher nicht mehr zu geben.« Er wirkte betroffen und verstört, tat mir leid, er hatte von ihr gelebt, und sie kannten sich viele, viele Jahre.

Es war noch nicht 7.00 Uhr, und wir beschlossen, erst mal einen Augenblick zu überlegen, wie jetzt zu handeln war. Ich ließ die Katze aus dem Zimmer. Sie lief sofort auf den Hof, über die Mauer und war weg. Ihren Korb, eine »Katzenhöhle«, nahm ich mit runter in mein Zimmer. Da saßen wir nun und starrten entsetzt vor uns hin.

»Sie muss noch Geld haben«, sagte er plötzlich und sprang auf.

»Wir müssen die Polizei oder sonst wen rufen«, entgegnete ich. »Du kannst doch jetzt nicht nach Geld suchen.« Ich schüttelte mich. Das wäre ja Leichenfledderei.

»Och, das steckt sich doch nur der Hausbesitzer ein«, entgegnete er schroff. »Diese miese Made, und dem steht es ja gar nicht zu. Und Verwandte hatte die Gitte ja nicht mehr. Es kam ja nie jemand zu ihr, sie war ja ausgestoßen. Mit der wollte doch niemand was zu tun haben!«, polterte er weiter, und in gewisser Weise verstand ich ihn.

»Wieso hast du ihr eigentlich niemals die Wohnung etwas hergerichtet?«, fragte ich.

»Das wollte die ja nie, ich habe es ja tausendmal versucht, der war ja nicht zu helfen.«

Ich glaubte ihm aufs Wort, hatte ja oft genug Streitereien und Ähnliches miterlebt.

»Also gut.« Ich ließ ihn gewähren, schließlich war er ihre Familie, und ich war sicher, sie hatte es genauso gewollt. »Aber beeile dich, bevor die anderen Frauen kommen, wir müssen bald irgendjemanden verständigen.«

Aber mir war klar, dass niemand wissen konnte, wann wir sie gefunden hatten. Auf eine halbe Stunde kam es da wohl nicht mehr an. Selber leichenblass und immer mit den Gedanken bei der Leiche über mir, kochte ich Kaffee und zog mir was über. Heute würden eine Menge Leute kommen!

Bertie suchte und suchte und fand nichts. Gar nichts. Aber er war sicher, erzählte mir von einer großen Börse, die sie hatte und in der noch Geld sein müsste. Nicht allzu viel, dazu stand zu wenig Miete gegenüber der Hauspacht, aber ein paar tausend Mark würden es sein. Schließlich half ich ihm sogar und ekelte mich vor dem Gestank und dem Dreck.

Wir überlegten eine Weile. Dann wusste ich es plötzlich. Das Geld war im Katzenkorb, und genau da haben wir es dann auch gefunden. Es waren ein paar tausend Mark, und Bertie stopfte sich die Scheine in die Tasche. Das Silbergeld ebenfalls; ein paar Hunderter ließ er zurück. Wir riefen die Polizei.

Alles wurde untersucht, durchsucht, aufgeschrieben und abgeheftet. Der Arzt, der noch vor dem Leichenbestatter eintraf, zerstreute meine Bedenken. Dieser Frau hätte niemand mehr helfen können, sie war tot in derselben Sekunde, in welcher der Sensenmann seine Attacke gegen sie gestartet hatte. In einem schwarzen Sack mit Reißverschluss wurde sie an uns vorbeigefahren. Es war grässlich und wühlte mich bis ins Innerste auf.

Mittlerweile waren alle Frauen gekommen, eine sogar noch vor der Polizei. Auch sie schaute sich die Leiche an und versuchte noch, ihr die Augen zu schließen. Sie war laut Aussage ehemalige Krankenschwester. Ich wusste nicht, ob das stimmte. Es interessierte mich jedoch auch nicht wirklich. Bertie teilte mir vertraulich mit, dass er nun dafür sorgen würde, dass ich die Häuser pachten konnte. Er vertraute mir, und obwohl ich ihm so gut wie gar nichts zutraute, lächelte ich ihn an.

»Ist gut, Bertie, alles klar. Beruhig dich erst mal, und komm später wieder vorbei. Auf den furchtbaren Schreck gebe ich ein Essen samt Getränken aus.«

Das Silbergeld, von der Polizei »gefunden«, wurde gezählt, und einige Tage später konnte sich Bertie das Geld sowieso abholen. Beide waren ja bestens bei der »Sitte« und beim Sozialamt bekannt.

Danach, als alle weg waren, wurde es erst richtig schlimm. Die Frauen, die in Gittes Häusern wohnten, durchsuchten und durchkämmten die Räumlichkeiten der »Alten«. Es wurde von Schmuck geredet, den sie »mal an ihr gesehen« hatten, von »Broschen« und anderem wertvollen Kram, »der irgendwo sein« müsse. Sie fanden nichts außer alten Pfandleihscheinen.

Telefonate ergaben, dass die Sachen längst weiterverkauft waren. Man fand sich allgemein damit ab, dass sie tatsächlich so verarmt war, wie sie gelebt hatte. Wie nun alles weitergehen sollte, wurde von ihnen besprochen. Die Regel der Straße besagte, dass die Frau nun die Häuser pachten konnte, die am längsten dort wohnte, demnach Lore oder Karla. Ich glaube, sie nahmen sich an Jahren nicht viel.

Kurze Zeit später tauchte der Hausbesitzer auf und bat mich zum Gespräch. Vom Sehen her kannte ich ihn schon. Er war einmal hier gewesen, als Wasserschäden allzu offensichtlich das Haus beschädigt hatten. Er stellte sich vor und fragte mich, wie ich alles sehen würde, woher ich käme, und was ich vorher gemacht hatte. Natürlich zeigte er sich ebenfalls bestürzt über das Ableben seiner Pächterin, aber er war zu sehr distanziert von der ganzen Straße, als dass er wirklich betroffen war.

Für ihn ging es in erster Linie um seine Geschäfte, um die Häuser. So vergammelt und verwahrlost sie auch waren, verkaufen konnte er sie nicht. Das war testamentarisch seit ewigen Generationen in der Familie so festgelegt. Und sie boten eine gute Einnahmequelle. Er erzählte mir, dass Bertie ihn informiert hatte, und auch, dass ich laut dessen Aussage als Nachfolgerin in Frage käme.

Er kannte natürlich alle anderen Frauen, und er hasste und verachtete sie. In allen möglichen und unmöglichen Situationen hatte er sie schon erlebt, hielt sie alle für Drogenjunkies und Alkis und titulierte sie »Schlampen«. Es war komisch, diesen Mann anzusehen, mit Anzug und Schlips, und ihn reden zu hören wie einen billigen Luden.

Am meisten hatte er Lore »gefressen«. Zu oft hatte Gitte über sie berichtet, sie beschuldigt, wenn es Probleme gab. Lore gehörte zu der Art Menschen, die andere bespitzeln, die sich ausschließlich mit anderen beschäftigen.

Sie rief dauernd irgendwo an und beschwerte sich über dies und jenes, erstattete anonyme Anzeigen, schnüffelte, um sich darauf erneut anzubiedern, um an »Geheimes« heranzukommen Jede Information versuchte sie zu ihrem Vorteil auszuschlachten. Tagein, tagaus verbrachte sie in dem Wahn, ein Opfer zu sein, woanders hinzugehören, und verschrieb sich den Tagträumen. Redete von ihrer nahen Zukunft, was alles noch kommen sollte.

Sie erzählte ständig, schon bald würde sich ihr Leben von Grund auf verändern. Ja, sie quälte sich wirklich und war gequält. Aus diesem Grund quälte sie gleich alle anderen mit. Sie war ein echter Querulant. Vielleicht lag es auch an ihrem eingeschränkten jahrzehntelangen Leben hier auf der Straße. In dem ewig gleichen Zimmer, mit den gleichen Menschen jeden Tag. Ich merkte, dass die »Dummen«, wenn sie »nichts zu verlieren haben« und »der Neid größer als die eigene Ehre« wurde, sehr gefährlich werden können.

Das Angebot des Hausbesitzers stand. Die Bedingungen waren schlicht und auf einem DIN-A4-Papier zusammengefasst. Ein festgelegter Monatsbetrag war als Pacht wöchentlich an ihn in bar auszuzahlen. Ansonsten wollte er nichts hören, nichts wissen und auch nichts sehen. Kein Pfennig würde von ihm zurück in das Haus fließen. Solange ich das Geld pünktlich und vollständig bringen würde, konnte ich schalten und walten, wie ich es für richtig hielt.

»Dies ist Ihr Zuhause, hier können Sie alt werden, wenn Sie wollen«, waren seine Worte, und er ging. Schon wollte er eine Entscheidung von mir, und in dieser Nacht schlief ich sehr wenig. Als Erstes rief ich Michi an.

Michael war Stadtangestellter, Mitte 30, blond mit pausbäckigem Bubengesicht, und er war verheiratet. Als Lehrling in die Frau des Chefs verknallt, hatte er als junger Bursche in die Ehe mit der 15 Jahre älteren Frau eingewilligt. Die Straße nutzte er oft als Abkürzung. Noch niemals war er ein Freier der Huren hier gewesen. Meist stolperte er angetrunken an meinem Fenster vorbei, kam von einem »Spätbierchen mit Kumpels« und war auf dem Heimweg. Natürlich hatte ich keine Ahnung und klopfte eines Nachts gegen die Scheibe, als ich ihn mal wieder alleine vorbeischwanken sah. Er kam direkt an das Fenster und winkte ab.

»Wirklich, wirklich sehr sexy«, bewunderte er mich, »aber ich muss doch nach Hause und bin schon spät dran.« Mit diesen Worten wollte er weitergehen, doch ich hielt ihn zurück.

»Warte doch mal, hast du Feuer?« Ich hielt ihm bittend meine Zigarette hin und war noch nicht bereit, ihn »ziehen« zu lassen. Etwas Überredung brauchte man ab und an bei den Männern.

»Klar«, er wühlte nun in seinen Hosentaschen herum und fingerte das Gewünschte heraus. Er gab mir Feuer.

»O ja, Rauchen ist jetzt gut«, sagte er und zog nun einen Tabaksbeutel hervor. Er drehte immer selbst, hielt nichts von den »parfümierten Zigaretten«. Bat mich nun seinerseits, das Päckchen zu halten, während er den Tabak zusammendrehte. Einen Moment saugten wir schweigend an den Glimmstängeln. Dann fingen wir an zu sprechen, er fing an zu sprechen.

Aus heiterem Himmel erzählte er mir von seiner Ehe, dass sie am Ende wäre und er nicht wüsste, wie er das seiner Frau klar machen könnte, denn lieb hätte er sie ja schon noch. Es war schon ein eigenartiges Gespräch, was wir da mitten in der Nacht führten, und es fing an zu nieseln.

»Lust auf einen Kaffee?«, fragte ich ihn nun und deutete auf die fallenden Tropfen.

»O ja, gern«, antwortete er, und so kam er das erste Mal in mein Zimmer. Wir verstanden uns auf seltsame Art und Weise sofort gut. Wir plapperten die ganze restliche Nacht und tranken unzählige Liter Kaffee dabei. Ich erzählte ungeniert aus meinem Leben und er mir aus seinem. Wir waren irgendwie völlig verschieden und uns doch sehr ähnlich. In ihm schlummerte dieselbe sensible Seite wie in mir, fand ich. Es war wie Seelenverwandtschaft, es gab niemals, selbst nicht in dieser ersten Nacht, ein Gefühl der »Fremde« oder des »Kompromisses«. Er schneite einfach in mein Leben und war von der ersten Sekunde an »ein bester Freund«.

Es war wie bei Laura und Tanja, gleich stark, nur dass dies ein Mann war. Aber für uns spielte das keine Rolle. Wir fühlten uns in unserer Beziehung geschlechtslos, wir liebten uns platonisch,

»nur über den Ohren«, nannten wir das. Es war eine sehr innige Freundschaft.

Er kam jetzt jeden Tag wenigstens kurz vorbei. Zu Hause hatte sich die Lage zugespitzt, und es wurde von Trennung und Scheidung geredet. Seine Frau liebte ihn über alles und versuchte ihn festzuhalten. Sie ließ ihn »beobachten«, und so kam es, dass ich bald darauf von einer Detektei verfolgt und fotografiert wurde. Sie sperrte ihm das Gemeinschaftskonto, durchwühlte seine Sachen, rief mich an und beschimpfte mich. Erzählte jedem, der es hören wollte, dass ihr Mann einer »Schlampe« verfallen wäre, einer vom Puff.

Das tat mir sehr leid für Michi, aber ihn störte das alles nicht. Zügig suchte er sich eine kleine Wohnung im Zentrum, begann auf seine viel zu dicke Figur zu achten und fühlte sich bei mir pudelwohl. Wir entdeckten gemeinsame Hobbys, Computerspiele, und schon bald chatteten wir auf jeder URL um die Wette. Eine Internetverbindung ließ ich mir direkt in mein Zimmer legen, und der Techniker bestätigte mir: »Das ist die wohl bekannteste Leitung bei uns.« Die erste Direktverbindung vom Internet auf den Puff.

Wir lernten viele Menschen zusammen kennen, fuhren oft am Wochenende zu »Chattertreffen«, erlebten unheimlich viel gemeinsam. Später besprachen und beäugten wir unsere jeweiligen Affären, gaben uns gegenseitig Rat oder Trost. Um meinen Sohn öfter und näher bei mir haben zu können, bot er mir schon bald ein Zimmer seiner Wohnung zur Miete an. Erfreut sagte ich zu, und fortan lebten wir in der wohl lustigsten Wohngemeinschaft in unserer Stadt. Mein Sohn kam häufig, wann immer es ging, und schließlich war auch mein Hund bei mir. Er war unser ständiger Begleiter; wann immer ich mit meinem Sohn oder mit Michi durch die Gegend fuhr, war er bei uns. Es war eine anormale Liebe zwischen uns, er blieb nicht eine Sekunde ohne mich. Selbst im Puff war er immer neben mir, manchmal sogar neben dem Freier auf dem Bett! Aber er war derzeit noch völlig ungefährlich und verschmust, so gewöhnten sich bald alle an den Anblick des »schwarzen Ponys« an meiner Seite.

Nachdem der Hausbesitzer einen Zettel aufgehängt und mir hochoffiziell das Hausrecht übertragen hatte, flippten die Damen aus. Längst hatten sie die Rollen anders verteilt gesehen, wollten nicht einsehen, dass sie nicht in Frage gekommen waren. Zuerst stellten sie »nur« boshafte, anmaßende Forderungen, was sie alles brauchten, und zeigten mir, was alles kaputt wäre. Ich zeigte mich kompromissbereit.

Christopher war enttäuscht, dass ich nun nicht wie verabredet wenigstens einmal im Monat zur Insel fliegen konnte. Aber ich lud ihn nach Deutschland ein und vertröstete ihn mit einem Gegenbesuch nach der Renovierung. Er lebte nun in dem Glauben, dass ich eine winzige Pension leiten würde. Der Zugang, erklärte ich ihm, liegt hinter einer Spielhalle. Deswegen könne er mich dort nicht besuchen. Er akzeptierte, plauderte fröhlich von allen Sachen, die so los waren, und demonstrierte offen sein glückliches Lebensgefühl. Ich war beruhigt.

Nachdem ich aus Spanien ein Fax mit vielen tausend »Glücksküssen« erhalten hatte, konnte die Renovierung beginnen.

Während Bertie und Kumpane oben die Wohnung von Gitte »entmüllten«, Verkommenes wegwarfen und einigermaßen Erhaltenes reparierten, renovierte Michi unten die Zimmer der Frauen. Jede Frau konnte sich die Farbe des Zimmers aussuchen, bekam passenden Teppichboden und ein neues Doppelbett ins Zimmer. Tommy schickte per Lastwagen Baumaterial und doppelverglaste Fenster für jeden Raum.

Auch Stefan kam, reparierte kaputte, undichte Dachstellen und half auch sonst überall mit. Die Häuser stehen unter Denkmalschutz, und wir mussten aufpassen, dass alles behördlich genehmigt wurde.

Tanja nähte passende Vorhänge für die Fenster und Tischdecken für die Küche, die wir im ersten Stock aus dem Boden stampften. Überall war es jetzt warm und trocken. Karin kam jeden Tag und fegte den Hof und sortierte den Hausrat von Gitte. Wir wollten die Sachen der Caritas spenden, aber die kam niemals auf diese Straße, und so wanderten die ganzen Sachen nach und nach doch in den Müll.

Ich versuchte mich den Frauen zu nähern, versprach mietfrei für Geburtstage und andere Feiertage, ließ »Krankschreibungen« gelten und verteilte an Festtagen Geschenke oder stellte Weihnachtsbäume auf. Beleuchtete die Häuser jetzt von außen mit robusten, blinkenden Lichterketten, jedes Haus bekam eine andere Farbe. Ich stellte eine Putzfrau für alle Zimmer ein und ließ zusätzliche Telefone verlegen. Arbeitete die ganze Zeit nachts weiter in meiner Schotte und ließ alle sehen, dass ich gleiches Geld in den Topf warf.

Zwischendurch warf mich eine gigantisch hohe Stromrechnung aus dem Gleichgewicht; ich stellte fest, dass zwei weitere Häuser sich hier »speisten«.

Und Gitte hatte es niemals gemeldet oder bemerkt. Bei den Überprüfungen dazu fanden wir in einigen Wänden Kriechstrom, rissen die Mauern erneut auf und legten neue Leitungen, bauten neue Sicherungskästen ein. Mitten auf dem riesigen Hof mauerten wir einen großen Grill für alle und die Sommertage. Jedes der jetzt neun Zimmer bekam eine eigene Dekoration und abschließbare Türen. Nach fünf Monaten war alles vollbracht. Die Häuschen und ihr Inneres erstrahlten in neuem Glanz. Die Hausbesitzer liebten mich, waren begeistert und hatten nicht einmal weniger Geld bekommen. Meine Mieterinnen jedoch nörgelten, beschwerten sich täglich aufs Neue und waren unausstehlich.

Die Rechnungen für alles beliefen sich auf knapp 100 000 DM. Ich rang mich dazu durch, das Preisniveau der Zimmer dem der anderen Häuser anzupassen. Und noch etwas tat ich, was vorher dort undenkbar war. Ich vermietete auch an schwarze Frauen und dies zum selben Zimmerpreis. Durch meine Spanischkenntnisse zogen jetzt auch Frauen aus der Dominikanischen Republik und anderen spanischsprachigen Ländern ein.

Erste hitzige Diskussionen entbrannten. Meine Mieterinnen beschimpften mich und drohten mir wegen der Ausländer. Die Preise würden weiter fallen. Durch hohe Zimmermieten versuchte man, den Anteil dieser Frauen auf der Straße zu minimieren. Aber ich war nun Geschäftsfrau, hatte eine Zimmervermietung und war mir bewusst, dass ich diese Entwicklung sowieso nicht aufhalten konnte.

Ich fühlte mich nicht als Politikerin, und jede Frau, ob schwarz, gelb oder weiß, die mir eine Aufenthaltsgenehmigung vorweisen konnte, bekam auch ein Zimmer. Mehr Geld von ihnen zu verlangen, kam mir niemals in den Sinn, wusste ich selber doch genau, wie grausam dieses Leben manchmal sein konnte.

Es bildeten sich schnell zwei Fronten. Die eine Gruppe war dankbar, zahlte pünktlich, war sauber und nett. Die andere Gruppe attackierte mich, sie zogen so lange um, bis sie wieder unter sich in einem Haus waren, und nervten mich täglich mit neuen idiotischen Kleinigkeiten. Aber ich sah darüber hinweg, bot ihnen an auszuziehen, und somit verstummten die Gespräche fürs Erste.

Dafür kündigten sich neue Schwierigkeiten an. Nun schlichen die Luden um meine Häuser. Taxierten mich, klopften mich ab, verwickelten mich in Gespräche. Manche machten eindeutige »Übernahmeangebote«.

Andere »verliebten« sich plötzlich in mich, scharwenzelten vor meinem Fenster herum, luden mich zum Kaffee oder zum Essen ein. Es war Karla, die anfangs alle mit barschen Worten und wütendem Gebrüll vertrieb. Wir hatten nach wie vor ein gutes Verhältnis, sie hatte kein Interesse an der Verwaltung, wusste sehr wohl um die teilweise üblen Gesellinnen, die ich unter dem Dach hatte. Die ganze Zeit über konnte ich mich auf sie verlassen.

Dadurch, dass ich nun bei Michi wohnte, entkam ich dem Gezeter, wann immer ich es wollte. Die Frauen, jetzt sicher, mich nicht so einfach loswerden zu können, planten neue Attacken. Ständig ging etwas kaputt. Bettgestelle brachen, Wasserhähne liefen die ganze Nacht, Heizungen in den entlegensten Räumen bollerten unbemerkt auf höchster Stufe vor sich hin. Es folgten Überschwemmung im Badezimmer, kaputte Waschmaschinen und abgetaute Kühlschränke.

Plötzlich hatten auch alle Rüden im Haus, und schon bald kam es unter den Hunden immer heftiger zum Streit. Meiner war am größten und am kräftigsten, und ich weiß nicht, wie häufig ich mit einem verletzten Hund der Frauen zum Tierarzt marschierte. Ich setzte ein Hundeverbot durch und machte damit alles noch schlimmer. Nun wurden die ausländischen Frauen attackiert, beschimpft, wurden mit Eiern beworfen. Sie hatten Angst, ihre Zimmer unbeaufsichtigt zu lassen. Ständig weinte und heulte eine, dauernd zog eine um, aus oder wieder ein. Die deutschen Frauen zeigten sich in diesem Fall ungnädig und starrköpfig. Ich schmiss eine raus und wurde dann von den anderen überredet, die völlig am Boden Zerstörte wieder aufzunehmen.

Mieten wurden nicht mehr gezahlt, ich wurde von einem zum anderen Tag vertröstet, arbeitete jetzt viele Stunden wieder selber, um die Hauspacht zusammenzubekommen. Plötzlich hatten sie kranke Mütter, kranke Kinder und andere unaufschiebbare Rechnungen zu zahlen.

Sie setzten Mäuse im Haus aus, riefen das Gesundheitsamt an und erzählten von einer Schädlingsplage, dass sie alle Angst hätten, krank zu werden. Ich war genervt, gedemütigt, sprang wieder hin und her und versuchte, alles zu glätten, zu klären, zu helfen. Ich fuhr mit den Unversicherten zum Zahnarzt, erledigte andere Dinge und wurde doch niemals akzeptiert.

Nun begann ich meine Rechnungen zu schieben und kam selbst vorn und hinten nicht mehr klar. Lieh mir Geld von Stefan, von Michi, von jedem, den ich kannte, und alles wuchs zu einem riesigen Berg. Die Telefone wurden nicht bezahlt, Auslandsgespräche nicht getrennt. Es war ein riesiger Misthaufen, in dem ich stand. Dazu kam jetzt das Finanzamt, sie wären telefonisch und anonym darüber benachrichtigt worden, dass ich ein gut florierendes Gewerbe hätte. Zwei Monate brauchte ich, um alle Papiere zu ordnen, die Buchhaltung zu machen und die schwarzen Hauspachtzahlungen dabei zu verschleiern. Es war ein Martyrium.

Immer öfter drängelten meine Freunde und versuchten mich zu bewegen durchzugreifen. »Auf den Tisch hauen«, »Tacheles reden«, »alle hinauswerfen«. Aber auch auf der Straße war es ruhiger geworden. Vermietete Zimmer bedeuteten nicht gleich Mieteinnahmen, und überall waren genügend Zimmer lange frei. Ab und zu Miete half mir mehr als leere Zimmer. Aber das war nicht der einzige Grund. Sicher hatten sie Recht, und vielleicht hätte ich es auch gekonnt. Aber für mich hätte das bedeutet, mich zu verändern. Ich hätte mich auf das gesamte Niveau einstellen müssen, und dazu war ich nicht bereit. Wieder mal konnte ich nicht aus meiner Haut heraus. Karla und Maike unterstützten mich, halfen mir, wo sie konnten. Und obwohl sie mich auch »zu weich« und »zu dünnhäutig« nannten, konnten sie mich doch verstehen.

Während ich kämpfte und versuchte, alles unter einen Hut und vor allem Geld in die Taschen zu bekommen, passierte ein Mord. Ein Mann war erschossen worden, er war ebenfalls Pächter eines Hauses auf unserer Straße. Nun gesellte sich die Polizei zu uns, kontrollierte alle Pässe jedes Besuchers, egal, ob er kam oder ging. Sie parkten ihre Wagen direkt vor den Fenstern der Frauen, und an Geldverdienen war für keine mehr zu denken. Nachts wurde die gesamte Straße mit großen Suchscheinwerfern ausgeleuchtet.

Wir senkten in jedem Haus die Miete auf die Hälfte, und auch der Hausbesitzer hatte ein Einsehen, dass sein Schwarzgeld vorläufig nur noch 50 Prozent betragen würde. Anders verhielt es sich mit Tommy. Er sah nicht ein, auf sein Geld zu warten, und das hatte er bis dato auch ausreichend.

Wann immer Christopher nun bei mir in Deutschland war, drängelte er und drohte, den Jungen nicht zurückzunehmen, wenn ich ihm nicht gewisse Summen in die Tasche stecken würde.

Der Kleine ahnte von nichts und war wie immer ausgeglichen, erzählte mir vom Bootfahren mit Tommy, seinen Freunden und hatte mittlerweile sogar eine Schulklasse übersprungen. Ich war stolz auf ihn, sehr stolz, und klammerte mich daran, sein Leben aufrechtzuerhalten. Ich zahlte in Spanien und ließ alles andere liegen. Es war ein Teufelskreis ohne Entkommen.

Eines Tages meldete sich dann Karla ins Krankenhaus ab. Als ich sie besuchte, freute sie sich wahnsinnig. Ich sah ihr Gesicht vor Freude leuchten und spürte, wie gern ich sie hatte, auch wie sehr ich sie brauchte. Während ich ihren Nachtisch direkt aus dem krankenhauseigenen Plastikgeschirr von ihrem Tablett löffelte, wurde es mir plötzlich klar. Ich löffelte, sah mich um und hörte ihr zu. Es war eine sterbende Frau, die mit mir sprach. Nur drei Wochen später starb sie an Krebs. Sie hatte im wahrsten Sinne des Wortes bis zu ihrem letzten Tag »angeschafft«. Gott weiß, welche Schmerzen sie oft gehabt haben musste, und ich verstand, dass ihr enormer Alkoholkonsum gleichzeitig ihr Betäubungsmittel gewesen war.

Ihre Krankheit und ihr Tod kamen für alle »aus heiterem Himmel«. Ihre einzige Tochter hatte sich, beschämt über das Leben, welches ihre Mutter führte, seit 20 Jahren nicht mehr blicken lassen. Als es jedoch um die Auszahlung der zu ihren Gunsten abgeschlossenen Lebensversicherung ging, war alle Scham verflogen.

Kaum war ich zurück, erschien die Polizei. Ich müsse dringend mitkommen; bei mir sei »die Hölle los«. Mit üblen Vorahnungen betrat ich die Straße. Alle meine ausländischen Mieterinnen waren ausgezogen. Ihre Fenster waren mit schwarzer Farbe besprüht: offensichtlich eine Drohung. Die anderen Frauen hatten sich in einem Zimmer verbarrikadiert und schmissen Stühle und andere Gegenstände aus den geschlossenen Fenstern. Überall war Gas. Drinnen waren die Wasserrohre durchtrennt worden, Wasser lief aus jedem Eingang und überschwemmte alles. Als sie mich sahen, kam eine von ihnen heraus und griff mich tätlich an.

Die Polizei bot mir an, alle mitzunehmen, aber ich hielt sie zurück. Ich war fertig mit allem und hatte überhaupt kein Interesse mehr, irgendwas zu klären.

Die Polizisten kannte ich mittlerweile alle recht gut, und ich tat ihnen leid. Nicht nur einmal hatten sie mir in der Vergangenheit nahe gelegt, die »Sache« aufzugeben. Und ich gab mich geschlagen. Verkaufte den Pachtvertrag weiter und konnte somit halbwegs meine Verpflichtungen decken. Als ich ging, war ich nicht böse. Irgendwie war ich froh, dass ich doch nicht dazugehörte.

Ich überließ »den Schlampen« ihr verdrecktes, unehrenhaftes, verkommendes Territorium.

Michi war für mich da und baute mich auf. Ziemlich frustriert saß ich nun bei ihm auf dem Sofa, vor meinen Füßen der mittlerweile aggressiv gewordene Hund, und sortierte meine Rechnungen. In anderthalb Jahren hatte ich über 80 000 Mark verloren, 100 000 DM in anderer Leute Besitz investiert und saß auf fälligen Rechnungen von mehr als 15 000 DM. Ich kotzte und beschuldigte mich selbst der »vollkommenen, absoluten Doofheit«. Ein paar Tage zog ich wieder nachts rum, vögelte hier und da und trank mir meinen Frust aus dem Leib. Ich hatte keine Ahnung, wie alles weitergehen sollte.

Ich fuhr zurück zum »Champagnerkelch«, und es war schließlich Benni, der mich auf andere Gedanken und andere Wege brachte.

MANDYTOY.DE

Benni hatte ich in einer der Bars in Deutschland kennen gelernt. Er arbeitete bei einer sehr verstaubten Behörde, war selber jedoch alles andere als ein langweiliger Beamter. Immer in Begleitung einer lustigen Truppe zog er dann und wann um die Häuser und landete irgendwann einmal spätnachts neben mir an der Theke. Er spendierte reichlich Champagner, und man kam sich näher.

Später kam er regelmäßig, besuchte mich, lud mich ein, und alsbald landeten wir immer häufiger auf dem Zimmer. Er war derzeit Anfang 40, etwas rundlich und dickbauchig. Sein Gesicht war ähnlich dem von Michi, irgendwie jungenhaft und spitzbübisch. Sein mehr als niedliches Lächeln ließ ihn jünger erscheinen, als er tatsächlich war. Auch er lebte derzeit noch in unglücklicher Ehe, wie er mir erzählte, und lud mich bald immer wieder zum Essen ein. Als ich »vom Leben verkatert« wieder im Club auftauchte, war auch Benni wieder da. Lange hatten wir uns nicht gesehen, und doch war es gleich wie immer.

Wir tranken, wir redeten, wir hatten Sex. Benni war ein »Lecker«, allerdings ein furchtbar schlechter. Seine Zungenküsse an meiner Muschi erinnerten mich immer an das Geräusch, wenn mein Hund seinen Napf leerte. Auch seine Küsse auf den Mund waren mir durch seine »Handhabung« mehr als unangenehm. Aber ich mochte ihn, mochte ihn sehr und war streckenweise sogar richtig verliebt. Auf die sexuellen Defizite, die ich bei unserer Beziehung verspürte, konnte ich ja immer noch eingehen.

Nach all den Schwänzen in und an mir war das längst nicht

mehr das Wichtigste in meinem Leben. Und auch in meinen Affären war es mir oft scheißegal.

Was ich suchte, war etwas anderes als nur ein zuckender Leib auf mir. Immer wieder gab ich mich der Illusion hin, »den einen« noch zu finden. Stattdessen stolperte ich von einer schlechten Beziehung in die nächste. Ausnahmslos Männer, die gerade getrennt oder noch unglücklich verbunden waren. Immer öfter fühlte ich mich ausgenutzt, kam mir vor wie ein buntes Blatt Papier, welches sie in ihre Lebensalben steckten.

Eine Zeit lang dachte ich, Benni könnte es vielleicht sein. Er lebte beschaulich auf einem Dorf in einem schönen Haus und hielt sich viele Tiere. Fast war es ein Bauernhof. Ich genoss meine Aufenthalte dort, entspannte mich zusehends bei ihm und kam mir niemals wie eine Dirne vor. Er bekochte und verwöhnte mich, wo er konnte.

Aber auch er war frisch getrennt, und erneut hatte ich Detektive am Bein. Es störte mich nicht, ich lachte darüber, war fast dran gewöhnt, beobachtet zu werden. Unsere Beziehung festigte sich, und bald waren wir ein Paar.

Eine Rückkehr zur Insel war für mich nur eine imaginäre Alternative. Ich vermisste meinen Jungen sehr. Obwohl er wirklich glücklich war, kam auch bei ihm jetzt wieder die Sehnsucht durch. Auch Deutschland vermisste er hin und wieder, und manchmal streckten wir seine Aufenthalte über die Ferien oder das Wochenende hinweg.

Meine Wohnung auf der Insel hatte ich aus finanziellen Gründen aufgegeben, und das Geld, das ich verdiente, schob ich mittlerweile maßlos überzogen als Unterhalt zu Tommy. Wir stritten jetzt häufig am Telefon. Er machte mir schwere Vorwürfe, ich sei zu weich, zu einfältig, hätte alles in den Sand gesetzt. Noch immer rechnete er mir Rückstände vor, und nicht immer waren wir darüber einer Meinung.

Mittlerweile war über Michis Wohnung eine weitere frei geworden. Kurz entschlossen mietete ich mich dort ein und holte meinen Jungen zu mir. Die Umschulung gestaltete sich allerdings wieder schwierig, die Gymnasien der Stadt bemängelten die fehlenden Fremdsprachen Französisch und Latein. Schließlich fanden wir eines, welches die spanische Sprache dafür anerkannte, und er wurde in die Folgeklasse aufgenommen. Ich war wieder stolz und rechnete auch damit, dass ein Schulabschluss in Deutschland letztendlich vielleicht doch noch wertvoller war, als einer von der spanischen Insel.

Christopher bemühte sich, bemühte sich sehr. Aber richtig glücklich war er nur, wenn wir zusammen waren. Die Kinder hielt er für »doof«, sie spuckten auf den Boden, tranken Bier und beschmierten die Wände. Seine Klasse war doppelt so groß wie in Spanien und seine Deutschkenntnisse mehr als miserabel. Aus dem einstigen Klassenbesten und beliebten Freund einer großen Clique wurde nun das Schlusslicht im Jahrgang und ein blasser Einzelgänger. Ich redete mir ein, das wäre normal, eine Eingewöhnungsphase, und stimmte Benni schließlich zu, einen neuen Versuch in der seriösen Geschäftswelt zu starten.

Wir gründeten eine Firma. Stellten 80 Prozent des Eigenkapitals und zählten auf Ergänzung durch Banken des Landes. Meine Ausbildung diesbezüglich war mehr als ausreichend. Genehmigungen aller nötigen Behörden lagen vor. Das Büro war ein »Schnäppchen«. Die Kunden standen durch Förderung des Arbeitsamtes Schlange. Aber meine Bank schaltete auf stur. Ließ mich zwei Monate warten, um mir dann zu erklären, ihnen wäre der Schritt von der Puffstraße in diesen Bereich zu groß. Ich fragte mich, wofür die ganzen Abschlüsse und Kurse, die ich immer wieder zwischendurch belegt hatte, gut waren. Ich war verzweifelt und rannte von Pontius zu Pilatus. Ebenso Benni, der sich jedoch auf Grund seiner beruflichen Stellung teilweise im Hintergrund halten musste. Mit Sondergenehmigung und Bürgschaft einer Vereinigung für aussichtsreiche Existenzgründung rannte ich erneut los. Und wieder wurde ich bei meiner Bank mit sehr fadenscheiniger Begründung abgelehnt.

Endlich, nach sieben Monaten, meldete eine Bank der Stadt großes Interesse. Man empfing uns überfreundlich und war sehr gern bereit, uns als Kunden aufzunehmen. Niemand scherte es dort, was ich vorher getan hatte, solange ich ausreichende Qualifikationen nachweisen konnte. Der Schriftverkehr beanspruchte jedoch weitere sechs Wochen. Unsere Reserven waren längst aufgebraucht. Unsere Firma war schneller illiquide, als wir »A« sagen konnten. Meine »Altlasten« waren bezahlt. Doch nun stapelten sich weitaus höhere Rechnungen auf den Tischen. Als wir schließlich über das benötigte Geld verfügen konnten, hatte ich längst keinen Mut mehr. Zu negativ erschien mir alles und zu wagemutig. Ein Großteil der Fördermittel wäre direkt in »Altrechnungen« gewandert, und nach vorne wäre wieder nichts geblieben.

Wir einigten uns auf ein Ende mit Schrecken und versuchten dem Schrecken ohne Ende zu entkommen. Der größte Verlierer bei allem war Benni. Unsere Beziehung, zart und jung wie sie war, hatte dem Stress nicht standhalten können. Oft stand er angetrunken vor meinem Haus, und manchmal verbrachten wir, obwohl wir uns getrennt hatten, dann doch wieder Zeit zusammen.

Aber ich sah nun alles lustlos, war der Aufregung müde und traute mir selbst nichts mehr zu. Benni gegenüber fühlte ich mich wie einst gegenüber Tommy. Zu schwach und zu verkettet, verklebt mit meiner Vergangenheit, die immer wieder und wieder meine Zukunft wurde.

Heulend und depressiv verkroch ich mich nun zu Hause. Ging nur in den Club, wenn das Bargeld zur Neige ging, und blieb zu Hause, wenn alles da war. Immer neben mir mein Hund. Die ganze Aufregung der letzten Jahre, die ganzen Streitereien und Umstände hatten aus ihm ein anderes Wesen gemacht. War er bei mir lieb und verschmust, wurde er aggressiv gegenüber allem, was sich mir näherte. Alleine lassen konnte ich ihn gar nicht mehr. Er heulte und jaulte. Verlor er mich im Park oder sonst wo aus den Augen, rannte er panisch los und ging auf Suche. Ich musste ihm nun einen Maulkorb anlegen und fühlte mich schuldig und schlecht. Erhob jemand in meiner Gegenwart nur die Stimme, konnte ich ihn kaum noch zurückhalten. Manchmal erschreckte es mich, wenn ich erkannte, zu was er in einem vermeintlichen Notfall fähig wäre.

Auch mit Michi verkrachte ich mich. War er jahrelang mein Freund und Kumpan gewesen, hatte er sich nun in eine Frau verliebt. Ich freute mich für ihn. Sie sah wunderschön aus, und stolz stellte er sie überall vor. Aber sie reagierte auf unsere Freundschaft völlig hysterisch. Eifersucht quälte sie bis aufs Blut, und obwohl wir es in vielen Variationen erklärten und versuchten, sie hasste mich. Nun fühlte ich mich auch meiner Freundschaft zu Michi beraubt, der ständig schwankend zwischen uns stand und keinen verlieren oder opfern wollte. Irgendwann stand sie sogar mit einer Pistole vor mir und nahm für eine »Finanzschuld«, die sie bei Michi offen wähnte, kurzerhand meinen Mercedes mit. Tatsächlich bekam Michi von mir noch 600 DM. Sie war gebürtige Russin und verhielt sich, als ob sie direkter Vorstand der Russen-Mafia wäre. Überall riet man mir zur sofortigen Anzeige. Stattdessen besorgte ich das Geld und tauschte den Wagen gegen die Scheine. Michi sah mich dabei nicht an, und ich hatte große Angst, dass er dieser Frau auf Dauer nicht gewachsen war. Sie bekam Wutausbrüche in seiner Wohnung, zerschmiss alle möglichen Sachen und engte ihn vollkommen ein. Sie trennten und versöhnten sich. Ich sah zu, wollte Michi nicht verlieren. Als er mir mitteilte, dass sie heiraten würden, verloren wir uns aus den Augen, auch aus den Ohren.

Nur wenige Tage später erschoss ich auf dem Grundstück von Benni meinen Hund. Er hatte, und das allein durch meine unverzeihliche Schuld, Gift gefressen und war schwer davon gezeichnet. Der Tierarzt »in Vertretung« wollte ihn zum Einschläfern auf einen dieser abwaschbaren Metalltische heben. Die Vorstellung, dass mein ewiger Schatten, mein Bettgenosse und wunderbarer Freund nun hier verenden sollte, tödlich gezeichnet durch meinen Leichtsinn, brach mir schier das Herz. Ich rief Benni an und fuhr mit dem Hund am Abend zu ihm hinaus. Dort sprang er aus meinem Wagen und war sich ganz sicher, einen schönen Abend vor sich zu haben. Oft genug hatten wir dort gesessen, während er die Katzen jagte, und ihn später mit Gegrilltem verwöhnt. Es ging ganz schnell, und wir vergruben ihn im Garten. Wann immer ich später dort war, kam es mir vor, als wäre er es auch.

Noch einmal zog ich mit meinem Sohn in Deutschland um. Mein Bruder hatte mittlerweile eine Diskothek gepachtet, sie lag in einer entfernteren Stadt, und dorthin zogen wir ihm »nach«. Ich konnte ein bisschen bei ihm aushelfen und hoffte, dass hier vielleicht für meinen Sohn auch alles einfacher wäre. Aber ich irrte mich wieder. Ich erlaubte ihm nun, einen kleinen Hund aus dem Tierheim zu holen. Begleitete ihn kurz darauf zum Tierarzt, um das Tier einschläfern zu lassen, da der kleine »Fuchs« an einem Hirntumor litt. Es war furchtbar, und mein Sohn »schneckte« sich mehr und mehr ein.

Schon bald endete alles im Fiasko. Mein Bruder bekam Schwierigkeiten mit großen türkischen Gruppen. Beim leisesten Widerstand endete man schnell mit Knochenbrüchen im Krankenhaus. So auch mein Bruder. Letztendlich lag er mit zertrümmertem Kiefer zur Operation im städtischen Hospital. Der Rechtsanwalt teilte mir mit, dass man da wenig machen könne. Selbst er hatte Angst vor Repressalien. Die Disco musste geschlossen werden, nachdem mein Bruder erneut Knochenbrüche erlitten hatte. Wir gaben auf und verfolgten die Urteile, die sich auf sieben Monate ohne Bewährung für die Täter beliefen. Das alles erschien mir wie ein gnadenlos schlechter Witz.

Mein Leben kotzte mich an, Deutschland kotzte mich an. Ich wollte nur noch weg, am liebsten von mir selbst weg. Mein Sohn war sowieso nur noch ein Häufchen Elend. Die Entscheidung lag für mich auf der Hand. Kurzerhand packten mein Sohn und ich das Auto voll. Bettwäsche, Computer und darüber die Mikrowelle. Lieblingsbecher und Lieblingscomics über gern gesehene DVDs.

Videorecorder nach rechts und Musikanlage nach links. Als wirklich nichts mehr reinging und wir die Sitze hochkant wie einen steifen Stuhl drehen mussten, beluden wir noch das Dach. Große Plastiktüten waren voll mit Garderobe und anderem. Der ganze Wagen hing am Boden. Die Höchstgeschwindigkeit würde sich auf 80 Kilometer die Stunde belaufen. Aber das war uns egal.

Ein großer Abschied, ein paar Tränen und ein großes Feuer. All unsere Papiere verbrannten wir, alle Rechnungen und Blätter, alle Formulare, und auch Christopher heizte mit seinem »Schulkram« die Flammen an. Wir wussten nicht genau, was uns erwarten würde, aber dort, wo wir waren, wollten wir keinen Tag mehr bleiben. Und mehr »Kooperation«, mit wem auch immer, wollten wir auch nicht mehr zeigen.

Wieder schmiss ich bei einer Rundfahrt alle Schlüssel in die passenden Briefkästen, und endlich fühlten wir uns frei. Man erzählte uns, dass man anderthalb Tage fahren musste, wir rechneten mit drei und fuhren sechs Tage bis zur Fähre. Unterwegs schauten wir uns in Frankreich um, dinierten im feinsten Restaurant von Lyon und schlenderten durch belgische Parks und Anlagen. Wir schliefen auf dem Rasen, manchmal wie eingequetscht direkt im Auto. Wir sangen alle Lieder im Radio mit und fotografierten haufenweise Ameisenhügel.

Auf Mallorca angekommen, mieteten wir uns direkt in ein kleines Hotel ein und richteten uns dort häuslich ein. Christopher schnappte über vor Freude, rief alle seine Freunde an und kam in seine alte Schulklasse. Um ihm den Schulalltag zu erleichtern, zog er bald wieder bei Tommy ein. Die Nachmittage oder die Abende verbrachte er jedoch mit mir. Wir zogen herum, alberten uns durch die Stunden und begannen mit der Wohnungssuche.

Es war eine herrliche, unbeschwerte Zeit, obwohl ich wusste, dass noch ein Kraftakt vor mir lag, bis alles wieder normal funktionieren konnte. Aber diese Momente wollte ich mir nicht mit Gedanken solcher Art »verschandeln«, und so ließ ich meine Seele baumeln. Ich freute mich an meinem wieder »aufgeblühten« Sohn und speicherte die glücklichen Stunden tief in meinem Herzen. Erst als ich mich gut und sicher fühlte, rief ich meine ehemaligen Arbeitskolleginnen an. Alle waren längst nicht mehr hier, die Insel litt an Touristenschwund und stark gefallenen Preisen im Milieu. Viele waren deswegen weitergezogen oder hatten »umgesattelt«. Einige waren verheiratet, schwanger oder sonst wie »out of order«. Nicht so Toni. Sie war noch da. Ich hatte die ostdeutsche Frau irgendwo mal getroffen und mit ihr gearbeitet. Ich konnte sie gut leiden, wir hatten viel Spaß zusammen gehabt. Wir plauderten so über dies und das, und sie lud mich ein, sie in der Bar zu besuchen. Ich sagte zu und machte Pläne.

Toni hatte den Club gewechselt und arbeitete jetzt in einem Pärchenclub. Es waren nur einige ausgewählte Frauen da, die Inhaber waren Franzosen und liebten das »Swingen«. Da aber auch »Solo-Männer« die Bar betraten, hatte man eine Auswahl an Mädchen, um ihnen den Partner zu ersetzen. Aber auch richtige Ehepaare und andere Beziehungen tummelten sich in den hinteren Räumen. Alles war erlaubt, Gruppensex, der in Orgien ausartete. Es herrschte ein reges Treiben.

Auch gestrippt wurde, diesmal aber »à la Amerika«, direkt auf der Theke. Der Chef führte mich durch die Räume, erklärte mir die Preise und alles, was ich wissen musste. Er ging davon aus, dass ich gleich bleiben würde, und verwies mich auf die »Umziehkabine«. Aber das lag fern meiner Absicht, als »Horizontale« würde ich nie mehr arbeiten.

Seit Monaten schon fühlte ich es in mir. Jetzt, nach all dem, was ich erlebt hatte, würde ich keine Probleme mehr damit haben, Menschen wehzutun. Unbezwingbar groß war der Wunsch, andere zu demütigen, um mir dadurch sexuelle Lust zu verschaffen, aber auch mein Leben zu finanzieren. Schon wenn mich schüchterne Typen scheu von der Seite betrachteten, merkte ich, wie mein Slip feucht wurde.

Aber erst wollte ich einen »Testlauf«. In der gleichen Nacht wurde ich fündig. Ich blieb als normale Touristin an der Bar sitzen und zog mir einen Whiskey nach dem anderen rein. Ich war aufgeregt, aufgekratzt, erregt durch das gewohnte Ambiente. Und ich fühlte mich sicher unter dem Schutz und den Augen aller. Nur auf mein Opfer musste ich noch warten. Aber nicht lange, ich konnte seine Augen schon auf mir spüren.

Instinktiv wusste ich, dass er mich ansprechen musste, sonst würde es nicht funktionieren. Er tat es.

»Verzeihung, arbeiten Sie hier?«, er lächelte mich an.

»Nein«, antwortete ich etwas schroff und drehte mich wieder nach vorne. Im Spiegel konnte ich ihn genau betrachten. Er war klein, schmächtig und trug eine Brille. Er nuschelte beim Reden, so als hätte er eine Hasenscharte. Davon war aber nichts zu sehen in seinem Gesicht. Sein Haar war voll und dunkel, gepflegt hatte er es zur Seite gekämmt, und Haargel gab ihm den nötigen Halt. Ich schätzte ihn auf Anfang 30 oder jünger. Zur Jeans trug er ein Jackett, was ihn trotz schmaler Gestalt sportlich wirken ließ. Ich registrierte seine teure Uhr und seine ungewöhnlichen, goldenen Manschettenknöpfe. Das sah man nicht mehr oft, und ich wusste, hier lag ein Selbstbewusstseinsdefizit vor.

»Darf ich Sie trotzdem zu einem Glas einladen?«, und er winkte schon dem Kellner.

»Bitte keinen Sekt.« Ich schüttelte den Kopf und deutete auf mein Glas. »Heute habe ich es gern etwas härter!«, dabei sah ich ihm tief in die Augen. Sein Blick hielt nicht stand, und ich wusste, »den krieg ich«. »O ja, natürlich.«.

Jetzt orderte er das Gewünschte. Sein Name war Rüdiger, und er war Vertreter für Sonnenkosmetika; in Abständen würde er auf der Insel sein. Ich rieb mir die Hände. Seine Firma unterhielt eine kleine Wohnung für ihre Leute hier, die er momentan bewohnte, wie er genauestens ausführte. Er schwatzte und schwatzte, wie Vertreter es gern tun, und ich trank und trank.

»Lust, sich nach hinten zu verziehen?«, er sah mich irgendwann schüchtern, fragend an. Ich griff ihm an den Sack. Drückte leicht, zog kurz. Seine Augen leuchteten gierig, und ihm trat der

Schweiß auf die Stirn. »O gut«, flüsterte er mir zu, »ich steh auf dominante Frauen!«

»Soll ich einen Raum mieten?«, fragte er nun. Seine Lanze war hart wie ein Knüppel zwischen meinen Fingern.

»Nein, wir gehen zu dir!«, lächelte ich süffisant und sofort nickte er. »Oder so.« Rasch zahlte er und ging voran.

Die Wohnung lag um die Ecke. Wahrscheinlich hatten sie nach Vertragsabschluss direkt zusammen in der Bar gevögelt, dachte ich. Sie war eher klein als groß, eher einfach als feudal. Aber sie war ausreichend. Schnell kramte er ein paar Sachen vom Sessel.

»Entschuldigung«, murmelte er dabei, »mal schnell ein bisschen Platz machen.« Die Vorstellung, ihn leise und bittend vor mir zu sehen, war jetzt schon übermächtig. Ich merkte, wie mir das Blut aus dem Hirn direkt zwischen die Beine schoss, und ein Schwall Nässe sickerte nach. Das Finanzielle musste ich noch klären. Aber ich beschloss, es vom Erfolg abhängig zu machen.

»Lass dir Zeit«, und schon wanderte ich durch die Räume. Das Schlafzimmer hatte nur ein Fenster, das Badezimmer gar keines. Es gab noch eine spärlich möblierte Küche, aber auch hier war allerhand zu verwerten. Ich griff mir eine Gabel, Kerzen aus der Schublade und ging zu ihm zurück. Rüdiger stand vorm Tisch und betrachtete sein Werk. Ich hielt ihm die Kerzen hin, und er befestigte sie mittels angewärmter Unterseite auf einem kleinen Teller. Ich setzte mich in den einzigen Sessel. Eilig rannte er wieder los und kam mit zwei Büchsen Bier zurück.

»Leider nichts anderes da«, entschuldigte er sich und riss mir die Büchse auf. Dann ging er vor mir in die Knie und presste seinen Kopf an meinen Minirock.

»Das riecht gut«, murmelte er und zog mit seiner Nase jetzt dicht an meinem Slip herum. Er begann zu lecken und probierte mit seiner Zunge seitlich unter den Slip zu kommen.

»Langsam«, stoppte ich ihn und rutschte zurück.

»Ich möchte, dass du mich darum bittest und auch etwas für

mich tust«, ließ ich ihn wissen, und er nickte eifrig. Ja, er war wirklich absolut devot und somit perfekt für diese Nacht.

»Kann ich dich lecken?«, stammelte er nun, öffnete schon seine Hose. »Erst mal kannst du duschen gehen.« Während er duschte sammelte ich zusammen, was ich verwenden wollte. Er kam schnell zurück. Sein Riemen stand steil nach oben und war prall gefüllt vor Lust und Geilheit.

Aber das erregte mich nicht wie früher, ich fand es eher abstoßend, und das sagte ich ihm auch. Er war absolut kahl geschoren, hatte nicht ein Haar um den Sack.

»Los, zieh dir deine Strümpfe drüber.« Ich hielt ihm seine Socken hin und deutete auf seinen Riemen. Hastig fummelte er sich den Strumpf auf den Ständer, den zweiten zog er über seine Hoden. Um ihn am Herunterrutschen zu hindern, zog er ihn gleichfalls danach über seinen Schwanz nach oben. Jetzt sah er aus wie gewindelt, wie verbunden. Er drehte sich vor mir.

Auf mein Verlangen bückte er sich, zeigte mir seinen Anus. Weit hielt er seine Arschbacken auseinander, und ich sah auf die Haare, die auf der Rosette wuchsen.

»Du hast dich nicht gut rasiert«, blaffte ich ihn an.

»Doch, habe ich sogar heute Abend noch, vorm Weggehen«, erwiderte er kleinlaut.

»Ich werde sie entfernen«, sagte ich bestimmt und ging ins Badezimmer. In einer kleinen Schublade wurde ich fündig. Ich nahm die Pinzette und zeigte sie ihm. »Damit ziehe ich sie raus.« Statt einer Verweigerung, die ich eigentlich erwartet hatte, nickte er demütig. Er blieb in seiner gebückten Haltung, und ich riss ihm ein Haar nach dem anderen heraus. Ab und zu jammerte er, aber längst nicht so, wie ich es erwartet hatte.

Beim Anblick der gespannten, empfindlichen Haut bekam ich manchmal Bedenken. Wie hielt er das aus? Es war seine offensichtliche Lust. Noch immer war sein Gehänge steif und angeschwollen. Als ich fertig war, gab ich ihm sein Bier.

Dankbar setzte er sich und fing an, von seinen Wünschen und

Gelüsten zu erzählen. Leicht masochistisch wäre er und stark devot. Aber nur im Sexuellen, ansonsten wäre er normal verheiratet und seine Frau würde natürlich nichts ahnen. Unterwerfung reize ihn sehr, und »eine Frau stundenlang zu lecken« wäre überhaupt das Tollste. Seine Ehefrau würde das nicht so gut finden, und er käme nur manches Mal zum Ziel. Er würde sich gern benutzen lassen, herumkommandieren sollte ich ihn. Seine Wünsche konnte ich ihm leicht erfüllen, aber ich hatte noch etwas anderes gesucht. In dem Fall nicht gefunden, aber das würde ich mit der Zeit ändern.

Erst einmal wäre Rüdiger jetzt dran. Ich ließ ihn jetzt wissen, dass ich eine »Professionelle« war und nicht kostenlos arbeiten würde. Natürlich hatte er sich das schon gedacht und hielt mir nun nörgelnd seine Brieftasche hin. Du kannst nehmen, was drin ist, sagte er, und ich nahm alles. Als ich Rüdiger verließ, der sich zum Schluss wie ein Tier in seiner eigenen Pisse gedreht und gewendet hatte, laut stöhnend und wild zuckend, wusste ich, dass er wieder anrufen würde. Bis dahin wäre ich organisiert.

Zwei Wochen suchte ich, bis ich eine neue Wohnung hatte. Christopher zog wieder zu mir, und wir richteten uns gemütlich ein. Die Wohnung lag in der Nähe seiner Schule, und auch ich konnte alles bequem erreichen. Nur wenige Tage später schon funktionierte mein Internetanschluss, und ich inserierte in jeder einschlägigen Internetseite meinen Text:

Wochenendsession am Mittelmeer, kommerzielles Angebot der gehobenen Preisklasse. Sie, 30+, blond und schlank, erwartet dich am Mittelmeer. Wenn deine sexuellen Interessen am SM ausgerichtet sind, du Lust auf das Besondere und mehr hast, passen wir zusammen.

Dich erwartet eine Domina, die dir jede Situation deiner Fantasie erschaffen wird, dich jeden deiner Träume leben lässt. Frei nach dem Motto »alles kann und nichts muss« erwarte ich deine Zuschrift. mandy@mandytoy.de.

Ich hatte mir die Domain www.mandytoy.de registrieren lassen und mir eine Homepage dazu gebastelt. Darauf schrieb ich mehr Informationen, stellte Bilder aus und chattete mit Interessierten.

Fetischisten konnten hier meine Unterwäsche kaufen oder gewinnen. Es war oft turbulent zu diesen Zeiten, manchmal war ich bis zu zehn Stunden »online«, um alle Wünsche zu erfüllen. Auch Bilder meiner Kunden veröffentlichte ich, natürlich ohne Erkennungswerte. Jeden Tag bekam ich unzählige E-Mails. Oft schrieben auch richtige Spinner. Aber bald hatte ich ein Auge dafür und reagierte nur noch auf Zuschriften mit Telefonnummer.

Die Internet-User verlangten immer anderes, immer mehr. Schon bald verfügte ich über eine Ansammlung von »Privatpornos«, die ich selbst über mich drehte. Auf ihnen strippte ich, rasierte ich mir die Möse, ging pinkeln oder stellte meine Schuhe zur Schau. All das verschickte und verkaufte ich in ganz Deutschland und hatte bald auch amerikanische Abnehmer gefunden. Später kamen meine Süßigkeiten dazu, ich steckte mir vor laufender Kamera alle möglichen Esswaren in die Muschi und verschweißte das Verklebte, Durchnässte anschließend luftdicht, um es verpackt per Nachnahme zu versenden.

Auch in der Zeitung inserierte ich unter der »Wahl der Qual« meine Telefonnummer, und schon bald riefen meine zukünftigen »Sklaven« an.

Ich achtete darauf, nur devote und masochistische Gegenüber auszuwählen, lehnte »Switcher«, die gern die Rollen vertauschten, ab. Männer, die schon auf der Insel waren, empfing ich entweder im angemieteten Clubzimmer der Swingerbar oder ich besuchte sie bei sich. Auch bei mir empfing ich, wenn ich sie schon aus einer vorangegangenen Session kannte.

Oft traf ich mich mit ihnen vorher zum Kaffee, um sie »auszuloten«. Ich erkannte sie immer sofort. Alle banden sich als Erkennungszeichen ein schwarzes Band um den Hals. Danach folgte ein Gespräch über ihre Vorstellungen und auch den Preis. Natürlich war eine Stunde wesentlich günstiger als ein ganzes Wochenende.

Ich vergab niemals mehr als drei Termine in der Woche, immer vormittags, wenn ich meinen Kleinen in der Schule wusste.

Als ich eine »Insel-Fangemeinde« von etwa 40 Kunden hatte, stellte ich die Inserate in der Zeitung ein. Nun konzentrierte ich mich aufs Internet, und schon bald meldete mein erster Besucher sich an.

»SCHWEINELEBEN«

Werner war ein Bauunternehmer im Insolvenzverfahren. Hatte er sich durch seine »Leidenschaften« ruiniert? Ich nahm es an, er war völlig verrückt nach Sex in allen Variationen. Fast so wie ein Süchtiger wollte er alles ausprobieren, nichts verpassen, alles einmal erlebt haben. Schon der E-Mail-Kontakt war problemlos, beschränkte sich aufs Nötigste, und er nahm direkt den ersten Termin, den ich ihm anbot.

Er war Ende 40, sah aber gut zehn Jahre jünger aus, was sicherlich auch an seinen etlichen Pfunden Übergewicht lag. Er war sehr problemlos, einfach zu handhaben und ging auf alles, was ich anbot, ein. Auch der Preis erschreckte ihn nicht. So konnte ich alles, was ich zum Simulieren seines Traumes benötigte, ungeachtet der Kosten besorgen und organisieren.

Manchmal war das richtig harte Arbeit. Ständig brauchte ich neue Unterkünfte, möglichst einsam gelegen und dennoch nicht zu weit ab von allem. Ich musste an die Verpflegung denken und alles so arrangieren, dass Dritte nicht gesehen wurden und »er« keine Dritten sah. Bei allem sollte das »Urlaubsflair« nicht vernachlässigt werden, denn einige spielten die Session in Stundentakten und genossen ansonsten ihre Tage wie Touristen.

Aber nicht so Werner. Er hatte sich 24/7 auf die Stirn geschrieben, was bedeutet, dass er 24 Stunden am Tag mein Sklave sein wollte. Für mich war das anstrengend, ich wusste, dass ich danach Ruhe brauchte. Die psychische Belastung war teilweise enorm für mich.

Der Wagen brachte mich zum Flughafen. Ein Bekannter auf der

Insel vermietete dieses Auto an Hochzeitspaare oder Geschäftsleute. Aber auch an mich. Samt Chauffeur und Sekt an Bord sowie Hardcore-Porno im Videorekorder und leiser Schmusemusik war die weiße Stretch-Limousine ein rollendes Schlafzimmer. Durch die getönten Fenster konnte niemand hineinsehen, so dass man sich ungeniert zeigen und verhalten konnte.

Kurz vor Ankunft der Maschine stellte sich der Chauffeur mit einem Schild, auf dem der abgesprochene Name des »Kunden« stand, an das Gate, um ihn zu empfangen. Ich saß derweil im Fond des Autos und erwartete den Herrn mit gekühltem Sekt im Sexy-Outfit. Für Werner hatte ich ein rotes, wadenlanges Latexkleid gewählt, welches sich hauteng an meinen Körper schmiegte. Meine Füße steckten in hohen Schnürsandaletten, und meine Haare hatte ich streng nach hinten gekämmt. Als Unterkunft war eine alte, einzeln stehende Mühle ausgewählt worden. Sie bestand nur aus zwei Zimmern und einer kleinen Küche. Um das Gebäude herum zog sich ein weitläufiger, verwilderter Garten mit Absperrung, der zudem uneinsehbar war. Es war die perfekte Kulisse für Werner. Auch ein kleines Stallgebäude war vorhanden, darin sollte und wollte er wohnen.

Für mich war dieser »Auftrag« ebenfalls eine Herausforderung, so hatte ich noch nie »gearbeitet«. Tagelang hatte ich mit Bekannten den Stall gesäubert und so gut es ging desinfiziert und gelüftet. Noch immer war ich nicht sicher wegen der Hygiene, aber Werner bestand darauf. So streute ich nicht nur frisches Stroh auf dem Boden aus, sondern legte auch noch eine Decke darüber. An der Wand hatten wir einen Rotlichtstrahler angebracht, um den zugigen Stall wenigstens etwas zu heizen.

Es war noch nicht richtig Sommer, ich rechnete damit, dass Werner dieses Problem etwas unterschätzt hatte. Ansonsten befanden sich noch zwei Emailleschüsseln für die Nahrungsmittel darin, die nur aus bestimmten Lebensmittelresten bestehen sollten. Werner war Fetischist, Masochist und devot. Aber er war noch mehr, nämlich neugierig.

Wann immer er irgendwo irgendwas las, wollte er es ausprobieren. Und jetzt hier bei mir auf der Insel sollte es ein »Schweineleben« sein. Er wollte genau wie ein Schwein wohnen, leben und so behandelt werden. Aber er stand auch auf Natursekt, Kaviar und tierische Exkremente. Auch die sollte er reichlich von mir bekommen. Einen kleinen Teil des Gartens hatte ich mit Hilfe von Gartenschlauch und Schaufel in eine Schlammkuhle verwandelt. Hier sollte er seinem Auslauf frönen.

Ich war gespannt, wie lange er durchhalten würde, drei Tage wollte er bleiben. Natürlich bestand Absprache hinsichtlich einer jederzeitigen Beendigung der Situation. Ich hatte ihn mindestens fünfzigmal darauf hingewiesen, dass es kein Problem wäre. Aus Erfahrung wusste ich mittlerweile, dass die Fantasie der Menschen manchmal wesentlich strapazierfähiger ist als der Mensch selbst.

In einer Situation »gefangen«, die vorher in der Vorstellung als anregend, geil und fantastisch empfunden wurde, war so manches dann doch viel zu extrem. Aber bei Werner sollte ich mich täuschen. Ganz nach seinem Wahlspruch »Ich habe dafür gezahlt, nun lebe ich es auch« hielt er die ganze Zeit durch.

Als er zu mir in den Wagen stieg, kochte ihm schon die Geilheit im Arsch. Während ich die letzten Tage konzentriert damit verbracht hatte, alles zu organisieren, hatte er sich lediglich seinen Gedanken hingegeben und war dementsprechend aufgegeilt. Er war aufgekratzt, überfreundlich und starrte mich die ganze Zeit an.

Ich dirigierte ihn auf die Bank gegenüber, um mir jetzt ein visuelles Bild von ihm zu machen. Er hatte Übergewicht, und die Ernährung der nächsten Tage war sicher nicht das Schlechteste für seine Figur, witzelte ich für mich. Ansonsten war er sympathisch, sah nett und gepflegt aus, gar nicht so passend für die Dinge, die er sich erträumte.

Er war kleiner als ich, vielleicht 1,70 Meter groß, und hatte manikürte Fingernägel und einen kleinen Schnauzbart. Sein Haar war hell und sah gefärbt aus; den dunklen Augenbrauen gegenüber wirkte es nicht recht natürlich. Er trug legere, aber teure Freizeitkleidung und keinen Schmuck. Ich gab ihm ein Glas Sekt in die Hand und prostete ihm zu.

»Urlaubszeit.« Ich lächelte, und er lächelte zurück. Das Vertrauen war im selben Moment gekommen, beide waren wir entspannt. Als er mir den Umschlag mit dem restlichen Geld gab, war klar, dass wir beide bekommen hatten, was wir wollten. Ich lehnte mich genießerisch zurück, während er meine Zehen massierte. Es würde uns beide befriedigen.

Langsam rollte der Wagen durch die kleinen Ortschaften, und hin und wieder machte ich Werner auf Gebäude oder Pflanzen aufmerksam. Er hatte von mir schon per E-Mail eine genaue Wegbeschreibung erhalten und wusste, wo die Fahrt hingehen würde. Es war sein erster Besuch auf der Insel, und zu seiner Orientierung und als Sicherheit hatte ich ihm alles schriftlich zugestellt. So konnte er Adresse und andere Infos bei einer Person seiner Wahl hinterlegen, um sich abzusichern.

Immerhin erforderte diese Situation auch seinen Mut. Er hatte viel Geld im Voraus bezahlt und flog in ein anderes Land zu einer Unbekannten. Diesen Punkt unterschätzte ich niemals. Ich machte meine Person vor der Anreise so transparent wie möglich. Aber auch ich hatte immer eine »Absicherung«, wusste ich doch, dass manchmal eben Dinge eskalieren können. Die Gefahr sah ich bei Werner jedoch nicht. So genossen wir beide die elegante Fahrt und beschnupperten uns derweil.

Auf dem Gelände angekommen, war Werner begeistert. Er raste in den Stall und schmiss das Stroh über sich. Noch einmal erklärte ich ihm, dass ich immer in seiner Nähe wäre, auch wenn er meiner nicht gewahr würde. Jederzeit konnte er abbrechen und ins Haus kommen. Natürlich wäre dann auch »das Spiel« vorbei, aber die restliche Zeit würde man dann eben Urlaub gemeinsam verbringen. Mich anschließend auf neue SM-Fantasien einzustellen, lehnte ich ab.

Werner war sich dessen bewusst, entkleidete sich sofort und kroch auf allen vieren, wie ein Schwein, stolz in den Stall. Authentisch schnüffelte er und grunzte dabei. Nur sein Schwanz war der eines Mannes, steif, gerade und kringelte sich nicht.

Ich richtete mich derweil in der Mühle ein, zog mich um und trug nun ein altes Hemd und eine ausgefledderte Jeans. Die Sandaletten hatte ich mit hohen, verschlammten Gummistiefeln vertauscht.

Schnell bereitete ich Werners erste Mahlzeit zu und packte alles in einen neuen Eimer. Damit würde ich es transportieren, bevor es in seinem »Futtertrog« landen sollte.

Meine Haare bedeckte nun ein Kopftuch. So schritt ich als Bäuerin zum Stall, pfiff sogar dabei: »Old McDonald had a farm, iaiahao.« Vorm Stall schulterte ich die Mistgabel und betrat den schummrigen Raum. Werner hatte es sich gemütlich gemacht und sich ins Stroh gekringelt. Als er mich sah, sprang er auf seine Knie und kroch rückwärts, grunzend in die Ecke.

Ich begann, das Stroh zu wenden und pfiff ungerührt mein Lied weiter. Anschließend füllte ich die eine Schüssel mit Wasser und die andere mit eingeweichtem Brot und Kartoffelgemisch. Ich trieb ihn nun mit der Mistgabel zum Trog und sofort stürzte er sich darauf. Fast den ganzen Kopf in den Schüsseln, begann er mit der Nahrungsaufnahme. Ich blieb neben ihm, um mich davon zu überzeugen, dass er nicht die Position veränderte oder gar die Hände zu Hilfe nahm. Alles, was danebenging, schnüffelte er später mit seinem von mir auf den Boden gedrückten Kopf ebenfalls auf.

Nachdem er »gespeist« hatte, ließ ich ihn allein. Zuvor kettete ich ihn jedoch an einen im Boden vorhandenen Haltering an. Eigens dazu hatte ich ihm ein Nietenhalsband aus Leder angelegt. Ähnlich wie das eines Hundes war auch dieses Band mit einem Ring verbunden. Innen hatte ich »Schwein Werner« aufdrucken lassen. Ich wollte es ihm zum Abschied schenken, falls er durchhielt.

Mit zwei kleinen Karabinerhaken befestigte ich die Kette nun zwischen den beiden Ringen. Werner sah aufmerksam zu, und ich sah ihn erneut erigiert. Um ihn am Masturbieren zu hindern, steckte ich seine Hände in Fäustlinge und band sie zu. Er hatte ca. 1,50 Meter Bewegungsfreiheit und rollte sich neben dem Ring auf den Boden. Zufrieden verließ ich den Stall und verrammelte die Tür. Ich war gespannt, wie lange er so schlafen konnte.

Nun begann meine Arbeit. Im Zehn-Minuten-Takt schlich ich an den kleinen Fenstern vorbei und spähte hinein. Selbst konnte er sich nicht befreien und ich beobachtete ihn akribisch. Aber er schlief selig fast drei Stunden lang, und ich brühte mir beruhigt und entspannt einen Kaffee. Dann schnappte ich mir ein Buch über »Tiere auf dem Land« und setzte mich mit einem Hocker vor seine Tür. Es war eine stille Lesestunde, ich lächelte vergnügt vor mich hin.

Später ging ich in den Stall, band ihn los und trieb ihn mit der Forke in der Hand hinaus in den Garten. Er kroch auf allen vieren vor mir in die »Schlammkuhle«. Dort drehte er sich auf den Rücken, auf den Bauch, und ich ließ ihn fünf Minuten »suhlen«.

Währenddessen besorgte ich mir aus dem Haus meine mitgebrachte Reitgerte. Ich hieb ihm auf die Oberschenkel und bedeutete ihm, sich an den Zaun zu stellen, in gebückter Haltung. Es war nicht ganz »Schwein«, aber schließlich war ich auch für seine Gesundheit und sein Wohlergehen verantwortlich.

Zuerst spritzte ich ihn mit dem Gartenschlauch ab. Ich zog mir vom Material her derbe Handschuhe an und seifte ihn ein. Auch die Zähne musste er sich putzen lassen. Trocken wurde er von allein, aber seinen Körper beschmierte ich noch ausreichend mit guter Bodylotion. Seine Haut war schon ganz rot vom Stroh, und Infektionen wollten wir natürlich beide vermeiden. Ich ließ ihn so stehen, befahl ihm, sich nicht zu bewegen, und tauschte die Gerte gegen eine künstliche Muschi aus dem Sexshop aus. Wieder trank ich, jetzt herausfordernd vor seinen Augen, einen duftenden

Kaffee. Er schaute auf den Boden, und wenn er ebenfalls Lust auf etwas Heißes hatte, ließ er sich nichts anmerken. Ich überlegte, ihm später etwas Tee in seinen Napf zu füllen.

Langsam wurde er unruhig. Die ungewohnte gebückte Stellung, die eingebundenen Hände und die erotisierende Lotionmassage auf das eiskalte Wasser hin hatten seine Wirkung nicht verfehlt. Ich setzte mich nun aufs trockene Gras und befahl ihn zu mir. Wieder ging er in die Knie und kroch zu mir herüber.

Seitlich stellte er sich jetzt vor mir auf. Ich hielt ihm nun die behaarte Muschi vor seine Augen und erklärte ihm, dass es Zeit wäre, »ihn zu melken«. Sofort versteifte sich sein Glied, und ich führte es in das Sexspielzeug ein. Bewegungslos verharrte ich, während er auf allen vieren zu rammeln begann. Er stieß sein Teil immer wieder in das Gummi und zog es auch beim Abspritzen nicht heraus. Wild presste er sich dagegen und machte einen Buckel dabei. Er stöhnte und versuchte sogar zu grunzen. Er sagte aber kein einziges Wort.

Erschöpft sackte er zusammen. Auch mein Arm war steif und schmerzte vom Halten der Gummimöse. Wieder reinigte ich ihm sein Geschlechtsteil und zog ihm nun einen Schlüpfer von mir drüber. Das erregte ihn erneut, aber er war viel zu erschöpft, um richtig steif zu werden. Ich ließ ihn nun zurückkriechen. Sofort legte er sich auf seine Decke. Ich kettete ihn wieder an, entledigte ihn seiner Fäustlinge. Vorerst würde er ganz sicher nicht masturbieren.

Meinen Überlegungen nachgebend, schüttete ich ihm heißen, ungesüßten Tee in den Napf. Ich tat sogar einen Strohhalm dazu, aber er senkte wieder nur seinen Kopf hinein. Mir war es recht und ich füllte nun sein Essgeschirr mit zerdrücktem Obst und überließ ihn sich selbst. Auch ich war erschöpft und legte mich nach einer ausgiebigen Dusche in meinen mitgebrachten Schlafsack vor den Stall.

Bald käme Verstärkung. Aber fürs Erste musste ich noch alleine zurechtkommen. Ich drehte mich auf den Rücken, verschränkte meine Arme hinter dem Kopf und lauschte. Er atmete tief und fest, schnarchte sogar. Ich überlegte, wie gut es ihm wirklich gefiel, und beschloss einmal mehr, ihn danach zu fragen. Aber erst mal schlummerte ich selber weg.

Als ich eine knappe Stunde später erwachte, schlief er noch. Wieder zog ich mein Bauerndress an und betrat den Stall. Ich stieß ihn mit den Stiefeln in die Seite, und er erwachte verschlafen. Nun band ich seine Hände erneut ein und wechselte das von ihm vollgepisste Stroh gegen frisches aus. Dabei meckerte ich lautstark, erklärte ihm, wie eklig er sei und dass morgen ein Stallbursche »zum Ausmisten« käme. Ich öffnete ein kleines Fenster zum Lüften und befahl ihn zur Body-Gymnastik heraus.

Nachdem ich es mir gemütlich gemacht und einen großen Teller mit Ei und Salat vor mich hingestellt hatte, deutete ich auf den Hula-Hoop-Reifen vor mir. Missmutig streifte er sich nun den Reifen über die Hüfte und versuchte, ihn durch Bauchbewegungen um seine Hüfte zu jonglieren. Er quälte sich wirklich, und ich fratzte ihn an, dass Gymnastik wohl »nicht seine Stärke« wäre.

Nachdem ich in aller Ruhe gegessen hatte, ließ ich ihn verschnaufen. Durch sein Übergewicht war er ganz schön ins Schwitzen gekommen. Aber ich wollte ihn auch belohnen und ließ ihn vor mir niederknien. Dazu band ich seine Hände nun auf dem Rücken zusammen und klammerte ihm die Brustwarzen mit silbernen Brustklammern aus dem Fetisch-Katalog. Er jaulte auf, es waren gezackte Klammern und das Metall bohrte sich tief in die empfindliche Haut.

Noch immer hatte er meinen nun vollgepissten Slip an. Er war so klein, dass fast sein ganzes Geschlecht herausgedrückt wurde. Ich stellte nun den Radiorekorder auf Batteriebetrieb um und begann nach der Musik vor ihm hin und her zu tänzeln. Bald hatte ich seine volle Aufmerksamkeit, nur sein verzogenes Gesicht erinnerte mich manchmal an seine stechenden Schmerzen an den Warzen.

Nun entkleidete ich mich und setzte mich breitbeinig dicht vor sein Gesicht. Ich begann an mir herumzuspielen, schob einen Finger in meine Ritze und umkreiste meinen Kitzler, ich stöhnte dabei und bewegte mein Becken hin und her. Gierig sah er nun auf meine Scham, zu gerne hätte er seine Zunge darin versenkt. Als ich meinen Urin kaum noch halten konnte, bat ich ihn dicht heran. Bat ihn, mich zu schlecken. Er robbte heran und näherte sich mit ausgestreckter Zunge. Ich pinkelte los. Über sein ganzes Gesicht und seine Haare verteilte ich den warmen, gelben Strahl. Er öffnete nun weit seinen Mund, kniff seine Augen zusammen und versuchte, etwas davon zu trinken. Als ich fertig war, robbte er auf den Knien weiter zu mir hin, und endlich konnte er seine Zunge vergraben und die Reste meiner Pisse ablecken.

Ich nahm ihm nun die Fesseln und die Fäustlinge ab. Die Warzen ließ ich »geklammert«, versetzte aber die Zacken etwas, damit Blut in das abgedrückte Fleisch schießen konnte. Das ist ein sehr schmerzvoller Zustand, er schrie leise auf, zuckte empfindlich. Ich befahl ihm nun, seinen Schwanz zu reiben, und er tat es sofort. Er spritzte keine zwei Minuten später in meinen Slip. Danach war er erschöpft. Erneut ließ ich ihn herumhüpfen und Hula-Hoop spielen.

Dann begann die »Säuberungsaktion« von vorne, und endlich entließ ich ihn zurück in den Stall. Die Schüssel füllte ich nun mit warmer Suppe und darin eingeweichtem Brot. Auch frisches Wasser bekam er. Außer den Fäustlingen blieb er nackt und unangekettet. Ich schloss das Fenster und breitete eine zweite Decke aus. Die Tür blieb laut Absprache nachts unabgeschlossen, so konnte er jederzeit aus seiner »Box« heraus, falls er das wünschte.

Endlich konnte ich duschen und mich ausruhen. Auch ich war erschöpft und schlief sofort ein. Vorher stellte ich mir den Wecker auf 5.00 Uhr, genau wie es bei den Bauern üblich war.

Der nächste Tag brach an, und Punkt 7.00 Uhr stand Miguel auf der Matte. Er war ein homosexueller junger Mann, den ich ebenfalls über eine Annonce gefunden hatte. Er würde mir in Zukunft, bei entsprechender Neigung und gegen Taschengeld, zur Hand gehen. Auch er war bäuerlich gekleidet, und ich schickte ihn zum Misten.

Während der Speck in der Pfanne brutzelte und ich das Frühstück bereitete, entließ er »das Schwein« in die Schlammkuhle und mistete den Stall aus. Nach dem Frühstück würde Miguel es »entsaften«, und ich freute mich schon auf Werners Gesicht. Auch das hatte er sich immer vorgestellt, aber niemals verwirklicht – Sex mit einem anderen Mann. Als Werner wieder sauber und »verbunden« war, bekam er Rührei und Salat in die eine Schüssel und angewärmten Tee in die andere.

Danach führte ich ihn Miguel vor, ließ ihn an der Leine seine Kreise drehen und ihn seine Morgengymnastik vollziehen. Werner war völlig aufgeregt, sah den Typen, hatte ihn misten sehen und fühlte sich durch seine Nacktheit und den Umstand, dass ein anderer seinen Unrat beseitigt hatte, schon auf geile Weise gedemütigt. Wieder holte ich die Spielzeugmuschi. Ich zog mir die Hosen aus und pinkelte langsam und gezielt in die Öffnung und über die Haare. Dann hielt ich sie ihm vors Gesicht, und er begann daran zu lecken. Sein Glied wurde steif, und endlich griff Miguel zu. Er begann mit der Schwanzmassage, und Werner leckte sich an dem Gummi fest. Ich legte nun die künstliche Möse vor ihm ins Gras, holte die Reitpeitsche. Wann immer Miguel eine Pause machte, hieb ich ihm fest auf den Arsch. Schon bald zeigten sich rote Striemen, und Werner jaulte vor Schmerz und Lust.

Er hatte keinerlei »Analerfahrung« und mir war klar, dass wir ihn auf den höchsten Gipfel der Geilheit bringen mussten, bevor Miguel seine Finger in ihn versenken konnte. Er wichste, und ich schlug ihn. Werner saugte an dem Gummi und versuchte den letzten Rest Pisse herauszusaugen. Wir ließen von ihm ab, nun setzte ich mich breitbeinig mit feuchter Spalte vor ihn hin. Sofort begann er mich zu lecken, und Miguel zog sich den Latexhandschuh über. Immer wieder schaute ich, wie weit Miguel war, und feuerte Werner unter ordinären Beschimpfungen an, mich besser zu lecken.

Miguel verteilte die Vaseline auf den Fingern. Werner sollte ohne Vorwarnung in den Genuss kommen. Mein Gehilfe setzte sich nun auf Werners Rücken, und ehe er begreifen konnte, hatte Miguel einen seiner Finger in ihn gebohrt. Erschrocken wollte er sich aufrichten, aber ich war schneller und zog ihn am Halsband zurück auf den Boden. Während Werner sein Gesicht tief in meiner Spalte versenkt hatte, begann Miguel nun mit der Darm-Massage.

Er wechselte die Stellung und wichste erneut Werners etwas abgeschlafften Stängel. Als wir spürten, dass er gleich kommen würde, zog ich ihn mit ganzer Kraft vor mir auf den Boden. Als Miguel seinen Finger herauszog und ihn durch zwei andere ersetzte, kam es Werner. Es hörte sich wie ein Brunftschrei an, und erschrocken ließ ich ihn los. Auch Miguel sprang zur Seite. Aber Werner war völlig außer sich vor Geilheit und Freude. Er sprang wie ein Wilder auf allen vieren um uns herum und beleckte unsere Beine und Hände. Wir grinsten uns an. Das war geschafft.

Miguel blieb nun als »Zweitwache« auf dem Grundstück und gewöhnte sich daran, sein Geschäft über Werner zu verrichten. Die Zeit war ausgefüllt mit Waschen, Cremen, Misten und Füttern.

Ich wusste, dass Werner nach einer zweiten Analbehandlung von Miguel gierte, aber ich erlaubte ihm nur noch die Gummimöse. Erst auf der Rückfahrt zum Flughafen im Wagen würde Werner noch einmal in den Genuss kommen. Nämlich dann, wenn er am wenigsten damit rechnen würde.

Beim Abschied war Werner begeistert und versprach wiederzukommen. Er war völlig gelöst, hatte zwei Pfund abgenommen und fühlte sich pudelwohl. In seinem Gepäck befanden sich das gestempelte Halsband sowie die Gummimöse und mein Slip im Beutel. Werner hatte noch so einige Fantasien, und die meisten konnte ich ihm in den folgenden drei Jahren auch erfüllen.

Nach diesem Besuch brauchte ich Abstand und flog mit meinem Sohn für ein Wochenende auf eine kleine Nachbarinsel. Wir hatten viel Spaß zusammen, Christopher war ausgeglichen und fröhlich. Ich beschloss, diesen Weg trotz mancher moralischer Bedenken unbeirrt weiterzugehen. Annäherungen von Männern aus meinem Umfeld ignorierte ich. Von der »Liebe« hatte ich die Schnauze voll, und je mehr Zeit ich mit meinen »Gästen« verbrachte, je mehr ich mich als Domina fühlte, desto weiter weg verbannte ich meine Gefühle. Nur meinem Sohn gegenüber zeigte ich mich offen und herzlich.

Ansonsten verschloss ich mich und verbrachte meine Freizeit allein oder im Internet. Alles, was ich nicht »finanziell berechnen« konnte, verlor seinen Reiz. Mein Inneres war vollkommen blockiert und immun gegen Gefühlswallungen jeder Art, aber ich redete mir ein, das sei besser so.

BABY-SPIELE

Ein Gast aus Deutschland hatte sich angemeldet. Diesmal brauchte ich medizinische Unterstützung und sprach einen befreundeten, toleranten Krankenpfleger an. Er sagte mir seine Hilfe gegen Taschengeld zu, und die Vorbereitung konnte beginnen. Der Aufenthalt würde fünf Tage dauern, so lange hatte ich noch niemandem erlaubt zu bleiben. Aber dieses war etwas Besonderes, und ich freute mich drauf. Neue Erfahrungen waren auch für mich stets wertvoll.

Sven war erst 27, arbeitete aber schon in sehr gehobener Stellung. Und genau das war sein Problem. Durch die Anforderungen in seinem Job sah er sich manchmal dem Alltag nicht mehr gewachsen. Kurzurlaube und homöopathische Therapien hatten nicht den gewünschten Erfolg. Er wollte entspannen, zur Ruhe kommen, gar nichts mehr denken. Auch Potenzprobleme schlugen sich nieder. Sven hatte Schwierigkeiten zu erigieren, wie er mir mitteilte. Medizinische Gründe waren ausgeschlossen worden, und er erhoffte sich, »durch was anderes«, endlich wieder ein Mann zu werden. Zusammen mit Samuel, dem Krankenpfleger, hatte ich einen Plan geschmiedet. Den ersten Teil würde ich alleine erledigen können, Samuel kam erst später dazu.

Wieder fuhr ich mit der Limousine vor. Diesmal jedoch im adretten Kostüm. Die Fahrt sollte dafür sorgen, dass Sven sich der veränderten Umgebung bewusst wurde. Aus diesem Grund ließ ich den Fahrer zwei Stunden langsam herumfahren, und Sven sah begeistert aus dem Fenster. Währenddessen schwatzte ich ihm sein Handy ab und verstaute es. Auch Sekt gab es keinen, ich hatte Fencheltee in der Thermoskanne und das nicht nur, weil er »treibt«. Sven sah älter aus als 27, gestresst, wirkte müde und brabbelte ununterbrochen auf mich ein. Ich ließ ihn erzählen und nahm zwischendurch den Umschlag mit dem vereinbarten Geld.

Die Unterkunft hatte er ausgewählt, dies war sein »Sicherheitspunkt«. Im Gegensatz zu vielen anderen kannte er niemanden, den er einweihen wollte, und so verschwieg er jedem seinen lüsternen Ausflug. Stattdessen setzte er auf Luxus und viele Menschen, und mir war es recht. Die Büfetts in diesem Hotel waren mir bekannt, und ich freute mich schon auf die Sauna, Massagen und andere Annehmlichkeiten, die hier geboten wurden. Sven war schlank und groß. Er hatte kurzes, gepflegtes Haar und sah trotz seines Alters eher gesittet und steif aus. Gekleidet war er, wie ich erwartet hatte, im Reiseanzug. Er hatte kaum Gepäck; ich hatte ihm vorher versichert, dass er rein gar nichts benötigen würde. Es sei denn, er wolle »das Spiel« abbrechen und als Tourist die restlichen Tage in meiner Begleitung verbringen.

Obwohl er sehr viel redete, sich gewandt und selbstbewusst gab, spürte ich seine Unsicherheit. Das ließ mich sicher werden, und ich nahm das Gespräch in die Hand. Ich ließ ihn jetzt gezielt auf Fragen nach seiner Zukunft antworten oder fragte ihn nach familiären Bindungen. Wir rauchten, und freundlich lächelte er mich an.

»So hübsch hatte ich Sie mir gar nicht vorgestellt.«

Da ich mich nicht als »sadistische Domina nonstop« betrachtete, hatte ich mir bei jedem meiner Gäste die Anrede »Herrin, Mistress, Donna« usw. verbeten. Solange wir nicht im Spiel waren, redeten wir ganz normal. Dabei sprachen sie mich kaum an. Falls sie doch was zu sagen hatten, nannten sie mich beim Vornamen, den ich für diese Zwecke in »Mandy« geändert hatte.

Ich erklärte ihm nun »das Spiel«. Im Groben hatten wir es am Telefon erläutert, aber ich wollte sichergehen, dass er alles verstanden hatte. Wähnte er sich auch durch das große Hotel in Sicherheit, so wäre es doch sehr peinlich, entdeckt zu werden. Er war mit allem einverstanden, und wir genossen die luxuriöse Fahrt über die Insel.

Unser Zimmer, das ich schon einen Tag vorher bezogen hatte, bestand eigentlich aus zwei Einzelzimmern mit Durchgang durch das gemeinsame Badezimmer. Sein Zimmer verschloss ich von innen und ließ den Schlüssel stecken. Dem Hauspersonal hatte ich mitgeteilt, dass wir von dort nicht gestört werden wollten.

Sven, nun doch nervös, hatte sich entkleidet und stand nackt vor mir. Erst mal würde er einen Einlauf bekommen, und das war ihm unbehaglich. Als er mich mit dem großen Gefäß und dem langen Schlauch hantieren sah, wurde er doch unruhig. Er wippte von einem Fuß auf den anderen, versteckte sein völlig eingezogenes Glied hinter seinen Händen und errötete leicht. Er begann zu schwitzen und fragte mich, ob »das wirklich nötig« sei. Statt einer Antwort steckte ich ihm »seinen« Knebel in den Mund und zog ihn fest. Es war einer von der Sorte, die man aufblasen konnte, und ich ließ Luft in den Sack. Dadurch sperrte sich sein Kiefer, und Speichel lief ihm aus den Mundwinkeln. Ich bemerkte seine klitzekleine Erregung und deutete auf die Gummimatte, die ich auf dem Boden ausgebreitet hatte. Er legte sich hin und kniff die Augen zu.

Ab und an stammelte er in Abwehr, aber er war noch bereit weiterzumachen. Ich genoss seine Nervosität, hantierte wild mit den Gegenständen, prüfte imaginär die Luftzufuhr und drehte Schläuche am Kanister an und wieder ab. Umständlich kramte ich eine große Büchse Vaseline hervor und machte mich daran zu schaffen. Er beobachtete mich aus den Augenwinkeln und fing wieder leicht zu schwitzen an. Sorgfältig und langsam machte ich mich nun an seinem Anus zu schaffen. Ich führte den Schlauch ein und ließ Wasser laufen.

Sven sprang bald danach zur Toilette und erschien nach zehn Minuten wieder. Ich wiederholte die Prozedur dreimal in Abständen, bis er völlig erschöpft und atemlos war. Ich nahm immer nur wenig Wasser, wusste sehr wohl, dass Einläufe auf den Kreislauf gehen und auch ermüden. Als er völlig fertig vor mir auf der Gummimatte saß, entfernte ich den Knebel. Erleichtert atmete er ein und aus und bewegte seinen Kiefer.

Und dann gab ich ihm, worauf er schon gewartet hatte: seinen Nuckel. Sven würde für die nächsten 48 Stunden ein Baby sein. Er lag jetzt auf der Seite und saugte müde an seinem Schnuller. Komisch sah das aus, der erwachsene Mann mit dem Babyschnuller im Mund. Ich begann ihn zu pudern, zu wickeln und rieb auch sein Gesicht mit Babyöl ein. Seine Hände kamen in dicke Fäustlinge, die durch eine Kordel verbunden waren. Er folgte mir ins Schlafzimmer und kroch müde unter die Decke. Ich hatte einen Kinderbezug organisiert und eine alte Spieluhr mitgebracht. Während ich ihn im Bett festschnallte, summte und brummte die Uhr das Lied der Biene Maja. Als ich fertig war, war er es auch. Er sagte keinen Ton, ich zog die Vorhänge zu und tätschelte ihm den Kopf.

»Schlaf schön«, flüsterte ich und schloss beim Herausgehen die Tür.

Nun hatte ich zwei Stunden Freizeit. Ich ging nach einer Dusche gut gelaunt auf die Terrasse des Hotels. Dort ließ ich mir Kaffee und Kuchen servieren, sprach kurz mit Samuel per Telefon und genoss den Service.

Die nächsten zwei Tage blieb Sven ein Baby. Er redete nicht, gluckerte nur, bekam von mir regelmäßig sein Fläschchen. Abends fütterte ich ihn mit Brei. Morgens und abends badete ich ihn in lauwarmem Wasser, las ihm Gutenachtgeschichten vor. Am unangenehmsten war ihm, wenn er eingeschissen hatte. Noch immer war alles dünn von den Einläufen und der Flaschennahrung. Dann drohte ich ihm mit erneuten Einläufen, und am Abend des zweiten Tages fing er sogar an zu weinen. Er beruhigte sich gar nicht, erst als er eine halbe Stunde im Bett lag, hörte er auf zu jammern. Aber er brach nicht ab, also plante ich den zweiten Schritt.

Sven war kein eigentlicher »Baby-Spiel«-Fetischist. Geil wurde er keineswegs dadurch. Das aber sollte das Ziel sein und so rief ich Samuel zu Hilfe. Wir badeten ihn und stellten ihn nackt vor uns. Dann wurde er untersucht, wir maßen Fieber und schauten in seine Ohren. Natürlich war Sven vollkommen gesund, es gehörte einfach dazu, um ihn erneut nervös zu machen. Er würde jetzt isoliert werden und musste bewegungslos, auf dem Bett angebunden, verharren. Dazu würde er weder etwas sehen, noch hören, noch sagen können.

Die Gefahr, dass er nach einigen Stunden schwer aggressiv werden würde, war gegeben. Auch könnte er das Spiel schmeißen. Aber wir wollten es riskieren; vor allem auch Sven. Er wollte weitermachen. Er bekam jetzt was Richtiges zu essen und zu trinken. Er war fast ausgehungert und kaute vergnügt vor sich hin. Dann bekam er wieder einen Einlauf, jetzt mit leichtem Rotwein versetzt. Der Alkohol schoss durch die Darmwände, suchte sich seinen Weg durch die Schleimhäute direkt ins Blut. Sven wurde davon gelöst und heiter. Es machte ihm diesmal kaum was aus, lautstark auf der Toilette zu sitzen und dabei zu singen. Danach wurde es schwieriger.

Sven setzte sich aufs Bett, und Samuel schob ihm einen Blasenkatheter in die Harnröhre. Das war ihm sehr unangenehm, und er fluchte vor sich hin. Brach aber noch immer nicht ab. Er konnte jetzt pinkeln, der Urin würde einfach in einen Beutel laufen. Um ihn daran zu hindern, sich eventuell selbst zu befreien, banden wir ihn nun ans Bett. Auch seine Füße banden wir zusammen und verstopften ihm die Ohren. Seine Augen wurden mit Hilfe einer schwarzen Maske verschlossen und seinen Mund versperrte der aufblasbare Knebel. Ich hielt die Spannung im Mund klein. Aber auch so würde es nach einiger Zeit ziemlich unangenehm für ihn werden. Er lag nun festgezurrt auf seinem Bett, konnte sich nicht bewegen.

Sollte er abbrechen wollen, müsste er zweimal laut rufen. Das war schwer, aber auch durch den Knebel machbar. Zudem war immer einer von uns in der Nähe. Den Raum verdunkelten wir zusätzlich und vermieden jedes Geräusch. Bald wusste Sven absolut nicht mehr, wie lange er dort lag. Ob es Minuten oder Stunden waren, es käme ihm vor wie Tage. Erst einmal schlief er, und wir setzten uns zum Essen ins Nebenzimmer. Sein erstes Erwachen würde am schwierigsten werden. Ich legte mich jetzt auch schlafen. Durch die »Säuglingsbetreuung« rund um die Uhr war ich müde geworden. Samuel würde »Wache« halten.

Die ersten beiden Aufwachszenarien verliefen turbulent. Sven wehrte sich gegen die Fesseln, und wir hatten Mühe, ihn zu beruhigen. Dennoch wollte er weitermachen, es war, als kämpfe er mit sich selbst. Er bekam etwas Wasser, und wir drehten ihn hin und her. Als er das dritte Mal aufwachte, hatte er sich in die Situation ergeben. Er ließ sich jetzt ohne Murren bewegen und war in einem geheimnisvollen Wach-Schlaf-Zustand. Es waren vierzehn Stunden vergangen, aber das wusste er nicht. Überhaupt haben wir niemals ein Wort gesagt. Er spürte uns wohl, aber wir reagierten auf nichts.

Samuel entfernte ihm nun den Katheter. Wir drehten ihn dann auf den Bauch, und Samuel begann, ihn zu massieren. Er war vollkommen entspannt und gelöst. Ich massierte mit und steckte ihm einen kleinen Analdildo in seine Rosette. Als wir ihn drehten, sahen wir sein steifes Glied, und ich begann nun zu massieren. Langsam, mit in Öl gebadeten Fingern, glitt ich über sein Fleisch. Es dauerte ein paar Minuten und Sven ergoss sich. Sein Körper war schweißnass, das Gummilaken war wie aus dem Wasser gezogen. Schnell befreiten wir ihn und baten ihn nach der Dusche zu Tisch. Er war völlig verklärt, aufgeräumt und erzählte von schwebenden Zuständen.

Den nächsten Tag verbrachten wir alle am Swimmingpool, und bevor Sven abflog, wollte er tatsächlich vögeln. Ich ließ eine Freundin von mir kommen, und er fickte sie. Zwischendurch schlaffte er immer noch etwas ab, aber letztendlich ritt er sich zum Höhepunkt und sie gleich mit. Sven kam ein halbes Jahr später erneut. Nun, erzählte er mir, fuhr er nur noch mit seinem

Reise-Set gegen Verstopfung ins Wochenende. Das konnte selbst ich ihm nicht mehr abgewöhnen!

So vergingen die Monate, ich bekam Besuch, mal länger, mal kürzer, mietete Räumlichkeiten an und besorgte Sexspielzeug in allen möglichen Läden. Selbst eine Pferdekutsche, einem Traberwagen ähnlich, hatte ich zimmern lassen. Damit zogen mich »Kunden« quer durch den Wald, auf dem Kopf einen Federschmuck, wie sie im Zirkus verwendet werden. Die »Ponys« waren jedoch nicht nur »Tierfetischisten«. Auch sonst zogen sie sich gern mondän an und ließen ihre langen, wohlgeformten Beine und ihr schrilles Make-up bewundern. Sie rauchten Zigaretten mit langen, aufgesteckten Filtern und schlugen die Beine wie eine Diva übereinander. Immer hatten sie sich lange Wimpern angeklebt, und einige sahen wirklich fantastisch bunt und exzentrisch aus. Wir sind überall aufgefallen, aber mir machte das nichts. Den Touristen übrigens auch nicht, sie schossen Fotos, und meine »Ponys« waren nur zu gern bereit, dafür zu posieren.

Mit anderen Besuchern kaufte ich haufenweise Dessous und Schuhe ein. Damenpumps in jeder Größe, bis hoch zu 47, ließen wir in den Lederfabriken oder beim kleinen Schuster anfertigen. Wir sind nicht einmal außergewöhnlich bestaunt oder behandelt worden. Im Gegenteil – es war dadurch komisch, dass es normal gehandhabt wurde. Mir hat es riesigen Spaß gemacht. Gefehlt hat mir in dieser Zeit gar nichts ... dachte ich ...

DER SPUCKNAPF

Ich traf ihn früh am Morgen, sah ihn schon beim Hineingehen. Diese riesige, massige Gestalt in schmuddeliger, kurzer Hose, den vorstehenden Bauch unter einem befleckten Shirt nur unzureichend kaschiert. Auf dem Kopf dichtes, ungeschnittenes, graues Haar, versteckt unter einem hellen Panamahut. Menschen in Massen auf dem Flughafen in der Ankunftshalle. Hunderte von ihnen wimmelten und wuselten einem Ameisenhaufen gleich geschäftig, beladen, laut hin und her. Jeder für sich auf der Suche nach irgendwem oder still wartend.

Aber ihn sahen alle, diesen riesigen Deutschen auf- und ablaufend in verwitterten, alten Sandalen mit bloßen Füßen, hektisch seinen Hut hin und her schiebend. Er ragte aus der Menge und das hatte weniger mit seinen sicherlich 250 Pfund Lebendgewicht zu tun, welche er mühelos hin und her bewegte. Es war etwas anderes, etwas Besonderes, was sich mir und allen anderen anonymen Gesichtern sofort aufdrängte. Diese unglaubliche Energie, die er ausstrahlte, Lebenslust pur schoss aus seinen großen, hellen Augen, die irgendwann unweigerlich die meinen trafen. Sein Lächeln, charmant, herzlich und doch total schüchtern, in meine Richtung gab seine makellosen, weißen Zähne frei.

Es durchfuhr mich wie ein Blitz, kribbelte im ganzen Körper. Mein lächelndes Gegenüber hieß Florian, und so lächelte ich nur ahnungslos und verwundert ob meiner körperlichen Regung zurück. Sehr wohl wissend, welche Ausstrahlung ich in diesem Outfit, insbesondere an diesem Ort, auf die Männerwelt haben musste, schritt ich zielstrebig zur Ankunftshalle C. Die hohen

Absätze meiner schwarzen Schaftstiefel gaben, direkt nach dem Flugansageband, das wohl lauteste Geräusch in der Halle ab. Ich vergrub meine Hände in den Taschen meines langen, schwarzen Ledermantels. Schob die Fäuste nach vorn und suchte so die offensichtliche Irritierung bei den Männern, das giftige Zischeln bei den sie begleitenden, farblosen Frauen zu mildern, den wohl mein hautenger, zweifarbiger Catsuit darunter verursachte. Um den Hals trug ich eine silberne Kette mit langen Stacheln daran. Meine grünen Augen hatte ich gekonnt durch schwarzes Make-up in Szene gesetzt, und mein dunkelrot geschminkter Mund würde beim kleinsten Öffnen meiner Lippen eine perfekte Zahnweiß-Werbung offenbaren.

Mit so viel Selbstsicherheit ausgestattet und durch die Stiefel auf 1,85 Meter angewachsen, legte ich eine spöttische Miene auf, fast unvereinbar mit meinen schulterlangen, blonden Haaren. Ich war fest entschlossen, in die Offensive zu gehen und mich allen Anwesenden als das zu präsentieren, was ich gerade war und was ich sein wollte: eine Domina, die einen neuen Sklaven empfängt, und das in dem von mir eigens erklärten Zentrum der Welt, auf meiner spanischen Insel.

David hatte sich auf mein Inserat im Internet gemeldet und nun würde er ankommen.

Von David@XYX.ch:

Ergebenst,

Ihre Anzeige hat mich sehr angesprochen, deshalb erlaube ich mir, mich Ihnen vorzustellen. Als Ihr unterwürfiger Sklave und Diener bitte ich um Missbrauch meines Ihnen untergebenen Leibes. Meine Unterwürfigkeit und mein absoluter Gehorsam seien Ihnen gewiss.

Kurz zu mir:

Bin ein 28 Jahre junger Mann, 170 cm und 68,5 kg Sklavenfleisch. Wohnhaft in Basel, bin aber sehr mobil und flexibel. Verfügen Sie über meinen sehr sportlichen Körper nach Ihrem Willen. Bin echt devot veranlagt, tabulos und zu allem bereit, was meine Gebieterin verlangt. Ich ersuche Sie um echte Dominanz, bedingungslos und konsequent. Sie können mich ganz nach Ihren Wünschen abrichten. Meine bisherigen Erfahrungen und Einsatzgebiete:

Spucknapf, Bondage, Toilettendienste, Erniedrigungen, Züchtigung mit Hand, Peitsche, Rohrstock usw. Unterwerfung, Schleckdienste (Muschi, Arschloch und Schwanz), Fußsklave, Trampling, Riechsklave, Facesitting, Analspiele, Dildo, Arschversohlungen, Kerzenwachs usw.

Meine Tabus:

Kinder, Tiere, Blut, Nadeln, Katheter.

Ich hoffe sehr, dass meine Bewerbung Ihren Wünschen und Vorstellungen entspricht und bitte um Missbrauch!

Sklave David

Von mandy@mandytoy.de
An David@XYX.ch

Hallo, David,

zu mir: Ich bin Anfang dreißig, blond, schlank und lebe seit mehreren Jahren auf der Insel. Fröne der kommerziellen SM-Leidenschaft mit all ihren Facetten. Grundsätzlich sage ich dir, dass die Interessen deiner Person, deine Gesundheit sowie Achtung deiner Persönlichkeit und absolute Diskretion geboten und erwünscht wird.

Was kann ich dir anbieten? Ein paar Tage auf der schönen Insel. Zusammen in einer Unterkunft oder getrennt. Zusammen Sessions halten oder Vanilla. Ansonsten die Insel erkunden. Ausgehen, Tanzen, Swingerclub etc. Eben alles, was zu zweit mehr Spaß macht. Ich bin Single und suche keine Beziehung!

Eine Langzeit-SM-Besuchsbeziehung, bei der beide zufrieden sind, du regelmäßigen Sklaventribut an mich zahlst, ist mehr meine Vorstel-

lung. Ich bin eine unkomplizierte, aufgeschlossene Persönlichkeit und mag alles andere auch unkompliziert.

Ich lehne ab: Strom, Atemkontrolle, Tiere, Blut, Kinder, rohe Gewalt, eben alles, was dumm ausgehen könnte. Ansonsten bin ich experimentierfreudig und neugierig, versuche Situationen zu schaffen, von denen du träumst, sie aber aus welchem Grund auch immer nicht verwirklichen kannst …

Weitere Infos gern, mailen können wir jederzeit, Bild kannste auch haben. Auch telefonieren können wir ausgiebig. Bin allerdings nicht an Langzeit-E-Mailkontakt oder Telefonsex interessiert, auch SMS-Erziehung lehne ich ab!

Preislich wäre noch hinzuzufügen, dass du mit 1200 DM per Day rechnen musst incl. Flughafentransfer und Unterbringung und allem, was du durch mich körperlich und seelisch so erleben/erleiden möchtest … drei Tage/zwei Nächte?!?

Zum Feilschen hab ich keine Lust. Dies ist viel, aber nicht alles, was ich dir sagen kann, lass mich einfach wissen, woran du so denkst und ob du »mehr Mandy magst«,

mit dominantem Gruß
Mandy

PS: Bitte keine weiteren Sklavenbewerbungen mehr, sei einfach natürlich. Wenigstens so lange, bis ich dir erlaube mein Sklave zu sein!! Beantworte meine E-Mails jeweils in den folgenden 24 Stunden und rufe mich niemals, wirklich nie vor 22.00 Uhr an!

*

»Holst du auch Besuch ab?« Erstaunt drehte ich mich zur Seite. Vor mir stand ein kleiner Junge. Seine nackten Füße waren in bunte Sandalen geschnürt, dazu trug er einen Jogginganzug mit Pokemon-Motiven.

»Ja, ich bekomme Besuch von einem Freund!« Der Junge deutete auf den Mann mit dem Panamahut: »Das ist mein Vater, und wir holen auch Besuch ab.« Ich schaute in die Richtung, in die der Junge zeigte, und wieder wurde ich herzlich angelächelt. Ich grinste zurück. Sah die massige Gestalt langsam auf mich zukommen: »Hat Sie mein Sohn ausgefragt? Das macht er immer, kann seinen Mund nicht halten. Manuel, komm hierher.«

»Nein, nein, es ist ein sehr netter Junge, ich habe auch einen Sohn«, hörte ich mich selber sagen. »Aber er ist fast 17.«

»Ich bin der Florian«, und schon hielt er mir seine große Pranke hin.

»Sind Sie gebunden?« Ich sah ihn an. »Mein Name ist Lisa und nein, ich lebe allein hier.«

»Wie wäre es? Ich wohne weit im Inselinneren, ganz alleine mit meinem Manuel hier. Haben Sie nicht mal Lust vorbeizukommen? Wir könnten etwas zusammen essen, ich bin ein guter Koch!«, strahlte er mich an. Ich überlegte kurz. Wieso eigentlich nicht? Bekannte hatte ich zwar jede Menge, aber er war mir sehr sympathisch, und auch den Jungen fand ich einfach zu süß.

Er erzählte noch dies und das. Vor ein paar Wochen erst war er mit seinem Sohn aus Indien auf die Insel gekommen und lebte sehr zurückgezogen. Kurzerhand gab ich ihm meine Telefonnummer.

»Die nächsten Tage habe ich allerdings wichtigen Besuch, und es wäre mir recht, wenn wir so lange damit warten könnten.« – »Ja, ich kriege auch Besuch«, sagte er jetzt und schaute schon zur Abfertigung hinüber. »Da kommen sie schon!«, rief er und schüttelte mir zum Abschied noch einmal herzlich die Hand. Damit trennten sich unsere Wege wieder.

Davids Flugzeug war schon gelandet. Aufgeregt schaute ich auf die Tür. Ich hatte zwar ein Foto von ihm erhalten, war mir aber nicht sicher, ihn sofort zu erkennen. Und dann erkannte ich ihn doch direkt.

Ein Mann erschien am Ausgang. Er war unscheinbar, Ende zwanzig und hatte schon sehr lichtes Haar. Seine Augen wanderten hektisch suchend über die Wartenden und blieben an meinem Gesicht hängen. Auch er hatte mich direkt erkannt. Sofort kam er auf mich zu, streckte mir seine Hand hin und sagte: »Sind Sie Mandy?«

»Ja, in der Tat, du kannst mich aber ruhig duzen«, erwiderte ich und schüttelte ihm ebenfalls die Hand. Zuerst brachte ich ihn mit meinem Wagen zum Hotel. Wir hatten einzelne »Sessions« verabredet. David verbrachte zehn Tage auf der Insel, aber nur an vier davon würden wir uns sehen. Die restliche Zeit wollte er hier lebende Freunde treffen und Golf spielen.

Von einem Bekannten hatte ich eigens zu diesem Zweck eine großräumige Wohnung mit Dachterrasse gemietet. Auch eine Party sollte steigen. Als ich David schließlich abholte, erschien er mir schon vollkommen verändert. Ungeduldig erwartete er seine »Qual«. Nervös rutschte er im Auto neben mir hin und her. Er sagte kein Wort. Ich wusste, dass er in Gedanken schon bei allerlei Versautem war, und störte ihn meinerseits ebenfalls nicht. Gekleidet hatte er sich wie ein Tourist, aber als er sich dann vor mir entkleidete, sah ich den befestigten Analplug schon in seinem Arsch. Nackt stand er jetzt vor mir, bis auf das Lederband um seine Hüften als Halterung für das eingesetzte Anal-Spielzeug. Seine Arme hingen schlaff am Körper runter, seinen Kopf hatte er zum Boden geneigt.

Ich selbst hatte mich äußerst sorgfältig dominant gekleidet, trug zu meinen mit Ketten verzierten schwarzen Schaftlederstiefeln einen engen Lederrock sowie eine schwarze Schnürkorsage. Meine Haare hatte ich jetzt streng zum Dutt nach hinten gebunden und auf jeglichen Schmuck verzichtet. In meiner Reichweite lagen Gerten und Peitschen aller Art bereit.

Auch Ketten und Knebelstangen sowie Handschellen und Gesichtsmasken hatte ich griffbereit. Ohne Vorwarnung schlug ich ihn. Ich traf ihn mit der langen Dressurpeitsche am ganzem Körper. Er zuckte zusammen und ging in die Knie. Meinen Absatz in seinen Nacken bohrend, verlangte ich die Entfernung des Sexspielzeuges aus seinem Darm. Sofort fingerte er nervös und verschwitzt an der Schnalle herum. Mir ging das nicht schnell genug. Sofort bohrte ich meinen spitzen Absatz tiefer in sein Fleisch. Er gab keinen Ton von sich und hielt mir schließlich stolz den Plug entgegen.

Wieder knallte die Peitsche, und ich traf seine Hand. Das Gummiteil fiel ihm aus der Hand. Mit meinem Fuß trat ich es unter den Schrank. Ich befahl ihm aufzustehen, damit ich ihn betrachten konnte. Natürlich hatte er sich nicht wie abgesprochen rasiert. Wild und lang wucherten seine blonden Haare um den Sack. Ich wusste, dass er auf eine schmerzhafte Trockenrasur hoffte, um seinen Trieb anzuheizen. Aber ich würde ihm einen Strich durch die Rechnung machen, hatte schon eine eigene Idee.

Ich trieb ihn in die Küche zum Herd. Dort kramte ich aus einer Tasche ein Paket Heißwachs hervor. Während ich es mir am Tisch bequem machte, verlangte ich von ihm die Durchführung der anfallenden Arbeiten mit dem Wachsklumpen. Mit steifem Schwanz, aufs Höchste erregt, machte er sich daran, das Wachs im Topf zu erhitzen. Später band ich ihn zwischen zwei Stühlen mit Hilfe von Stricken fest. Dabei lag er mit dem Rücken auf den Fliesen und hatte seine Beine weit auseinander und nach oben gestreckt. Die Position war für ihn sehr unangenehm, und auf Grund der extremen Temperatur des angewärmten Wachses beschlich ihn nun doch Unruhe und etwas Angst.

Um ihn zu entspannen, zog ich meinen Slip aus und steckte ihm diesen als Knebel in den Mund. Sofort begann er darauf herumzukauen, und er wurde wieder härter. Die ganze Zeit redete ich davon, »bald pissen« zu müssen und auch wie sehr ich mich darauf freute, ihn meinen Gästen zu präsentieren. Nun zog ich meinen Rock ganz aus, um ihn visuell zu stimulieren. Gierig schaute er auf meinen Unterleib und verfolgte jede meiner Bewegungen. Ich nahm nun den Topf mit dem Wachs zur Hand und rührte mit einem Spatel in der klebrigen Masse.

Breitbeinig hockte ich mich über ihn, mit dem Arsch über seinem Gesicht. Den Topf stellte ich zwischen seinen Beinen ab und begann nun schnell und ohne Pause, die heiße Masse über sein gesamtes Geschlecht zu verteilen. Ich bemerkte seinen vor Schmerz gekrümmten Körper und sah erstaunt seinen steifen Riemen, der lang, dick und aufrecht in die Luft zeigte. Mir wurde klar, dass er absolut hartgesotten und einiges gewöhnt sein musste. Zwar jaulte er unterdrückt, aber es konnten auch Lustschreie sein. Ich presste nun das Enthaarungspapier auf das Wachs und wartete ein paar Sekunden, bevor ich es Bahn für Bahn von seiner empfindlichen Haut mit Schwung abriss.

»Beim Sack ist es nicht gut geworden«, sagte ich barsch, »da müssen wir noch einmal ran.« Schnell stellte ich den Topf zurück auf die Herdplatte und bewegte mich dabei so, dass er immer wieder meine Ritze sehen konnte. Auch ich war durch den Anblick des Gefesselten feucht geworden. Nach erfolgreicher Rasur schickte ich ihn ins Bad zur Pflege. Bald würden die ersten Gäste kommen, und ich musste ihn dafür noch instruieren.

In seinen E-Mails hatte er mir von seiner »Toilettentätigkeit« erzählt, dass er regelmäßig in Dominastudios die Toilette für die Herrin spielte. Ich wollte dieses Erlebnis jedoch noch steigern, und verdutzt schaute er mich an, als ich ihm den Friseurkittel umband. Darunter hatte ich seine Arme an den Ellenbogen hinter dem Rücken zusammengebunden. Es waren nur Zentimeter, die er sie bewegen konnte. Ich half ihm auf die Terrasse hinaus und ließ ihn in einer Ecke niederkauern. Erklärte ihm, dass nun jeder meiner Gäste sein Geschäft über ihn verrichten würde. Ich fragte ihn, ob er das nicht geil fände. Aufgeregt und rotwangig nickte er mit dem Kopf. Nach und nach kamen die geladenen Gäste. Sie alle wussten, was erwartet wurde, und keiner sprach »meinen Toilettensklaven« an. Wir alle taten, als sei er gar nicht da. Es dauerte nicht lange, da ging der Erste schon wie selbstverständlich auf ihn zu. Er plauderte über sein neues Auto und öffnete im Gehen seinen Reißverschluss. David öffnete erregt seinen Mund.

Bald gingen nun auch andere Gäste zu ihm in die Ecke. Natürlich hatte ich auch ehemalige Kolleginnen zum »Drink« gebeten. Die in gebückter Stellung weit aufklaffenden Grotten erregten ihn bis zum Äußersten. Er zappelte hektisch unter seinem völlig durchnässten Cape, und ich hatte Sorge vor einem frühzeitigen Ende.

Später ließ ich ihn meine Muschi lecken. Tief bohrte er seine Zunge in meine Spalte und wichste sich dabei gleich zweimal den Schwanz. Wir verabredeten eine zweitägige Pause, und dankbar und demütig verließ er am frühen Morgen meinen Wagen.

Die restliche Zeit verbrachte David oft an die Heizung gekettet oder – stundenlang stehend – mit genadeltem Sack. Zwischenzeitliche »Auspeitschungen« und »Abstrafungen jeder Art« versüßten zusätzlich seinen Urlaub. Auch ich ließ mich immer wieder von ihm zum Höhepunkt lecken.

Nachdem David abgereist war, sehnte ich mich nach Ruhe. Obwohl ich emotional davon kaum betroffen war, fühlte ich mich müde und erschöpft. Den nächsten Besuchstermin verschob ich um zwei Wochen. In der Zeit erreichte mich der erste Anruf des Panamahutträgers. Er bat zum Treffen.

Noch in der gleichen Woche machte ich mich auf den Weg ins Inselinnere. Florian wohnte in einer sehr kleinen Ortschaft. Liebevoll hatte er den Tisch auf seinem Balkon gedeckt, und sein Junge zeigte mir all seine Bastelarbeiten aus der Schule. Während des Essens erzählte mir Florian von seiner Frau und der Mutter von Manuel. Sie wollte ebenfalls bald herziehen und beide freuten sich riesig auf sie. Auch sonst erzählte mir Florian sehr offen und freimütig aus seinem Leben. Seine Reisen, die ihn weit hatten rumkommen lassen, die Jahre, die er allein mit seinem Sohn verbracht hatte, weil die Mutter in Deutschland leben wollte.

Schon bald gehörte Florian zu meinem engeren Freundeskreis, stellte sich ebenfalls als »Statist« für meine Zwecke zur Verfügung und wusste so ziemlich alles über meinen Job. Es war nicht nur das Interesse an meiner Arbeit, auch er brauchte hin und wieder einen finanziellen Zuschuss. Sein Monatsbudget war knapp bemessen. Eine Abfindung, von der er dann – wie bereits früher schon – in Deutschland ein großes Lokal eröffnen wollte.

Schon nach wenigen Wochen wussten wir so ziemlich alles voneinander. Obwohl Florian keine sexuelle Ausstrahlung auf mich hatte, war er mir doch wichtig geworden. Viel Zeit verbrachten wir zusammen, und er war dankbar für meine Gesellschaft und meine Anteilnahme an seinem Leben. Bei einem Besuch erzählte er mir dann von seinem Freund Josch. Nannte ihn seinen Jugendfreund, erzählte viel über die 25 Jahre alte Männerfreundschaft. Erwähnte die ehelichen Schwierigkeiten, die Josch in den letzten Jahren hatte. Auch davon, dass er ihn gern einladen würde und sich sicher wäre, in Josch einen geeigneten Spielpartner für meine sexuellen Praktiken gefunden zu haben. Sollte er zum Besuch erscheinen, würde er uns gern einander vorstellen.

Mich schreckte das ab, denn so offen wie mit Florian sprach ich nur mit wenigen Menschen über mein Leben und hatte keine große Lust auf »Kundenvermittlung« durch Dritte. Aber Florian ließ nicht locker und gab mir schließlich die E-Mailadresse von Josch. Ich solle mich melden, er hätte schon von mir erzählt.

Tatsächlich schrieb ich wenige Tage später meine erste E-Mail an Josch. Verwies auf seinen Freund Florian und baute einen Link auf meine Homepage ein. Sollte ihm gefallen, was er dort vorfand, könne man sich über Geschäftliches einigen. Immerhin waren die Aussagen von Florian über Joschs Sexualität reine Vermutungen. Und ich wollte kein »Fettnäpfchentreter« werden. Die Antwort kam postwendend. Solche Praktiken lagen ihm völlig fern und waren ihm fremd. An mir als dargestellter Person auf der Homepage zeigte er jedoch größtes Interesse, und so begann unser Schriftverkehr.

Josch stellte sich als Arzt mit eigener Praxis in einer großen deutschen Stadt vor. An meiner Tätigkeit nahm er keinen Anstoß und schon waren viele meiner Stunden mit Mails schreiben oder lesen ausgefüllt. Er beschrieb sein Leben als düster, grau und leise.

Unglücklich an eine Frau gebunden, seit Jahren in einer stillstehenden Beziehung lebend.

Sich selbst nannte er einen alten, verbitterten, in sich erstarrten Mann. Josch hatte fast alle seine Träume der »Frau seines Lebens« geopfert. Sie war der dominante Part und Zentrum seines Seins. Auch ein gemeinsamer Sohn beherrschte vorrangig sein Denken. Josch war der Animateur und Finanzier des aufwändigen Lebensstils dieser Familie. Respekt, Ehre, Achtung und auch Dankbarkeit wurden ihm schon lange verwehrt. In sich selbst zurückgezogen, hatte er sich längst in die Situation ergeben. Schrieb er von Änderungen, Vorhaben oder der Zukunft, war es ein Gemisch aus Träumen und Fantasien. Seine Lebenssituation war viel zu festgefügt, als dass er Ausdauer oder Kraft finden konnte, etwas umzusetzen oder gar zu ändern. Seine negativen Verstrickungen im Leben erinnerten mich an mein eigenes.

Langsam begannen wir uns gegenseitig zu öffnen und philosophierten über die Möglichkeiten des Seins. Wir schrieben uns unsere Lieblingsgedichte, erzählten aus unserer Kindheit und beschrieben unsere Träume.

Immer wieder fielen uns neue Gemeinsamkeiten auf. Und aus den anfänglich stockenden Mails wurden lange, ausführliche Seelenbeschreibungen. Immer öfter merkte ich, dass meine Gedanken abschweiften. Ständig wanderten sie zu Josch und meiner E-Mailbox.

Ob er schon geschrieben hatte? – Wie er wohl aussah? – Wie das alles auf ihn wirken musste?

Als mein nächster Besucher eintraf, fühlte ich mich innerlich schon sehr an Josch gebunden. Meine Arbeit ging mir nur zögerlich von der Hand, und ich hatte Mühe, den Ablauf nicht durch meine Tagträume zu stören. Mir war klar, dass es so nicht weitergehen konnte, und ich drängte nun meinerseits darauf, ihn kennen zu lernen, bat ihn eindringlich um seinen Besuch. Nicht lange darauf willigte er ein. Er würde auf die Insel kommen! Florian taumelte im Glück, hatte seinen Freund viele Jahre nicht gesehen. Immer nur am Telefon verbunden, war er jetzt bereitwilliger Gastgeber und völlig außer sich vor Freude über das Wiedersehen. Ich stoppte all meine Aktivitäten und stellte mich darauf ein, den vielleicht wichtigsten Mann meines Lebens endlich zu treffen.

STILLE HOFFNUNG

Den ganzen Tag hatte ich damit verbracht, mich an-, aus- und umzuziehen. Nichts schien mir passend oder dem Anlass entsprechend zu sein. Ich war schon frühmorgens aufgestanden, und trotz Joschs bevorstehender Ankunft hatte ich ihm noch unzählige E-Mails gesendet, aus Gewohnheit, Nervosität oder erneutem Anfragen und Zusichern meiner Gefühle, gleich welche Äußerlichkeiten mich erwarteten. Worte, die mir fehlten, ersetzte ich dabei durch Bilder.

From: lisa
To: josch
Sent: Tuesday, May 28, 2002, 7:59 PM
Subject: magengeschwür, pickel, herzrasen

hallo, Josch,
*ja, ich hoffe das auch ... und trotzdem frage ich mich, was wohl wäre, wenn ... wie es wohl wäre, wenn ... was du wohl so denkst ... ob du mir wehtun könntest ... bin verletzlich ... frage mich, wie das passieren konnte ... ohne sehen meine ich, ohne kennen lernen ... weiß nicht mal wie viel du wiegst? ****so viel wie florian?? gg***... weiss gar nichts von dir ... du könntest mir das herz brechen ... ***immer wenn die herzen aufgehen, können sie kaputtbrechen*
****jammer***...!!!*
und dann denke ich, selbst wenn ... wie könnte das gehen? ... dein leben, mein leben ... wie könnte das passen ... spanien – deutschland

kommt noch hinzu ... *grusel* ... und dann noch die ganzen tiere ***anlach*** ... obwohl ich auch gänsehaut habe ... ist mir trotzdem heiß

also fasse ich mal zusammen ...:

schwitze und friere, weil es dich gibt ...

Lisa <--* ist wie gelähmt*

Die Nacht zuvor hatte ich von ihm geträumt, war ihm ganz nah gekommen, nur ein Gesicht hatte ich nicht sehen können.

So stellte ich mir im Laufe der Stunden alles Mögliche und Unmögliche vor, wurde unruhig und nervöser, bis mein Körper vor Aufregung nur ein einziges Kribbeln war. Ständig war ich auf der Suche nach verlegten Zigaretten, dem Handy oder dem Haustürschlüssel. Am frühen Abend hatte mich meine eigene Hyperaktivität dermaßen erschöpft, dass ich beschloss, vorm Video wieder etwas zur Ruhe zu kommen. Ich legte meine Lieblingskassette ein, warf mich aufs Sofa und schloss die Augen.

Sofort war er wieder da, ich hörte seine Stimme, die leise meinen Namen flüsterte, und schämte mich fast für meine ungebremste Sehnsucht nach einem Unbekannten. Wie von selbst begann meine rechte Hand kreisend meinen nackten Bauch zu streicheln. Meine Haut, vom wiederholten Duschen und Eincremen an diesem aufregenden Tag, war butterweich und samtig zart, in höchstem Maß sensibilisiert. Sofort stellten sich meine Sinne auf Sex ein, und das Blut schoss mir zwischen die Beine. Aus meiner Möse kroch die Flüssigkeit, und mit einem Pochen und Klopfen, gerade so, als würde ich ein einzelnes Herz gebären, setzte sich mein Verlangen nach Berührung durch, und ich gab meinen Urinstinkten nach.

Meine Hände fanden den kürzesten Weg in den neuen roten Tanga, dessen Schritt vor meinem Loch schon im Saft badete. Meine Finger fuhren über die zarte, frisch rasierte Haut meiner Leisten, welche diese Berührung mit Empfindungen gleich Pfeilschüssen direkt in meinen Unterleib beantworteten. Wie von selber krallten sich meine Finger sofort in die geschwollene

Lustzone, und gleich zwei von ihnen versanken ohne Widerstand in meiner Schleimhöhle. Ich hob meinen Unterleib, um sie noch tiefer hineinzuschieben, und bewegte sie rein und raus, zärtlich und vorsichtig tat ich das, streichelte meine Innenwände, als würde ich eine alte Holzlatte nach Splittern absuchen. Ich spürte die riffligen Muskelringe und spreizte die Finger, um mein Loch zu dehnen, was meine Geilheit steigerte und sofort einen Schwall Saft nach sich zog.

Mit der anderen Hand begann ich die Schamlippen zu streicheln, erst außen, dann die kleinen innen. Mein Kitzler war dick angeschwollen, und wann immer ich ihn leicht berührte, schoss das Blut in starken Wellen zwischen meine Beine, um mich immer näher an den Höhepunkt zu bringen.

Ich schloss die Augen, begann seinen Namen zu flüstern und konzentrierte meine Berührungen jetzt direkt auf meine Klitoris, die dadurch hart wie ein Kieselstein wurde. Ich zog meine verschleimten, stark nach Frau riechenden Finger aus der Dunkelheit und spreizte mit ihnen die weit offenen Schamlippen. Mit der anderen Hand schob ich den empfindlichen Knopf langsam hin und her, wurde lauter dabei, und als ich kam, war es mir, als würde er es mir machen, was mich nach meinen Zuckungen zur SMS veranlasste:

vielen dank, süßer, es war
feucht, geil und entspannend.
hope you are well too
kisses lisa

Und noch während ich so dalag, mit nacktem, verschwitztem Oberkörper, den Slip irgendwie verknotet und klitschnass an den Knien, mit einer Hand Buchstabe für Buchstabe in mein Handy tippend, mit der anderen die Flüssigkeit an den Innenseiten meiner Schenkel verteilend, wusste ich, ganz gleich wie er aussah:

Ich liebte ihn schon!

Als ich an dem Café ankam, habe ich sie gleich gesehen. Florian saß wie immer in Shirt und kurzer Hose neben seinem Freund. Der hatte sich in Hemd und Jeans gekleidet und zog offensichtlich nervös an seiner Zigarette. Auch er hatte mich schon längst entdeckt. Die ganze Zeit fühlte ich mich ihm schon verbunden, obwohl ich mir kein Gesicht vorstellen konnte.

Nun sah ich ihn an und dachte sofort an James Stewart in dem Film »Das Fenster zum Hof«. Er sah ihm ähnlich. Er gefiel mir, er gefiel mir sogar sehr gut. Nervös setzte ich mich neben ihn und wir begrüßten uns mit Wangenkuss. Es war eigenartig zärtlich und doch anonym und verschämt, dachte ich an die letzten Stunden vor seiner Ankunft.

Bald waren wir ins Gespräch vertieft und Josch nahm hin und wieder schüchtern meine Hand. Erfreut bemerkte ich, dass es ihm wohl ähnlich wie mir erging, und freute mich auf den Moment, wo wir alleine sein würden. Aber vorerst sah es nicht danach aus. Es gesellte sich ein weiterer Bekannter von Florian zu uns an den Tisch. Den folgenden Kneipenbummel bis zum frühen Morgen verbrachten wir dann in einer größeren Gruppe. Nur selten hatten wir Gelegenheit, uns etwas zuzuflüstern oder uns einen zarten Kuss zu geben.

Josch tuschelte mir schließlich zu, dass er ein Hotelzimmer in der Stadt reserviert habe und mehr Lust hätte, die Nacht dort mit mir zu verbringen, als Gast von Florian zu sein. Dieser war schwer enttäuscht und zog beleidigt ab. Nun endlich waren wir allein. Auf der Fahrt zu dem sehr luxuriösen Hotel saßen wir Hand in Hand, schweigend, im Fond des Taxis und wussten nichts weiter, als uns glücklich anzulächeln.

Es war unsere erste gemeinsame Nacht. Wir verbrachten sie redend, Wein trinkend und lachend auf dem großen weichen Bett. Nur zögernd näherten wir uns körperlich, zu sehr waren wir uns der Intensität unserer Gefühle bewusst, und ich glaube, wir haben es beide mit der Angst bekommen. Unser Leben wäre danach nicht mehr dasselbe, nichts konnte bleiben, wie es war. Gegen

Morgen schliefen wir dann doch zusammen. Es war zärtlich und ruhig, warm und sanft.

Es lullte uns ein wie warmes Wasser und trug uns beide auf seinen Wellen davon. Josch war ein sehr einfühlsamer Liebhaber, und ich schmolz unter ihm hinweg. Lauschte seinen zärtlichen Worten und genoss das Gefühl, zu Hause zu sein. Als wir erwachten und uns in die Augen sahen, schien klar zu sein: Nichts konnte uns mehr trennen. Den Rest seiner freien Tage verbrachten wir gemeinsam. Jede Minute klebten wir zusammen und überlegten, ob wir uns wiedersehen sollten. Was Josch wirklich dachte, wusste ich nicht genau, kannte nur meine eigenen Gefühle und war innerlich schon in höchster Alarmbereitschaft.

Mein Leben würde aus allen Fugen geraten, mein Prinzip, »Liebe und Prostitution« nicht zu vereinen, könnten mich erneut verarmen lassen. Wir einigten uns auf ein weiteres Treffen, hielten uns mit Worten zurück und beiden fiel der Abschied schwer. Später, als ich alleine in meinem Bett lag, wanderten meine Gedanken immer wieder zu Josch zurück.

Irgendwann hielt ich es nicht mehr aus, setzte mich an den Computer und schrieb mir meine Gedanken und Gefühle von der Seele. Es war wohl die längste E-Mail der Welt. Seine Antwort konnte ich kaum erwarten. Und als sie endlich da war, fiel ich fast um vor Glück. Er empfand ähnlich, öffnete jetzt aus der Distanz sein Inneres und erklärte mir ebenfalls seine Gefühle. Ich taumelte ins Glück, und schon zehn Tage später war er wieder hier.

Von nun an schrieben wir uns täglich lange E-Mails, verschickten Hunderte von SMS über Handys und trafen uns, wann immer er weg konnte. Waren wir zusammen, schwebten wir vor Glück, waren wir getrennt, ließen wir keine Gelegenheit aus, uns ständig zu kontakten.

Unsere Träume nahmen Gestalt an, und Josch kam für vierzehn Tage auf die Insel. Wir suchten nach Praxisräumen für ihn und schmiedeten Pläne. Seine Frau hatte er informiert. Komischerweise war die Trennung relativ ruhig verlaufen. Lebten sie noch unter einem Dach, so gingen doch beide jetzt getrennte Wege, und Josch war frei und unbeschwert wie nie. Ständig alberte und lachte er und versicherte mir seine Liebe und sein Lebensgefühl aufs Neue. Ich war wie im Rausch, beobachtete die Wandlung und liebte ihn jeden Tag ein bisschen mehr.

Florian lachte mich aus, und trotz seiner ständigen Frotzelei hatte ich mich mit ihm zerstritten. Ich wollte nichts davon hören, dass ich laut ihm einer Lebenslüge geradewegs in die Arme lief. Ständig versuchte er mich zu animieren, meinen Job auszuführen und Josch zu vergessen. Dauernd steckte er mir irgendwelche Telefonnummern von möglichen Kunden zu, die auf meinen Anruf warten würden. Immer wieder versicherte er mir, dass Josch sich niemals wieder binden könnte. Er unterstellte ihm Hörigkeit seiner Frau gegenüber und warnte mich wieder und wieder. Letztendlich strich ich Florian aus meiner Freundesliste.

Obwohl er mir anfangs sehr fehlte, war ich davon überzeugt, dass seine Reden nur Missgunst und Neid waren, und verachtete ihn dafür, dass er mir mein Glück nicht gönnte.

Ich war über beide Ohren verliebt und bastelte jetzt ständig in Gedanken unser neues, gemeinsames Leben zusammen. Die Zeit bis zu seinem nächsten Besuch tröpfelte langsam dahin, und die Schwierigkeiten, meinen Job auszuführen, ließen mich nicht zur Ruhe kommen. Mein letzter Besucher kam an einem Freitagmorgen.

Bald würde ich Josch wieder am Flughafen abholen und war schon die Tage vorher völlig verträumt deswegen. Die »Sex-Session« endete ungewollt heftig und emotional. Es war ein totales Fiasko, ich hatte überhaupt keine Lust mehr, für andere sexuell da zu sein, dachte nur noch an die Zärtlichkeit von Josch und unser gemeinsames zukünftiges Leben. Nach einem offenen Gespräch mit meinem Kunden, den ich schon oft »bedient« hatte, zeigte dieser sich verständnisvoll, freute sich fast für mich. Mir war klar, dass ich sofort handeln musste. Aus Erfahrung wusste ich, dass selbst die größte Liebe an meiner Arbeit zerbrechen konnte. Obwohl Josch mir gesagt hatte, dass er es als »meine Sache« ansehen würde, traute ich der Aussage nicht.

Ich dachte an Christopher, er war jetzt fast schon erwachsen. Bald würde er eine Freundin haben und kaum noch zu Hause sein. Er ging mittlerweile in die zehnte Klasse des Gymnasiums und war mein ganzer Stolz. Eine neue Beziehung für mich erhoffte er sich schon lange, er wusste langsam, womit ich mein Geld verdiente. Ich wägte tage- und wochenlang das eine gegen das andere ab. Rief mir Fähigkeiten in den Sinn, die ich mir früher angeeignet hatte, und nach einigem Hin und Her beschloss ich, schließlich mein Leben ein letztes Mal zu ändern.

Ich entschied mich für Josch, glaubte an unsere Zukunft und ging auf Jobsuche. Josch würde Augen machen, wenn er davon erfuhr. Ausgerechnet diesmal verschob Josch seinen Besuch um zwei Wochen. Seine Frau war erkrankt, und er wollte sie nicht alleine lassen. Der neue Termin verschob sich dann wieder, wegen des lang versprochenen Urlaubes mit seinem Sohn.

Ich war überzeugt davon, dass er innerliche Abwehr gegen meine Vergangenheit aufgebaut hatte und suchte jetzt fast panisch nach einer soliden Arbeit. Dank eines Freundes wurde ich fündig. Ich erhielt eine gut bezahlte Stellung in einem Büro der Medienbranche. War glücklich, hatte mein Leben gewendet und fühlte mich endlich »angekommen«. Das Ende der Straße war erreicht.

Aber Josch ist letztendlich bei seiner Frau geblieben. Er ist nie mehr gekommen!

*

Ich rauche die letzte von unzähligen Zigaretten, seitdem ich begonnen habe, alles niederzuschreiben. Ich überfliege die letzten Zeilen – mein Pakt mit dem Leben war einfach: Alles aufgeschrieben, kann ich es verpacken und verschnüren. Dadurch vielleicht verbannen.

In Joschs Koffer war nicht immer nur mein Lieblingsparfüm.

Auch seine Liebe und Achtung hatte er mir eingepackt. Geborgenheit und Zuversicht passten zwischen Handtüchern und Kosmetika in seine Tasche. Unser gemeinsames Leben hätte für immer sein können. Daran glaubte ich. Mehr noch. Ich glaubte an ihn! Und dadurch auch wieder an mich.

Ändern kann ich nichts mehr, auch mich nicht. Aber stolz auf mich bleiben. Weiterleben, weiterträumen und weiterhoffen.

So lange, bis die »wahre große Liebe« mich vielleicht doch noch findet. Wer weiß, ob sie nicht schon auf dem Weg zu mir ist?

MÄNNER-ROULETTE

»Männer-Roulette« ist die mit Spannung erwartete Fortsetzung des Bestsellers »Das erste Mal und immer wieder«.

Mit der ihr eigenen unkonventionellen Art und mitreißenden Lebenslust schildert Lisa Moos ihr Leben nach der Prostitution und ihre Suche nach Liebe und Glück.

Bewegend, fesselnd und erotisch.

Lisa Moos
MÄNNER-ROULETTE
Ein Leben nach der Prostitution

280 Seiten, Broschur, 13,5 x 21 cm
ISBN: 978-3-89602-689-7, 12,90 Euro

Erschienen im Schwarzkopf & Schwarzkopf Verlag.

MAJA STORCH

»Witzig, spritzig, manchmal bitter - eine Erleuchtung für Frauen und Männer.«

Facts

15119

15271

»Macht Lust auf Entscheidungen!«

Psychologie heute

GOLDMANN